中文版《克尔凯郭尔文集》由哥本哈根大学克尔凯郭尔研究中心和中国社会科学院哲学研究所合作完成。

本书出版受到中国社会科学院创新工程资助。

The Chinese edition of Kierkegaard Anthology is a Cooperation between the Institute of Philosophy at the Chinese Academy of Social Sciences and the Søren Kierkegaard Research Center at Copenhagen University.

This Volume has been funded by Chinese Academy of Social Sciences

Danish Arts
Foundation

克尔凯郭尔文集

10

SØREN KIERKEGAARDS SKRIFTER

Journalerne (1842-1846)

克尔凯郭尔日记选

（1842–1846）

［丹］克尔凯郭尔 著
王齐 译

中国社会科学出版社

图书在版编目(CIP)数据

克尔凯郭尔日记选:1842-1846 / (丹) 克尔凯郭尔著; 王齐译.
—北京: 中国社会科学出版社, 2020.12 (2022.4 重印)
ISBN 978-7-5203-6937-4

Ⅰ.①克… Ⅱ.①克…②王… Ⅲ.①克尔凯郭尔 (Kierkegaard, Soeren 1813-1855) —日记 Ⅳ.①B534

中国版本图书馆 CIP 数据核字(2020)第 146812 号

出 版 人 赵剑英
责任编辑 冯春凤
责任校对 张爱华
责任印制 张雪娇

出 版 中国社会科学出版社
社 址 北京鼓楼西大街甲 158 号
邮 编 100720
网 址 http://www.csspw.cn
发 行 部 010-84083685
门 市 部 010-84029450
经 销 新华书店及其他书店

印刷装订 北京君升印刷有限公司
版 次 2020 年 12 月第 1 版
印 次 2022 年 4 月第 2 次印刷

开 本 710×1000 1/16
印 张 22.75
插 页 2
字 数 378 千字
定 价 108.00 元

凡购买中国社会科学出版社图书,如有质量问题请与本社营销中心联系调换
电话:010-84083683

《克尔凯郭尔文集》编委会

《克尔凯郭尔文集》中文版序

汝　信

《克尔凯郭尔文集》（10 卷本）中文版即将与读者见面了。这部选集是由中国社会科学院哲学研究所和丹麦哥本哈根大学克尔凯郭尔研究中心共同合作编选和组织翻译的，由中国社会科学出版社负责出版。选集收录了克尔凯郭尔的主要著作，并直接译自近年来出版的经过精心校勘的丹麦文《克尔凯郭尔全集》，内容准确可靠，尽可能保持原汁原味，这对于中国读者正确理解这位丹麦哲学家的思想将会有所补益。

在西方哲学史上，克尔凯郭尔可以说是一个特殊的人物。他生前默默无闻，其著作也很少有人问津，但过了半个世纪，人们又“重新发现了”他，特别是在第一次世界大战之后，随着存在主义哲学的兴起和发展，他对西方国家思想界的影响越来越大。雅斯贝尔斯曾经这样说：“目前哲学状况是以下面这个事实为特征的，即克尔凯郭尔和尼采这两位哲学家在他们生前受到忽视，以后长时期内一直在哲学史上受人轻视，而现在他们的重要性则越来越不断地突出。黑格尔以后的其他一切哲学家正越来越失势而引退，而今天这两个人则不容争辩地作为他们时代的真正伟大思想家而站了出来。”（《理性与存在》）他甚至说，是克尔凯郭尔和尼采“使我们睁开了眼睛”。雅斯贝尔斯的这些话不仅是他个人的看法，而且反映了当时人们的一般意见。克尔凯郭尔和尼采确实代表了在黑格尔之后兴起的另一种以突出个人为特征的西方社会思潮，而与强调精神的普遍性的黑格尔主义相对立。如果说，在黑格尔那里，“存在”只不过是绝对精神自身发展过程中的一个抽象的环节，那么从个人的角度去深入地探索和反思“存在”（“生存”）的意义则是从克尔凯郭尔开始的。

克尔凯郭尔哲学是极其个性化的，他个人的生活经历、性格、情感、心理、理想和追求都深深地渗透在他的哲学思想里，因此我们在阅读他的著作时需要用一种与通常不同的诠释方式。黑格尔曾在《哲学史讲演录》

“导言”中说，“哲学史上的事实和活动有这样的特点，即：人格和个人的性格并不十分渗入它的内容和实质”。这种看法可以适用于像康德那样的哲学家，我们几乎可以完全不去了解他的个人生活经历而照样能够读懂他的著作，因为机械般的有秩序的书斋生活似乎没有给他的思想增添什么个性色彩，正如海涅所说，“康德的生活是难以叙述的。因为他既没有生活，又没有历史”（《论德国宗教和哲学的历史》）。但是，对于克尔凯郭尔来说，黑格尔的看法则是完全不适用的。克尔凯郭尔的全部思想都和他的个人生活和体验紧密相连，他的许多著作实际上都在不同程度上带有精神自传的性质，从中我们可以聆听到他在各种生活境况下的内心的独白和生命的呼唤。他自己曾坦率地承认，“我所写的一切，其论题都仅仅是而且完全是我自己”。因此，要理解他的哲学，首先需要弄清楚他究竟是个什么样的人，在他短暂的生命中究竟发生过一些什么样的事，对他的思想和性格的形成和发展又产生了什么样的影响。

关于克尔凯郭尔个人生活的传记材料，应该说是相当丰富的。西方学者在这方面已经写过不少著作，而且至今仍然是研究的热门题目。克尔凯郭尔本人仿佛早已预见到这一点，他在《日记》中说过，不仅他的著作，而且连同他的生活，都将成为许多研究者的主题。在他生前出版的大量著作中有不少是以个人生活经历和体验为背景的，此外他还留下了卷帙浩繁的日记和札记，这些资料不仅是他生活的真实记录，而且是他心灵的展示。他虽然生活在拿破仑后欧洲发生剧变的时代，却一直藏身于自己的小天地里，很少参与社会活动，不过用他自己的话来说，“在别人看来也许是区区小事，对我来说却是具有重要意义的大事”。他孤独地生活，却不断地和周围的人们和环境发生尖锐的矛盾，在他的生活中激起一阵阵的波涛。对他的思想发展和著述活动影响最大的有四件事：作为儿子与父亲的紧张关系，从猜疑到最后和解；作为恋人与未婚妻关系的破裂；作为作家与报刊的论争以及作为反叛的基督徒与教会的冲突。

1813 年克尔凯郭尔出生于哥本哈根的一个富商之家，他从小娇生惯养，过着优裕的生活，却从来没有感到童年的欢乐，他是作为一个不幸的儿童而成长起来的。这一方面，是由于他生来就有生理上的缺陷，使他自己不能像别人一样参加各种活动而深感痛苦，用他自己的话来说，痛苦的原因就在于“我的灵魂和我的肉体之间的不平衡”；另一方面，更重要的是由于他从父亲那里所受的家庭教育。他的父亲马可·克尔凯郭尔出身贫寒，没有受过多少教育，依靠个人奋斗和机遇，由一名羊倌而经商致富，成为首都颇有名气的暴发户。这位老人以旧式家长的方式治家甚严，他笃信宗教，对子女们从小进行严格的宗教教育，教他们要敬畏上帝，向他们灌输人生来有罪，而耶稣的慈悲就在于为人们承担罪恶，而被钉上十字架来人为赎罪这一套基督教思想。这在未来哲学家幼小的心灵上打下了不可磨灭的深刻烙印，既使他终身成为虔信的基督徒，又在他的内心深处播下了叛逆的种子。克尔凯郭尔后来批评他父亲的这种宗教教育方式是“疯狂的”“残酷的”，他常说，他是没有真正的童年的，当他生下来的时候就已经是一个老人了。他回忆说，“从孩子的时候起，我就处于一种巨大的忧郁的威力之下……没有一个人能够知道我感到自己多么不幸”。“作为一个孩子，我是严格地按基督教精神受教育的：以人来说，这是疯狂地进行教育……一个孩子疯狂地扮演一个忧郁的老头儿。真可怕啊！”问题还不在于严格的宗教灌输，而在于他这个早熟的儿童以特有的敏感觉察到在他父亲表面的宗教虔诚底下掩盖着什么见不得人的秘密，一种有罪的负疚感在折磨着父亲，使之长期处于某种不可名状的忧郁之中。他说，他父亲是他见过的世上“最忧郁的人”，又把这全部巨大的忧郁作为遗产传给了他这个儿子。他曾在《日记》中写道，有一次父亲站在儿子面前，瞧着他，感到他处于很大的苦恼之中，就说：“可怜的孩子，你是生活在无言的绝望中啊。”父亲的隐私究竟是什么，克尔凯郭尔始终没有明说，但有一次从他父亲醉酒后吐露的真言中知道了事情的真相，他对父亲的道德行为和宗教信仰之间的矛盾深感困惑和痛苦，这种对父亲的猜疑和不信任造成了他的沉重的精神负担，使他的一生蒙上了阴影。他自己这样说过，“我的出生是犯罪的产物，我是违反上帝的意志而出现于世的”。

克尔凯郭尔一家从1832年起接二连三地发生不幸事件，在两年多的时间内家庭主妇和三个儿女陆续去世，只剩下年迈的父亲和两个儿子。这对这位老人来说自然是莫大的精神打击，过去他一直认为自己是幸运儿，上帝保佑他发财致富并拥有一个舒适的幸福家庭，现在则认为无论财富、名望或自己的高龄，都是上帝借以惩罚他的有意安排，要他眼看着妻子儿女一个个地先他而死去，落得他孤零零地一个人留在世上受折磨。他觉得自己是盛怒的上帝手心里的一个罪人，成天生活在恐惧中，并预感到他的还活着的两个儿子也将遭到不幸。家庭的变故和父亲的悲伤心情也同样使克尔凯郭尔蒙受了严重的精神创伤，他把这称为“大地震”。在他的《日记》中记述说，那里发生了大地震，“于是我怀疑我父亲的高龄并非上帝的恩赐，倒像是上帝的诅咒”，“我感到死的寂静正在我周围逼近，我在父亲身上看到一个死在我们所有子女之后的不幸者，看到埋藏他的全部希望的坟墓上的十字架墓碑。整个家庭必定是犯了什么罪，而上帝的惩罚必定降临全家；上帝的强有力的手必然会把全家作为一次不成功的试验而扫除掉”。他相信父亲的预言，就是所有的子女都至多活三十三岁，连他自己也不例外。实际上他虽然照样享受着愉快的生活，内心的痛苦和折磨却使他甚至起过自杀的念头。在《日记》里有这样一段话：“我刚从一个晚会回家，在那里我是晚会的生命和灵魂；我妙语连珠，脱口而出，每个人都哈哈大笑并称赞我，可是我却跑掉了……我真想开枪自杀。”克尔凯郭尔父子之间的紧张关系曾导致父子分居，但父亲作了很大努力去改善关系，向儿子作了坦诚的忏悔，儿子深受感动，与父亲重新和解，并更加坚信上帝确实存在。双方和解后不久，父亲就去世了。克尔凯郭尔在《日记》中写道：“我的父亲在星期三（9 日）凌晨 2 时去世。我多么希望他能再多活几年呀，我把他的死看作他为了爱我而做出的最后牺牲；因为他不是离我而死去，而是为我而死的，为的是如果可能的话使我能成为一个重要的人。”

他说，从父亲那里继承来的所有东西中，对父亲的追忆是最可珍爱的，他一定要把它秘密保存在自己的心里。我们在他的许多著作中都能发现这种特殊的父子关系所留下的深深的痕迹，这是解读他的哲学思想时必须密切注意的。

除了父亲以外，对克尔凯郭尔的一生发生重大影响的是一位姑娘——雷吉娜·奥尔森，他们之间短暂而不幸的恋爱，在哲学家脆弱的心灵上造成了永远不能愈合的创伤。他初次邂逅雷吉娜是在 1837 年，当时他正处于自我负罪感的精神痛苦中，结识这位少女给了他重新获得幸福的希望。据他自己说，他一开始就感到“我和她有无限大的区别”，然而在结识她之后的半年内，“我在自己心里充满着的诗情比世界上所有小说中的诗情加在一起还多”。父亲死后，他下定决心向她求婚并得到同意，他感到自己无比幸福，后来他写道：“生活中再没有比恋爱初期更美好的时光了，那时每一次会面、每看一眼都把某种新东西带回家去而感到快乐。”但这种幸福感很快就消逝了，他说，在订婚后的第二天，“我内心里就感到我犯了一个错误”，悔恨不已，“在那个时期内，我的痛苦是笔墨难以形容的”。

克尔凯郭尔究竟为什么刚订婚就反悔，他自己并没有说得很清楚，看来这主要是由于心理上的原因。经过短暂的幸福，他又陷入不可克服的忧郁之中。雷吉娜对此也有所察觉，常对他说："你从来没有快乐过，不管我是否同你在一起，你总是这个样子。"但她确实爱上了他，甚至几乎是"崇拜"他，这使他深为感动。他认为，如果他不是一个忏悔者，不是这样忧郁，那么同她结合就是梦寐以求的无比幸福的事了。可是这样就必须对她隐瞒许多事情，把婚姻建立在虚伪的基础上，这不可能使他心爱的人幸福。因此他竭力设法解除婚约，雷吉娜却不愿与他分手，再三恳求他不要离开她。他却克制内心的痛苦，不为所动，坚决退回了订婚戒指，并写信请求她"宽恕这样一个男人，他虽然也许能做某些事，却不可能使一个姑娘获得幸福"。后来他自己说，"这真是一个可怕的痛苦时期：不得不表现得如此残酷，同时又像我那样去爱"。据他在《日记》里的记述，在分手后他哭了整整一夜，但第二天却又装作若无其事。他时刻想念雷吉娜，每天为她祈祷。后来雷吉娜另嫁别人，而克尔凯郭尔始终独身，对她一直不能忘怀。他说："我爱她，我从来没有爱过别人，我也永远不会再爱别人"，"对我来说，只有两个人有如此重要的意义，那就是我已故的父亲和我们亲爱的小雷吉娜，在某种意义上，她对我来说也已经死了"。直到他们解除婚约五年后，他还在《日记》中写道："没有一天我不是从早到晚思念着她。"三年后他又说："是的，你是我的爱，我唯一的爱，当我不得不离开你时，我爱你超过一切。"其间，他也曾试图与雷吉娜恢复关系，但未能成功，终于他意识到他已永远失去了她。他说："我失去了什么？我失去了唯一的爱。"于是他才倾全力于著作活动，他在《日记》中明确指出自己写作的目的就是为雷吉娜："我的存在将绝对地为她的生活加上重音符号，我作为一个作家的工作也可以被看作为了尊敬和赞美她而竖立的纪念碑。我把她和我一起带进了历史。"他说，抛弃了雷吉娜，他不仅选择了"死亡"，而且选择了文学生涯，"是她使我成为一个诗人"，他的遗愿就是死后把他的著作献给雷吉娜以及他已故的父亲。他抱着这样的心情拼命写作，有的著作实际上是为了向雷吉娜倾诉衷肠，是给她的"暗码通信"，如果不了解其背景，别人是难以充分理解的。

前面我们着重叙述了克尔凯郭尔和父亲的关系以及他的爱情悲剧，因为这对于理解这位哲学家其人及其著作是至关重要的，也正是因为他有了这样的生活经历和生存体验才使他成为黑格尔所说的"这一个"，而具有与众不同的独特的个性。他说：“如果有人问我，我是怎样被教育成一个作家的，且不说我和上帝的关系，我就应该回答说，这要归功于我最感激的一位老人和我欠情最多的一位年轻姑娘……前者以他的高尚智慧来教育我，后者则以她那种缺乏理解的爱来教育我。”他还特别强调，他之所以能成为一个作家，正因为他失去了雷吉娜，如果他和她结了婚，他就永远不会成为他自己了。他注定不能享受家庭幸福，他是一个正如他自己所说的“最不幸的人”。

在克尔凯郭尔失恋以后，他的创作活动达到了高潮，在短短的几年内完成并出版了十几部著作。由于他继承了巨额遗产，可以自费出版自己的著作，使他的思想成果得以留传于世。但是，当时他的著作却没有多少读者，有的重要代表作仅销售数十册，社会影响也微不足道。克尔凯郭尔自己曾提到，《哲学片断》一书出版后，始终无人注意，没有一处发表评论或提到它。他为得不到人们的理解而深感痛苦，他说，“本来我写这些东西似乎应该使顽石哭泣，但它们却只是使我的同时代人发笑”。但他一向自视甚高，认为自己富有天才，曾这样写道，“我作为一个作家，当然使丹麦增光，这是确定无疑的”，“虽然在我的时代无人理解我，我终将属于历史”。

克尔凯郭尔原以为自己只能活到三十三岁，因此他把出版于1846年的《〈哲学片断〉一书的最后的非学术性附言》当作自己“最后的”著作而倾注了全部心血。他感谢上帝让他说出了自己需要说的话，觉得在哲学方面已经不需要再写什么别的了。他本打算就此搁笔，隐退乡村当一个牧师了此一生。结果却出乎他自己的预料多活了九年，而且又重新拿起了笔，原因是他同报刊发生冲突，进行了一场论战，即所谓的“《海盗报》事件”，这对他的晚年生活起了相当大的影响。

在当时的丹麦，《海盗报》是由青年诗人哥尔德施米特创办的一家周刊。就其政治倾向来说，《海盗报》站在自由主义立场上用嘲笑和讽刺的方法抨击专制保守和落后的社会现象，但刊物的格调不高，经常利用社会上的流言蜚语，揭发个人隐私，进行人身攻击。这份周刊在一般公众中很受欢迎，发行量相当大。哥尔德施米特在该刊上发表了一篇赞扬克尔凯郭尔的文章，却引起后者极度不满。克尔凯郭尔认为《海盗报》是专门迎合低级趣味的刊物，受到它的赞扬是无异于对他的莫大侮辱，于是他公开在报上发表文章尖锐地批评和揭露《海盗报》，由此引发了该报的全面反击。差不多在1846年整整一年内，《海盗报》连篇累牍地发表攻击克尔凯郭尔的文字，对他的为人极尽揶揄讥讽之能事，甚至就他的生理缺陷、服饰、家产、生活习惯等大做文章，并配以漫画。那时漫画还是颇为新鲜的东西，上了漫画也就成为公众的笑料。这深深地伤害了克尔凯郭尔的自尊心，甚至他在街上也成为顽童们奚落嘲弄的对象。他原先以为在笔战中会得到一些人的支持，但无情的现实却使他极度失望。他不仅没有获得人们的同情，反而感到人们因他受嘲弄而幸灾乐祸。他在《日记》中说，"我是受嘲笑的牺牲者"。他觉得自己处于极端孤立的境地，面对广大的怀有敌意的公众，他说，"如果哥本哈根曾有过关于某人的一致意见，那么我必须说对我是意见一致的，即认为我是一个寄生虫、一个懒汉、一个游手好闲之徒、一个零"。又说，"对于全体居民来说，我实际上是作为一种半疯癫的人而存在的"。在这种情况下，他不愿与人来往，性情也更孤僻了，当他每天上街例行散步时，唯一"忠实的朋友"就是他随身携带的一把雨伞。

"《海盗报》事件"使克尔凯郭尔得出结论，认为一般人都没有独立的主见，在所谓舆论、报刊的影响下，人人就被完全湮没在"公众"之中了。在他看来，多数人总是错的，真理只是在少数人手里。因此，他因自己的孤独而感到骄傲。正如他自己所描写的那样，"我就像一株孤独的松树，自私地与世隔绝，向上成长，站在那里，甚至没有一个投影，只有孤单的野鸽在我的树枝上筑巢"。不过这一事件也使他改变了想隐退去当乡村牧师的想法。"一个人让自己被群鹅活活地踩死是一种缓慢的死亡方式"，他不愿意这样去死，他觉得他的任务还没有完成，还得"留在岗位上"继续写作。不过从1847年起，他的著作的性质发生了很大变化，由前一时期主要探讨美学的、伦理的和哲学的问题完全转向了宗教的领域。

1847年5月5日，克尔凯郭尔过了34岁生日，当天他写信给哥哥，对自己居然还活着表示惊讶，甚至怀疑自己的出生日期是否登记错了。过去他从未认真考虑过33岁以后应该做什么，现在他活了下来，怎么办？这是他面临的新问题。他感到上帝可能有意赋予他特殊使命，让他为了真理而蒙受痛苦，同时作为真理的见证人而向他的同时代人阐明什么是基督教信仰的真义。怀着这样的使命感，他写了一系列"宗教著作"。他在说明自己作为一个作家的观点时说，他"从来也没有放弃过基督教"。这确实是真的，不过他对基督教和怎样做一个基督徒有他自己独特的理解，不仅和官方教会的正统观点不同，有时甚至公开唱反调。随着他的“宗教著作”的陆续出版，他和教会的分歧及矛盾就越来越尖锐化，终于爆发为公开的冲突。他激烈地批评丹麦教会，要求教会当局公开承认自己违背了基督教的崇高理想并进行忏悔。他指责教会已不再能代表《新约》中的基督教，认为他们的布道不符合真正的基督教精神。他觉得对这种情况再也不能保持沉默，必须予以无情的揭露，同时要向公众阐明怎样才能做一个真正的，而不是口头上的基督徒。这就导致他和教会关系的彻底破裂。

克尔凯郭尔生命的最后一年是在同教会的激烈对抗中度过的。过去他写的大部头宗教著作，很少有人认真阅读，因此一般公众并不十分了解他在思想上与教会的严重分歧。于是他改变方式，在短短几个月内接连在报刊上发表了21篇文章，还出版了一系列小册子，并一反以往喜欢用笔名的习惯做法，都署自己的真名发表。这些文章和小册子短小精悍，通俗易懂，没有多少高深的理论，但批判性和揭露性很强。他公然向教会的权威挑战，指名批判自己过去的老师、新任丹麦大主教马腾森，对教会进行的宗教活动以及教士们的生活、家庭和宗教职务都极尽讽刺挖苦之能事，甚至公开号召人们停止参加官方的公共礼拜，退出教会。但是，克尔凯郭尔并未达到预期的目的，他全力发动攻击，马腾森和教会当局却始终保持沉默，轻蔑地置之不理，他企图唤起人们反对教会也徒劳无功，除了得到少数年轻人同情外，遇到的只是公众的冷漠和敌意。他大失所望，再次陷入孤立的困境，在这个时期内他拒不见客，与外界断绝往来。他的唯一在世的哥哥彼得那时在教会中已身居要职，他们之间的最后一点儿兄弟情谊也就此终结了。

1855年10月2日，克尔凯郭尔在外出散步时发病被送往医院救治，他自己意识到末日将临，说“我是到这里来死的”。在医院里，他拒绝了哥哥彼得的探视，拒绝从神职人员那里领受圣餐。他同意童年时期的朋友波森来探望，波森问他还有什么话想说，他起初说“没有”，后来又说：“请替我向每一个人致意，我爱他们所有的人。请告诉他们，我的一生是一个巨大的痛苦，这种痛苦是别人不知道和不能理解的。看起来我的一生像是骄傲自大和虚荣的，实际上却并非如此。我不比别人好。我过去这样说，而且总是这样说的。我在肉中扎了刺，因此我没有结婚，也不能担任公职。”在去世前，他还向人表示，他对自己所完成的工作感到幸福和满足，唯一感到悲哀的是他不能和任何人分享他的幸福。他就这样离开了人世，终年42岁。这个反叛的基督徒的葬礼还为教会制造了最后一次麻烦，他的外甥带领一批青年学生抗议教会违背死者的意愿，擅自决定由牧师主持葬礼。葬礼只得草草结束，他被安葬于家庭墓地，但却没有设立墓碑。过去他在《日记》里曾写道，在英国某地，有一块墓碑上只刻着“最不幸的人”这几个字，可以想象并没有人埋藏在那里，“因为这墓穴是注定为我而准备的”。结果却是他死后墓地上连这样的一块墓碑也没有。他的遗嘱指定把他所剩无几的遗产赠给他念念不忘的雷吉娜，也遭到她的拒绝。直到半个世纪以后，年迈的雷吉娜才说出了真心话：“他把我作为牺牲献给了上帝。”

综观克尔凯郭尔短暂的一生，他的生活经历虽然没有戏剧性的情节，其内在的精神发展却充满矛盾、冲突、痛苦，有着无比丰富复杂的刻骨铭心的人生体验，迫使他深入地思考和探索在这个世界上生存的意义和个人的价值，这些都体现在他的哲学和宗教思想里。他虽然总是从他个人的视角和以他个人的独特方式去对待这些问题，而这些问题是现代社会里的人普遍关心和感兴趣的，因此具有现代的意义。这也就是我们今天仍然需要认真研究克尔凯郭尔的原因。

本选集的出版得到了丹麦克尔凯郭尔研究中心的资助，特此致谢。

天才释放出的尖利的闪电
——克尔凯郭尔简介

尼尔斯·扬·凯普伦

“天才犹如暴风雨：他们顶风而行；令人生畏；使空气清洁。”这是索伦·克尔凯郭尔在1849年的一则日记中所写下的句子。他自视为天才，而且将自己的天才运用到“做少数派”的事业之上。他总是顶风而行，与社会的统治力量及其教育体制相对抗，因为他认为“真理只在少数人的掌握之中”。为了与抽象的“公众”概念相对，他提出了具体的“单一者”（den Enkelte）的概念。

索伦·克尔凯郭尔是丹麦神学家、哲学家和作家，他出生于1813年5月5日，是家中7个孩子当中最小的一个。他在位于哥本哈根市新广场的家中度过的特殊的青少年时期受到了其父浓厚的虔敬主义和忧郁心理的影响。1830年他完成了中等教育，旋即被哥本哈根大学神学系录取。很快地，神学学习就让位给文学、戏剧、政治和哲学，让位给一种放荡的生活，而后者部分的是出于他对家中严苛而阴暗的基督教观念的反抗。但是，1838年5月他经历过一次宗教觉醒之后，加之他的父亲于同年8月辞世，克尔凯郭尔返归神学学习之中，并于1840年7月以最佳成绩完成了他的神学课程考试。

两个月之后，克尔凯郭尔与一位小他9岁的女孩雷吉娜·奥尔森订婚。但是，随后“从宗教的角度出发，他早在孩提时起就已经与上帝订婚”，因此他无法与雷吉娜完婚。经过了激烈的暴风雨式的13个月之后，1841年10月，他解除了婚约。这次不幸的爱情在克尔凯郭尔日后的生活道路中留下了深刻的痕迹，同时它也促使克尔凯郭尔以1843年《非此即彼》和《两则启示性训导文》两本书的出版而成为一名作家。

其实，早在1838年，克尔凯郭尔就出版了自己的第一本书《一个仍然活着的人的作品》。这是针对安徒生的小说《仅仅是个提琴手》的文学评论。丹麦作家安徒生（1805—1875）曾创作了少量的几部小说、一些游记作品、歌剧脚本、舞台剧本以及大量的诗歌，但他最终以童话作家的身份享誉世界。克尔凯郭尔认为，《仅仅是个提琴手》在艺术上是失败的，因为它缺乏了某种“生活观”（Livs-Anskuelse）。在其处女作发表几年之后，1841 年，克尔凯郭尔以题为“论反讽的概念”的论文获得了哲学博士学位（magistergrad）[①]，论文对“反讽”进行了概念化的分析，其中“反讽”既得到了描述，又得到了应用。

克尔凯郭尔就哲学、心理学、宗教学以及基督教所发表的作品大致由 40 本书以及数量可观的报刊文章组成，这些作品可以被划分为两大阶段：1843—1846 年和 1847—1851 年。除《非此即彼》以及合计共 18 则启示性训导文之外，第一阶段写作出版的作品还有《反复》、《恐惧与颤栗》、《哲学片断》、《忧惧的概念》、《人生道路诸阶段》和《对〈哲学片断〉所做的最后的、非学术性的附言》；其中出版于 1846 年的《附言》一书成为区分两阶段的分水岭。所有的启示性训导文是克尔凯郭尔用真名发表的，其余作品则以笔名发表，如 Constantin Constantius，Johannes de silentio，Vigilius Haufniensis，Johannes Climacus。克尔凯郭尔写作的第二阶段即基督教时期发表有如下作品：《爱的作为》、《不同情境下的启示性训导文》、《基督教训导文》、《致死之疾病》、《基督教的训练》。这一阶段的作品除了后两部以 Johannes Climacus 的反对者 Anti-Climacus 发表之外，其余作品均以克尔凯郭尔的真名发表。

此外，克尔凯郭尔还写有大约充满 60 个笔记本和活页夹的日记。这些写于 1833—1855 年的日记带有一种与日俱增的意识，即它们终将被公之于众，而这些日记使我们得以窥见克尔凯郭尔所演练的“在幕后练习台词”的试验。与其发表的作品一样，克尔凯郭尔的日记在 1846 年前后也出现了一个变化。写于 1846 年之前的日记表现的是在其发表作品背后的一种文学暗流。这些日记无所拘束、坦白、充满试验性，折射出那个年轻且充满活力的作家的洞察力。那些简短的描述和纲要、观察笔记、释义段落，它们充斥着前后彼此的不一致，它们相互之间以及与作者的生活之

---

① 在现代丹麦的学位制度当中，magister 对应于 Master's Degree（硕士学位），但是在历史上，magistergrad 却是哥本哈根大学哲学系的最高学位，自 1824 年以来它对应于其他系科的 doktorgrad（博士学位），1854 年该学位被废除。（译者注）

间存在着或合或离的关系。而写于1846年之后的日记——它们由36个同样的笔记本、共计5700个手写页组成，其内容则成为内向性的自我萦绕和一种自我申辩。其间，克尔凯郭尔一直在诠释着和讨论着他已发表的作品，反思这些作品及其作者在现时代的命运。

在克尔凯郭尔的写作当中，在很大范围内也在其日记当中，他描述了生存的诸种可能性，尤其是三种主要阶段，对此他称为“生存的诸境界”（Existents-Sphærer），即审美的、伦理的和宗教的境界。他的基本观点在于说，每个人首先必须或者说应该——因为并非每个人都能做到这一点——使自身从被给定的环境当中、从其父母和家庭当中、从其所出生和成长的社会环境当中分离出来。然后，他必须开始历经生存的各个阶段（Eksistensstadier），在此进程之中他将获得其永恒的有效性，成为一个独立的个体（individ）。这个个体将成为其自身行动的主体，进而将成长为一个独特的、负有伦理责任的人。直到最终，在负罪感的驱使之下，伦理的人将步入宗教境界。克尔凯郭尔年仅22岁的时候就已经对此主题发表了自己的看法，首先是涉及他自己，同时也关涉所有的人。他试图明白，生活对他而言意味着什么。在1835年的一则日记中他这样写道：

“一个孩子要花些时间才能学会把自己与周围的对象区分开，在很长一段时间内他都无法把自己与其身处的环境区别开来，因此，他会强调其被动的一面而说出，例如，‘马打我’（mig slaaer Hesten）这样的句子来。同样，这种现象将在更高的精神境界当中重现。为此我相信，通过掌握另一个专业，通过把我的力量对准另外一个目标，我很可能会获得更多的心灵安宁。在一段时间内这样做可能会起作用，我可能会成功地将不安驱赶出去，但是毫无疑问，这不安仍将卷土重来，甚至更为强烈，如同在享受了一通冷水之后迎来的是高烧一样。我真正缺乏的是要让我自己明白，我应该做些什么，而非我应该知道些什么，尽管知识显然应该先于行动。重要的是寻找到我的目标，明确神意真正希望我所做的；关键在于找到一种真理，一种为我的真理，找到那种我将为之生、为之死的观念。”（日记AA：12）而当一个人找到了这样的真理的时候，这真理只为那个具体的人而存在，这人也就获得了内在的经验。“但是”，克尔凯郭尔提醒说，“对于多少人而言，生活中诸种不同的印迹不是像那些图像，大海在沙滩上把它们画出就是为了旋即将它们冲刷得无影无踪”。

这个真理，这个我作为一个独特的人应该寻找并且使之成为为我的真理，它在这个意义上来说是主观的，即我是作为主体的我在选择它。再进一步说，它还在这个意义上来说是主观的，即我应该以它为根据改造我的主体性和我的人格，应该根据它去行动。根据克尔凯郭尔，真理永远是处于行动中的，因此他还强调我应该做什么。在上述背景之下，很多年之后，克尔凯郭尔在他的主要哲学著作《附言》当中提出了"主观性即真理"的命题。这个命题不应该被理解成在独断的或者相对的意义上说真理是主观的，似乎此真理能够与彼真理同样好。恰恰相反在克尔凯郭尔看来，生存中存在着一种绝对的真理，一种永恒有效的真理，正是这种真理才是作为主体的我、作为个体的我要去参与的；当我选择的时候，它就应该成为为我而存在的真理。不仅如此，当我选择那个永恒有效的真理的时候，我要占有这真理，根据它改造作为主体的我，把它作为我的所有行动的绝对准则。

假如这一切并未发生，假如我的生活纠缠在诸多独断的真理之中并且远离了我的规定性的话，那么只有一种可能性，就是沿着我曾经向前走过的同一条路倒着走回去。克尔凯郭尔曾运用了一个取自古老传说中的意象。传说中有一个人着了一支乐曲的魅惑，为了摆脱音乐的魔力，他必须将整支曲子倒着演奏一遍。"一个人必须沿着他所由来的同一条道路倒行，犹如当把乐曲准确地倒着演奏的时候魔力就被破除了的情形一样（倒退的）。"（日记 AA：51）

假如我并未返回出发点以便找到那条通往真理的正确道路，而是使我的生活纠缠在那些独断的真理之中的话，那么我将陷入沮丧之中。有这样一种情形：我有一种强烈的愿望，但我并不知道我所希望的到底是什么，也没有准备好调动我的力量去发现之，因为那将意味着我必须使自己从那种我曾经纠缠其中的生活当中挣脱出来，于是我便无法去希望。克尔凯郭尔把这样的一种情形称为"忧郁"（tungsind）。

"什么是忧郁？忧郁就是精神的歇斯底里。在一个人的生活中会出现一个瞬间，当此之时，直接性成熟了，精神要求一种更高的形式，其中精神将把自身视为精神。作为直接性的精神而存在的人是与整个世俗生活联系在一起的，但是现在，精神将使自身从那种疏离状态中走出来，精神将在自身当中明白自己；他的人格将会在其永恒有效性内对自身有所意识。假如这一切并未发生，运动就会终止，它将被阻止，而忧郁也由此介入。人们可以做很多事情以试图忘掉它，人们可以工作……但是，忧郁仍然在那里。

“在忧郁当中有着某种无可解说的东西。一个悲伤或者担忧的人是知道他为什么悲伤或者担忧的。但是倘若你询问一个忧郁的人，问他为什么会忧郁，是什么压在他的身上，他将会回答你说，我不知道，我无法解释。忧郁的无限性就在这里。这个问答是完全正确的，因为他一旦知道他因何而忧郁，忧郁就被驱除了；可是那个悲伤者的悲伤绝不会因为他知道自己因何悲伤而被驱除。但是，忧郁是罪（Synd）……它是那种没有深刻地、内在性地去希望的罪，因此它是众罪之母……可是一旦运动开始了，忧郁就会被彻底驱除，同时就同一个个体而言，他的生活仍然可能带给他悲伤和担忧。”

在《非此即彼》当中，克尔凯郭尔曾这样写道：“很多医生认为忧郁存在于肉体之中，这一点真够奇怪的，因为医生们无法将忧郁驱除。只有精神才能驱除忧郁，因为忧郁存在于精神当中。当精神找寻到自身的时候，所有微不足道的悲伤都消失了，据很多人说产生忧郁的根源也消失了——这根源在于说，他无法在这个世界上立足，他来到这个世界太早或者太晚了，他无法在生活中找到自己的位置。那个永恒地拥有自身的人，他来到这个世界既不太早也不太晚；那个居于其永恒当中的人，他将会在生活当中发现自己的意义。”（SKS 3，pp. 183—184）

有了对忧郁的如是理解，克尔凯郭尔提出了另一个重要的概念：忧惧（angst），在其心理学著作《忧惧的概念》当中他对这个概念做出了阐发。在书中，假名作者 Vigilius Haufniensis 描述了忧惧的诸种现象并且发问道，忧惧或者毋宁说一个人会变得忧惧的事实会揭示出人是什么呢？对此他回答说：人是一个与成为他自己这一任务密不可分的自我。这位假名作者还描述了这项任务失败的原因，因为个体不仅仅在因善而且也在因恶的忧惧当中受到了束缚，最终，他陷入了妖魔式的内敛当中。

而忧惧又引发出了另一个新的概念：绝望（Fortvivlelse），对此克尔凯郭尔让其身为基督徒的假名作者 Anti-Climacus 在《致死之疾病》一书中做出了分析，该书与《忧惧的概念》相呼应。正是 Anti-Climacus 表达了克尔凯郭尔关于人的最终的观念：人是一个综合体，是一个在诸多不同种的尺度（Størrelse；对应于德文 Grösse）之间的关系，例如时间性与永恒性、必然性与可能性，但是它却是一种与自身发生关联的关系。在书的第一部分中，Anti-Climacus 通过对绝望的不同形式的描述展开了这一观念，在此绝望被理解为人不愿成为自我。在书的第二部分中，作者深入阐明了他对绝望的理解，他认为绝望是罪，以此，他与《忧惧的概念》一书中关于罪的理论相呼应。于是，绝望成了经强化的沮丧，或者是以上帝为背景而思想时的沮丧，也就是说，一个人不愿意成为如上帝所创造的那样的自我，不愿去意愿着或者执行上帝的意志。“心的纯洁性在于意愿一（件事）”，而这个“一”最终就是上帝。

那个意愿着上帝并且因此也意愿着成为如上帝所创造的自我一样的人；那个不再与上帝和其自身相疏离的人——处于这种疏离状态的人或者处于在罪过（Skyld）的封闭的禁锢当中，或者处于关于自我的梦想的非现实的理想图景当中；那个人将真正地走向自我，他将与自我和自我同一性共在，因此，他将在场于生活的实在的场中。克尔凯郭尔在其成文于1849年的三则审美性的、关于上帝的训导书《田野的百合与空中的飞鸟》中这样写道：“什么是快乐，或者说快乐是什么？快乐也就是真正地与自我同在，而真正地与自我同在指的就是那个‘今天’；在（være）今天，其实就是指在今天。它与说‘你在今天’，与说‘你与你自身就在今天同在’，说‘不幸的明天不会降临到你的头上’同样正确。快乐指的就是同在的时间，它所着力强调的是同在的时间（den nærværende Tid）。因此上帝是幸福的，作为永恒的存在他这样说：今天；作为永恒的和无限的存在，他自身与今天同在。”（SV14，160）

克尔凯郭尔在第一阶段的写作中完成了对三种人性的“生存境界”的描述之后，在第二阶段中他指出了在与基督教的关系之下这三种境界的不足之处。一个人要成为一个真实的自我，首先要通过作为上帝所创造的产物而与上帝建立关联。一个人要成为真正的自我，他首先要认识基督并且使他的罪过得到宽恕。但是，在认识之前同样需要行动。因此，真理总是在行动中的真理，正如信仰总是在作为（Gjerninger）中的信仰一样。

在第二阶段的写作当中，对人性的和基督性的理解同时得到了强化。克尔凯郭尔进一步强调，那个决定性的范畴即在于单个的人，即“那个单一者”（hiin Enkelte）；但是与此同时，他也越来越强调一种以宗教为根基的对于人与人之间的平等关系的把握。这一点与他对于所处时代的不断成熟的批评是并行的。1846年，克尔凯郭尔发表了题名为“文学评论”的作品，对一位年长于他的同时代丹麦作家托马西娜·伦堡夫人（1773—1856）的小说《两个时代》做出了评论。其间，克尔凯郭尔赋有洞见地总结了那个日益进步的现代社会的特征，表达了他的政治和社会思想，指出当今时代呈现出一种平均化和缺乏激情的倾向。

克尔凯郭尔自视自己是一位以“诠释基督教”为己任的宗教作家。他将“清洁空气”，他将把所有的幻象和所有的虚伪都剥除净尽，并且返回“新约的基督教”。在此背景之下，他在自己生命的最后几年当中对丹麦的官方所宣称的基督教以及基督教权威机构展开了攻击。1854 年年底，克尔凯郭尔以在名为“祖国”的报纸上所发表的一系列文章开始了他针对教会的战斗。继而，这场战斗又继续在更强烈、更激进的新闻性小册子《瞬间》（共计 9 册）当中进行。

1855 年 10 月，克尔凯郭尔在街头摔倒了，他病入膏肓，精力耗尽。他被送往了弗里德里克医院（地址即今天的哥本哈根市工艺美术博物馆），11 月 11 日，他在那里告别了人世。

克尔凯郭尔在 19 世纪末 20 世纪初之际被重新发现，并且在第一次世界大战之后获得了广泛的国际声誉。他成为辩证神学、存在哲学以及存在神学的巨大的灵感源泉。自 20 世纪 60 年代至 80 年代中期这段时间里，克尔凯郭尔（研究）一度处于低潮。自那以后，克尔凯郭尔获得了巨大的复兴，不仅在学者和研究者中间，而且还在一个更为广泛的公众当中；这种复兴不仅发生在丹麦国内，而且还发生在国际上，包括很多东欧社会主义国家。

这种重新焕发的对于克尔凯郭尔的兴趣反映了一种崭新的对生存进行全面理解的愿望，人们希望在当今众多相对的、划时代的，以及由文化决定的真理之外寻求到一种可能的永恒真理。这种探求不仅仅在知识—哲学的层面之上，而且还应落实到伦理—生存的层面之上。这种寻求还与寻找对个体的意义、伦理学的基础以及宗教与社会的关系这些根本性问题的新的解答联系在一起。

“有两种类型的天才。第一种类型以雷声见长，但却稀有闪电。而另一种类型的天才则具有一种反思的规定性，借此他们向前推进……雷鸣声回来了，闪电也非常强烈。以闪电的速度和准确性，他们将击中那些可见的每一个点，而且是致命的一击。”毫无疑问，克尔凯郭尔属于后一种类型的天才。

（王　齐 译）

译者的话

《克尔凯郭尔日记选（1842—1846）》是十卷本《克尔凯郭尔文集》的收官之作。翻译项目启动的时候，丹麦文版《克尔凯郭尔全集》（*Søren Kierkegaards Skrifter*）还在哥本哈根大学"克尔凯郭尔研究中心"的整理、注释和出版之中，至2013年克尔凯郭尔诞辰两百周年之际，全集完成了55卷本的出版任务，其中28卷为克尔凯郭尔的著作文本，27卷为研究者编写的集释（《非此即彼》文本两卷，共用一卷集释）。在克尔凯郭尔42年的生命历程中完成了28卷文字的写作，不可谓不多产，虽然他的写作中存在着自我重复的问题。这28卷文本可分为四大类别：

第一类是克尔凯郭尔生时发表的作品，除《克尔凯郭尔日记选》之外，我们这套《克尔凯郭尔文集》1～9卷的作品都取自生前发表作品，而未收入文集的其他同类作品如《尚存者手记》、《人生道路诸阶段》等，也时常出现在《克尔凯郭尔文集》的正文和注释当中；

第二类是克尔凯郭尔生时完成或基本完成的、有待出版但未能出版的作品，如《阿德勒之书》、《关于我的作品的观点：从作者的角度出发》、《评判你自己!》等；

第三类是日记、笔记、摘抄、散页，总体名之曰"日记和文牍"（Journaler og Papirer），共11卷。对于这部分内容，我们又可以根据原稿的样式细分为四种，它们分别是：1）按拉丁字母顺序A至K连续标记的日记本AA－KK（Journalerne AA－KK），1835—1846；

2）笔记本1—15（Notebøgerne 1－15），1833—1849；

3）标有NB字样的日记本NB－NB36，1846—1859；

4）写在散页上的文牍（Løsepapirer），分1～304（1830—1843），305～446（1843—1852），447～591（1852—1855），592～596（补充）。

第四类是克尔凯郭尔的往来书信和与生平相关的文献材料，共收有信件318封，这是克尔凯郭尔传记作者特别倚重的原始材料。

收入《克尔凯郭尔日记选》的篇目，即取自克尔凯郭尔写作内容的第三大类。要从11卷中撷取恰当的内容编成一卷，必须遵循一定的原则。在最初编选十卷本《克尔凯郭尔文集》时，编委会即本着向汉语世界全面介绍克尔凯郭尔思想发展历程的宗旨，意在为汉语克尔凯郭尔研究打下一个基础。因此我们以1846年克尔凯郭尔转向基督教时期为分界线，以他的假名著作为主体，辅之以后期的宗教著作；又因日记、笔记占据克尔凯郭尔著述量的较大比重，故决定选编一本日记选，让读者对克尔凯郭尔日记写作有个直观感受。在日记编选过程中，编委会遵循了上述原则，选取了克尔凯郭尔青年时代最长的一本日记JJ，共517则，时间跨度为1842—1846年。这段时间正是克尔凯郭尔假名写作的高峰期，按时间顺序，他于1843年出版《非此即彼》《重复》《畏惧与颤栗》，1844年出版《哲学片断》《前言》《恐惧的概念》，1845年出版《人生道路诸阶段》，1846年出版《最后的、非科学性的附言》。与此同时，克尔凯郭尔还以真名S. Kierkegaard于1843年出版《两则建设性演说》《三则建设性演说》，1844年出版《两则建设性演说》《三则建设性演说》《四则建设性演说》，1845年出版《三则想象情境下的演说》，1846年出版《文学评论》。这也就是说，“日记JJ”的时间跨度正好与克尔凯郭尔假名写作时期相吻合，这一点将对读者理解收入《克尔凯郭尔文集》中的著作大有裨益。

但仅有“日记JJ”似显单薄。为了更完整地展现青年克尔凯郭尔的思想成长历程，编委会还为“日记JJ”选择了一个“前奏”和“尾声”。“前奏”是克尔凯郭尔写于1835年的著名的“吉勒莱日记”（Gilleleie），即AA：12的后半部分。这则日记记载了年仅22岁的克尔凯郭尔在未来人生道路选择时的迷茫，以及他下决心要“寻找我能为之生、为之死的真理”的心声。而“尾声”是克尔凯郭尔自1846年春开启的NB写作中的几则长篇“报告”（Rapport），其时克尔凯郭尔正处于“内忧外患”的阶段：“内忧”源于他几乎耗尽他因父亲去世而继承的万贯家财，开始为金钱事务操心；“外患”是他正遭受《海盗船》的嘲讽和攻击，因此对自己是否继续当作家进行了反复思量，最终决定结束作家生涯，因此才有了后来的基督教时期的写作。

与之前的克尔凯郭尔日记英文选本和在此基础上做成的汉译本不同的是，本卷虽然仍是选本，但我们不是从克尔凯郭尔各个生活阶段的日记中抽取那些与克尔凯郭尔生活故事密切相关的、能够制造噱头的日记，如克尔凯郭尔与父亲、与雷吉娜的关系，他的“肉中刺”，他在“精神与肉体之间的不平衡”等；或者抽取那些用诗化的优美语言抒写心境的片断；或者最能反映克尔凯郭尔在哲学和宗教思想方面的远见卓识的日记——之前的选本无一例外遵从的是这种编选思路。我们呈现给读者的是一本完整的克尔凯郭尔日记，“前奏”和“尾声”只是为了强化这个印象。“日记JJ”内容丰富，其中既有克尔凯郭尔的读书笔记，包括摘抄和评论，又有后来进入他的假名著作中的片断（约100条），更有对日常生活事件的记录，对生活中有趣片断的描绘，社会新闻等，当然，这本日记也幸运地包含了为传记作家所津津乐道的克尔凯郭尔的个人生活故事。因此无论从哪个方面说，这都是一个理想的选本。

与日记编选原则相一致，在翻译时我以保持日记原貌为己任，这主要体现在对日记格式的保留之上。克尔凯郭尔日记是双栏写作，边栏有对正文内容所做的注释和补充。为了让读者直观感受双栏写作的原貌，我在书中插入了记载有日记339则和340则的原稿图片（见本书第137页）。“日记JJ”中仅有10则标记有日期，但每则日记之间都有分隔符号，它们的使用并不统一，对这些符号本书无一例外地全部保留。但克尔凯郭尔行文中的标点符号在翻译过程中不可能完全照搬，只是对于日记中多次出现的那种在很长一段话中用逗号分隔断续思绪的情况，我坚持保留原有的逗号，而不主观地将文句划分出不同的意群，这个工作将留给读者自己完成。在日记结尾处，有时克尔凯郭尔习惯性地画上类似破折号的横线，作为终结的标志，这个符号本书予以保留。唯一没有保留的是在作为日记标题的字词后习惯性地点上的圆点，这个在中文中显然不宜作句号处理，故本书全部予以删除。

克尔凯郭尔日记同时兼写人记事的日记和读书笔记的功能，它是为自己写作，因此拼错的单词、不恰当的标点、不完备的句子等情况并不罕见，所幸丹麦克尔凯郭尔研究者已经纠正了那些拼写的错误。但要想弄懂日记的内容，仍需大量的注释。中文版《克尔凯郭尔文集》的亮点之一就是参考和吸收最新丹麦文学术版提供的集释卷的内容，但在日记翻译中觉得还不够，我根据汉语读者的知识背景，增补了大量注释，这使得本书注释的篇幅略微多于正文。在翻译和增补注释的过程中，深感自己对欧洲历史文化了解的欠缺，只能一边学习，一边发出苏格拉底式的“我唯一知道的就是我不确定我知道”的感叹。我甚至更愿像克尔凯郭尔一样，感叹人非全知全能，所知的只能是些“片断”，难以形成一个全景图。

由于日记写作涉及的概念相对较少，本书不设概念中丹文对照表，这里仅就两个表述加以说明。一是 opbyggelig Skrifter 和 opbyggelig Taler，前者属于基督教传统书写形式，我用“灵修书”与之对应；后者是克尔凯郭尔为区别于布道词而作，我用“建设性演说”来对应。“建设性”一词的灵感源自 op + bygge，“建设”是一个很直观的译名。

第二个区分是 det æsthetisk - sandselige 和 det æsthetisk，前者我用“审美—感性”与之对应，后者则用“审美感性”，因为我认为仅用“审美”与 aesthetic 相对应，不足以涵盖后者的意思，且有一定的误导性。此举不是以解释代替翻译，而是对原有译名的尝试性修正。

思想学术翻译工作是对现代中国思想的重塑，我在这方面做的工作不算多，虽然这套十卷本《克尔凯郭尔文集》当年确因我而起，承蒙 Niels - Jørgen Cappelørn 教授和汝信先生的信任和支持得以立项。惭愧的是，我本人仅承担了其中三卷的翻译，一百多万字的工作量，原因无外乎是在“双重性生存”中，我对“现实”这一极的考量占了上风，首先想着满足现有科研评价体系的要求。余下的 7 卷，除第一卷《论反讽概念》由汤晨溪教授翻译外，其余 6 卷都由新丹麦人京不特承担。京不特是作家、诗人和广义的丹麦语文学的翻译者，他对翻译工作倾注的心血和热情，工作的高效，以及对生活持有的那种既积极进取、又随遇而安的态度，每每令我感佩。借《克尔凯郭尔文集》收官之机，作为编委会秘书和共同完成译事的同事，我向汤晨溪和京不特表达诚挚的感谢，同时还要感谢中国社会科学出版社的冯春凤女士，感恩人生中这段愉快的合作。

本书的完成和前期校改工作是在 COVID - 19 在武汉肆虐之际完成的。居家办公，小区封闭管理，生活反而变得简单。除了吃饭睡觉、每日瑜珈、网上购物、用微信与外在世界保持联系外，余下的时间只能工作，用工作对抗对工作的意义的怀疑。几天前，在我为完成这则“译者的话”而上“克尔凯郭尔研究中心”网站查找资料时，我发现曾经那么熟悉的网址 www. sk. ku. dk 已经不复存在，新网址以丹麦语“神学”的头几个字母“teol”开始，一时感觉很失落。之前我知道“中心”在完成《克尔凯郭尔全集》的编辑出版任务后回归哥本哈根大学神学系，我曾经学习和工作过两年的“中心”所在地也从毗邻大学广场的那座始建于 1826 年的白色小楼——那是与克尔凯郭尔同时代的律师和作家 Peter Faber 的住宅，搬至市政广场一侧的颜色街（Farvegade），最终落户位于阿玛岛的大学城。每搬一次，“中心”就离克尔凯郭尔生时活动的市中心远一步，昔日那个国际化的克尔凯郭尔中心最终成为了历史。万物皆变，世事无常，无人能预测未来，唯有以工作抵抗那与生俱在的虚无。

《克尔凯郭尔文集》立项时，我家小朋友尚未来到世间。当这个耗时过久的项目行将结束之际，发现家里多了一个“舞文弄墨”的人，不时用她的诗句令我重拾“惊异”。

2020 年 8 月 22 日于夕照寺

目　　录

AA：12　吉勒莱日记

AA：12　吉勒莱日记

吉勒莱，1835年8月1日

在前面的篇幅中，我所尝试揭示的对我而言确是实情。（1）现在，当我尝试让我自己认清我的人生的时候，事情看起来有所不同。正如儿童要花很长时间才能学会把自身与对象区分开来，因此他们在很长时间内都无法把自身与环境分开，结果为了强调被动的一面他们会说，举个例子——“我打马”；同样的现象会在更高的精神层面上重复。（2）因此，我认为通过从事其他专业的学习，通过把我的精力转向另一个目标，我或许会更安宁。一度我甚至已经成功地用这种方式驱逐了某种不安，只是毫无疑问，它会以更强劲之势卷土重来，就像享用冷水后的发热一样。我自己真正需要搞清楚的是，我要做什么[①]，而不是我要知道什么，除非知识必须先于行动。这事关对我的命运的理解，我要看上帝真正意愿我做什么；问题的关键在于寻

① 常常是，当人们全心全意地相信他们已经理解了自身的时候，他们发现他们拥抱的只是云朵，而非朱诺。（3）

找一种为我而在的真理[①]，寻找一种我将为之生、为之死的观念。而且，这些对我何用之有呢，如果我找到了所谓客观真理；如果我遍检哲学体系，并且在被要求时能够对其进行检视；如果我能够在任意一个圆圈内指出其前后不一致之处；——这些对我何用之有呢，我能够发展出一种国家理论，并且把各处撷取的细节连缀成一个整体，建构一个我并不在其中生活、而只是捧给他人观看的世界；——我能够展开基督教的意义，能够解释很多具体的现象，如果它们对于我自己和我的生活并无深刻意义，它们对我何用之有呢？我越能干，就越会看到他人占有我的思想创造，而我的处境也就越可悲，我甚至就像那些因贫穷不得不把自己的孩子打发到世间并且交给他人抚养的父母一样。（4）这对我何用之有呢，真理就在我面前，冰冷，赤裸，对于我是否认可它漠不关心，它带来的毋宁是令人焦虑的颤抖，而非信任的顺从？我当然不会否认，我仍然会接受知识的命令；通过它是有可能对他人发生作用的，但是随后，它必须以鲜活的方式被我所吸收，这，就是我目前认定的主要问题。这，就是我灵魂的渴望，就像非洲的沙漠渴望着水一样。这，才是缺乏的东西，因此我就像一个集齐了家具、租好了房子的男人，只是他尚未找到要与之分享生活中的福祸得失的爱人。（5）但是，为了寻找到那个观念，或者更准确地说，为了找到我自己，我并不需要更深地卷入世间。而这正是我之前的所为。这也就是为什么我曾经认为我

① 直到此时，人们才能拥有一种内在经验。不过在很多人看来，对生活的各种印象难道不就像大海在沙滩上画出的图像吗，只是为了立刻将其清除得无影无踪。

应投身于法学的原因，以便能够在生活的盘根错节中培养我的敏锐性。这里会有一大堆足以让我迷失其中的细节，从那些给定的事实当中，我或许会建构一个关于小偷生活的整体，一个有机体，在所有的阴暗面当中追求之（这里还有一种团队精神非常值得关注）。(6) 因此我都想当演员了，以便通过扮演另一个人的角色，获得所谓我自己的人生的替身，并且从外在变化中寻求某种乐趣。(7) 过一种完满的、人的生活而不仅仅是认知的生活，这正是我所缺乏的[①]，因此我不想把我的思想发展建基于某种人们称之为客观性的东西之上——某种

① 【在空白处这样写道:】

由此还可以解释一种并非罕见的现象，一种在观念方面的吝啬（a）。正因为生活是不健康的，而知识占据主导地位，观念才没有被理解成生命树上的自然之花，没有如其所是、且像那些自身就如其所是地拥有意义的东西那样被坚持——而是被理解成特殊的闪光，仿佛生活因众多的所谓外在观念而变得丰富起来（请原谅这个说法；——用格言来说）。(8) 人们忘记了，观念就像雷神托尔的锤子——它会返回到人们砸下去的地方，尽管是以一种改变了的形态。(9)

（a）类似的现象还有人们从知识及其结论中得出的错误观点，当人们谈论客观结论的时候，他们未曾想起，真正的哲学家在最高意义上都是主体性的。我只需提及费希特。(10) 人们用同样的方式对待风趣机智，不是将之视为从作家全部个体性和环境中必然生出的密涅瓦，因而在一定意义上是抒情性的——（还有就是脸红，它与某种风趣机智相伴，而后者恰恰暗示它是自然产生的，新生的；9月20日，1836），——而是将之视为人们可以采撷且留作己用的花朵。(11)（勿忘我在田野上有它的位置，不起眼，谦逊，但在花园里就会变得不合时宜。）

无论如何都不是我自己的东西之上，而要建基于某种与我生存的根基紧密结合的东西之上[1]，可以说就是通过这个根基，我才进入并在神性中成长，紧紧依附于它，哪怕整个世界将要崩塌。看，*这就是我所缺乏的*，而且*这是我所要努力的*。怀着喜悦和内心的振奋，我观察那些伟人，他们已经找到了那个珍宝，为此他们出卖一切，甚至自己的性命[2]，不管我看到的是他们强势卷入生活，以稳健的步伐，毫不犹豫地，在他们已然选定的道路上前行；还是看到他们偏离了主路，沉浸在自身之中，沉浸在其为崇高目标的工作之中。（12）怀着敬意，我甚至观察了那些近在咫尺的歧途。正是这种人的内在行动，这种人身上的神的面向，才是至关重大的，而非渊博的知识；因此很可能随之而来的就是，它们不会显现为偶然的单元或者一系列细节，它们彼此相邻，没有体系，没有一个能将所有种类的东西聚拢起来的焦点。一个这样的聚点也是我一直寻求的。我曾经在享乐无边无际的海洋中徒劳地寻找一个停泊处，就像在知识的深海中寻找一样。我感受到

① 尽管拥有所有的知识，人们离疯狂有多近？除了为某种观念而生活之外，真理是什么呢？一切归根结底都建基于悬设之上；但只有当悬设不再位于身外，而是人要在其中生活，在这一刻，这悬设才停止成为对他而言的悬设。（辩证法－争辩）（13）

② 于是一切对我们都会变得容易，如果我们首先从阿里阿德涅（爱情）手中接受了那个线团，以便穿过迷宫式（生活的）的曲径并且杀死怪物。但是，有多少人跌进生活之中（迷宫），却没有注意到那预防措施呢（每年献祭给弥诺陶洛斯的那些年轻的女孩和男童们）？（14）

了一种几乎无法抗拒的力量，以之我转战于不同的享乐之间；我感受到了一种有能力去生产的不真实的热情；我还感受到了那种随之而来的无聊，那种分裂。我已经品尝过知识树上的果实，并且常常为其美味而喜悦。（15）但是，这喜悦只发生在认知的瞬间，它并未给我本人留下任何更深的印迹。对我来说，我并没有痛饮智慧之杯，而是跌入其中。我曾经通过放弃试图寻找我的人生准则，认为既然一切都遵循着难以捉摸的法则，那么我亦不例外，我钝化我的雄心壮志和虚荣心的触角。既然我无法让事情都按我的意愿进行，那么我就要从中抽身，我意识到了自己的能力，几乎就像一位老迈的牧师要辞职领退休金那样。（16）我发现了什么呢？没有发现我的我；而那正是我沿着那些道路所要寻求的东西（我在想，我是否可以这样说，我的灵魂就像被关在带弹簧锁的匣子里，现在按一下弹簧，外在环境就会使之弹开）。——于是首先要决定的就是对天国的那种寻找和寻见。（17）就像天体在形成时并不是先决定其表面形态，决定光明和黑暗冲着哪个天体，而是首先实现离心力和向心力的平衡，然后让其余的东西自己发展——同样，人也不用先决定外在形态，然后才决定根本的东西。在认识其他事物之前，人首先要学会认识自己（认识你自己）。（18）因此，只有当人首先内在地理解了自身、并且看到了他所踏上的道路向前延伸的轨迹之时，他的人生才获得了安宁和意义；只有这时，他才能摆脱那个麻烦的、致命的旅伴——那种生活的反讽[①]，它显现于认知领域，并且要求真正的认知始于无知（苏格拉底）[②]，就像上帝从无中创造世界一样。(19) 不过，在德性的水域中，反讽对于那些尚未乘着美德的信风而来的人尤为合适。反讽在这里把人们折腾得够呛，一时让人们因下决心沿着正确的道路前行而感到幸福和满足，一时又令人跌进绝望的深渊。它常常用“事情本来就是这样”的想法哄人入睡，只为突然将人惊醒以面对严厉的拷问。它常常像遗忘的面纱盖在了“过去”

---

① 反讽或许仍然有一定的意义，但是此人已准备好忍耐生活的狂风；因为一个人越是为观念生活，他越会轻松地令整个世界惊讶。(20) ——常常是当你确信已经理解了自身的时候，你会被一种奇怪的焦虑所俘获：你实际上只是熟记了另一个人的人生。(a)

(a) 一种奇特的反讽在阿拉伯故事《驼背莫拉德》中也有所表现（见时尚报刊《画报》，1835 年第 40 期）。(21) 故事说，一个人拥有一枚戒指，它会给此人带来任何他所希望的东西，只是总会有一个“但是”。比方说，他希望自己安全，结果却发现自己待在监狱里，等等。（故事见瑞斯出品的《青年文库》，第 2 卷、第 6 册，1836 年，第 453 页。）(22) ——我还听说过或者在某处读过，有个男人在剧院外听到了一个美丽迷人的女高音，他立刻爱上了这声音；他快速走进剧院，遇到一个又粗又壮的男子。问他何人唱得如此动听，那人回答：“就是我”。——他是一个阉人。(23)

② 有则谚语说：“从孩子和疯子口中能听到真理”。(24) 这里说的当然不是根据前提和结论得出的真理，但是，有多少时候不是孩子或者疯子的话令一个早已对敏锐感到麻木的成年人哑口无言呢？

之上一样，为的是使每一个无足轻重的东西重新鲜活出场。在沿着正确的道路奋斗前行的时候，人们为战胜了诱惑的力量而喜悦，也许几乎就在他们登上胜利的巅峰的同时，有种看起来糟糕的外在环境把他们绊倒了，就像西西弗斯从悬崖的顶端跌下去那样。(25) 常常是当人们集中精力于某件事情的时候，他们所遇到的一点点外在情况毁了一切。(我想说的是，就像有个厌倦了生活而想跳泰晤士河的人，就在那个决定性的瞬间，一只蚊子的叮咬恰好阻止了他。) 反讽常常使人们像肺病患者，在情况最糟的时候，感觉恰恰最好[①]。(26) 他徒劳地试图反抗；他缺乏足够的力量，没有什么会帮助他，结果他总在经历相同的遭遇；人们由此获得的训练是不得要领的。就像一个经过很多游泳训练的人却做不到在暴风雨中漂在水面，只有在内心深处确信并且体验过人的确比水轻的人才能做到。同样，一个缺乏内在根基的人是无法在生活的风暴中坚持下去的。——只有当人这样理解自身的时候，他才有能力坚持独立的生存，并且以此方式避免放弃自我。我们不是常常看到吗——（曾几何时，我们称颂而非谴责古希腊历史学家，因其知道如何采用一种与原创者相近到几乎乱真的异域风格，因为我们首先称赞一个作家的是他有自己的风格，也就是说拥有一种由其个性修正过的语言表达方式和表现方式）(27) ——我们不是常常看到吗，人们或者出于精神的慵懒而靠别人桌上掉

---

① “这就像对待令人愉悦的晨梦一样，人唯有用力才能把自己从催人入眠的旋涡中拉出来，除非他想陷入越来越具有压迫性的疲惫，然后在病态的精疲力竭中延宕一整天。”《诺瓦利斯著作》，柏林 1826 年，第 1 部，第 107 页。(28)

下来的碎渣儿过活，或者出于更多的自我考虑而试着活在他人身上，结果他们就像多次重复自己故事的撒谎者那样，最终连他自己都信以为真了。（29）尽管目前我离内在地理解自身还相去甚远，但我怀着对其意义的深切敬意努力保持我的个性，敬仰未识之神。（30）怀着不合时宜的焦虑，我努力避免与那些或许会对我产生巨大吸引力的现象靠得太近。我努力令自己更多地接近它们，学习那些具体现象及其在人类生活中的意义，但我也警告自己不要飞蛾扑火。在与普通人的接触中我很少有所得失。一方面我对他们的忙碌——所谓的实践生活[①]——没什么兴趣；另一方面他们对待人身上的精神性的和深刻的举动的那种冰冷和同情心的缺失，使我愈加远离他们。我的伙伴们无一例外对我没有产生显著的影响。一种没有认清自己的人生必定会显示出某种不平衡的单面性；它们只能呈现为具体的事实以及显而易见的不和谐，因为努力使之在更高的和谐之中消解或者洞悉其中的必然性，我是没有什么兴趣的。因此，他们对我的评判从来都是片面的，而我则在要么对其断言看得太重、要么看得太轻之间摇摆。他们对我的影响以及由之而来的对我人生指南针所造成的可能的偏离，也是我现在要避开的。于是乎，我再次站立在那个起点上，我必须以另一种方式开始。我要努力平静地把目光对准我自己，并且开始以内在的方式行动；因为

---

① 这种生活在所有时代都相当突出，它也在更大的范围内显现自身。在古代，人们建成的是令旁观者沉默的作品，而现在，人们在泰晤士河底修隧道（有用处，有好处）。（31）是啊，小孩子在欣赏一种植物或某种动物的美之前，差不多都会这样问：它有什么用？

只有那样，我才能在更深层的意义上称我自己为“我”，就像小孩子第一次有意识地做出把自己叫做“我”的行动一样。

但是，这一切要求忍耐，人们不可能立刻就收获他刚刚播撒的。（32）我愿意记住那个哲学方法：让弟子们沉默三载，然后就成了。（33）就好像人们不在太阳升起、而在太阳落山时举行晚会一样，在精神的世界中，人们也必须在太阳真正照耀着我们并且壮丽地升起之前先工作一段时间；因为尽管人们说，上帝让日头照好人，也照歹人；降雨给义人，也给不义的人，但在精神的世界却并非如此。（34）那么，掷出色子吧——我要越过鲁比肯河！（35）这条道路必定会把我引入战斗；但我不会放弃。我不会哀叹逝去的时光——为什么要哀叹呢？我要全力工作，不把时间浪费在哀叹上，就像一个陷入泥沼中的人，先去计算自己陷得有多深，而不去想，在他花时间计算的时候，他陷得更深了。我要沿着已经发现的道路快速前行，并且冲着我遇到的每一个人高喊：不要像罗得的妻子那样回头望，而要记着，我们要奋力攀登的是山峰。（36）

* *

像道德哲学家那样急速向前是行不通的，他们甚至要排斥悔悟；——在物理世界当中，我们不是看到雾气像安静的祈祷一样从地面升起，然后作为响应，以令人神清气爽的露水而返回吗？（37）

题解：

根据克尔凯郭尔文稿的最早编辑者汉斯·巴福（H. P. Barford）的《克尔凯郭尔遗稿目录登记》（简称 *B-fort*），日记 AA 原为装订的四开本，共 40 张、80 页，内里写有“A. A.”的字样。目前笔记本封面和至少四分之三的日记丢失，仅有 9 散页留存，手稿存放在丹麦皇家图书馆。所幸绝大多数日记收录在巴福整理出版的《克尔凯郭尔遗稿》（*Af Søren Kierkegaards Efterladte Papirer*，简称 *EP*）中。克尔凯郭尔日记原稿丢失原因无从确切查考。可能的原因是巴福在把原稿作为排版样本送交出版商的过程中，在印刷厂丢失。巴福不仅对日记内容有所选择，而且按“时间顺序”进行重新编排。新版《克尔凯郭尔全集》（*SKS*）的编辑原则是恢复克尔凯郭尔日记、笔记和散页文牍的物理样貌和整体性，按原初顺序排列。

在现存 AA 的 56 则日记当中，仅有少部分标注有日期。第 1—12 则日记均涉及克尔凯郭尔于 1835 年 6 月 17 日至 8 月 22 日或 23 日期间逗留西兰岛北部小城吉勒莱（Gilleleje）的生活，编者无法确定这些日记是即时书写还是返回哥本哈根后的补记。本卷所选篇目即为“吉勒莱日记”中 AA：12 中的第二部分，原稿未能保存。巴福对这则日记曾有如下记录：“书信一封，根据指涉巴西的内容判断，信是写给伦德博士的，日期为 1835 年 6 月 1 日，哥本哈根。内容涉及克尔凯郭尔青年时期的发展，对他应该在哪个方向上培养自身所做的思考，等等。”但巴福的描述有所遗漏。AA：12 实际上分为两部分，且每部分都记有清楚的时间和地点。第一部分是克尔凯郭尔给他的姻亲、博物学家伦德博士（Peter Wilhelm Lund，1801—1880）的信，发自哥本哈根。第二部分，也就是选入本卷的部分，标为“1835 年 8 月 1 日，吉勒莱”，从内容上一望即知，它不具备书信性质，而且从其空白处补记和脚注的存在来看，它就是一则普通的日记。

根据克尔凯郭尔的兄长、曾任奥堡主教的彼得·克里斯钦·克尔凯郭尔（P. C. Kierkegaard）的日记记载，1835 年 3 月，22 岁的克尔凯郭尔不想继续从事神学学习；而在同年 7 月 7 日的日记中，哥哥却发现弟弟改变了主意，对完成学业摩拳擦掌。因为涉及青年克尔凯郭尔对未来人生道路的思考，“吉勒莱日记”标志着克尔凯郭尔人生的转折点，同时标志着克尔凯郭尔式的概念和写作的开端。

注释：

（1）“在前面的篇幅中”指 AA：12 第一部分，即克尔凯郭尔写给伦德博士的信。在这封信中，克尔凯郭尔向伦德博士坦陈了自己所面临的“赫拉克勒斯式的抉择”，描述了他对自然科学和神学研究的思考。克尔凯郭尔认为，自然科学研究关键要寻找到“那个阿基米德支点”，由此才能思考“整体”并且以正确的方式看待细节；而基督教充满了矛盾。

（2）“我打马”原文写为 mig slaaer Hesten，其中“我”为宾格。

(3)“拥抱的只是云朵，而非朱诺”，指古希腊罗马神话中国王伊克西翁爱上女神朱诺（希腊神系中的赫拉）的故事。朱诺的丈夫朱庇特（即希腊神系中的宙斯）变出一朵形似朱诺的云，结果当伊克西翁拥抱她的时候，他实际上拥抱的是云朵，半人半马即由云朵诞生。为惩罚伊克西翁，朱庇特把他捆绑在一个永不停转的车轮上。

(4) 在克尔凯郭尔生活的时代，贫穷的家庭尤其是单身母亲，往往会通过国立妇产医院和孤儿院把自己的孩子交给农村家庭抚养，但这些家庭并没有很好地照顾孩子。

(5)“分享生活中的福祸得失”（dele Livets Med – og Modgang）语出婚礼中牧师对新人的祝福语：baade i Medgang og Modgang，i hvad Lykke Gud den almægtige vil Eder tilføie。

(6) ①“小偷的生活”（Tyve – liv），指克尔凯郭尔 1834 年 9 月 12 日的日记“关于一个神偷的构想”（Ideen til en “Mestertyv”），他于同年 9 月、12 月及次年 1 月、2 月和 3 月做了深化补充。克尔凯郭尔描绘了一系列名偷的生活和性格，以资作为“神偷”的实例。

②“团队精神”（Associations – Aand）指克尔凯郭尔 1835 年 3 月 15 日的日记，他在比较“神偷”和“意大利劫匪”时，指出“这里有一个根本的差别，即后者身上有突出的社会因素。除了作为一伙劫匪的头，我们无法想象他。”

(7)“演员”原文为法文 Acteur。

(8) ①“生命树”语出《创世记》2：8 – 9。“耶和华神在东方的伊甸立了一个园子，把所造的人安置在那里。耶和华神使各样的树从地里长出来，可以悦人的眼目，其上的果子好作食物。园子当中又有生命树，和分别善恶的树。”

② 括号内的“请原谅这个说法”原文为拉丁文 sit venia verbo。

(9)“雷神托尔的锤子”指北欧神话中的雷神（Thor）在每次挥舞锤子猛烈一击后，锤子都会返向它的主人。

(10) 例如，费希特在《人的使命》第 80 页中这样写道：“在主体，我，和我的知识的对象，这个东西，之间的关系是什么？这个问题问的不是*我*。我在我自身当中即拥有知识，因为我是有智识的。我由此而知我是什么，因为我就是那样。我通过生存直接性地所知的，就是我，因为我直接地知道它。这里不需要主体和客体之间的关联。我就是主体和客体：这个主体性和客体性，这种知识向自身的回归，就是我对‘我’这个概念所做的界定，如果我认为这个概念有某种确定的东西的话。”（Welches ist das Band zwischen dem Subjecte，Mir，und dem Objecte meines Wissens，dem Dinge? Diese Frage findet in Absicht *meiner* nicht statt. Ich habe das Wissen in mir selbst，denn ich bin Intelligenz. Was ich bin，davon *weiβ* ich，weil ich es bin，und wovon ich unmittelbar dadurch weiβ，daβ ich übehaupt nur bin，das bin ich，weil ich unmittelbar davon weiβ. Es bedarf hier keines Bandes zwischen Subject und Object；mein eigenes Wesen ist dieses Band.

Ich bin Subject und Object：und diese Subject - Objectivität，dieses Zurückkehren des Wissens in sich selbst，ist es，die ich durch den Begriff Ich bezeichne，wenn ich dabei überhaupt etwas Bestimmtes denke.）

（11）“密涅瓦”即古希腊神话体系中的智慧女神雅典娜，她是全副武装地从她父亲宙斯的头中诞生的。

（12）“那个珍宝”暗指耶稣关于珍珠的比喻。《马太福音》13：45 - 46 中说，“天国又好像买卖人寻找好珠子，遇见一颗重价的珠子，就去变卖他一切所有的，买了这颗珠子。”

（13）括号中的“辩证法—争辩”原文为 Dialectik - Disput，前者指黑格尔辩证法。

（14）“阿里阿德涅的故事”出自古希腊神话。阿里阿德涅是克里特国王弥诺斯的女儿。英雄忒修斯前来解救被关在位于克诺索斯岛上的迷宫的童男童女，阿里阿德涅与他相爱，并给了忒修斯一只线团，把线团的一端拴在迷宫的入口，沿着滚动的线团就可以找到怪物弥洛陶洛斯。忒修斯杀死了怪物，解救了童男童女。随后，阿里阿德涅与忒修斯一起逃走。

（15）“知识树上的果实”指关于善恶的知识，典出《创世记》2：8 - 9。参注（8）之①。

（16）一般而言，牧师一旦受圣职，则维持终生，一直到死。但牧师也可自愿离职，这时他需向国王提出离职申请并领取退休金。

（17）“对天国的寻找和寻见”（Søgen og Finden af Himmeriges Rige）是对《马太福音》7：7 - 8 的戏仿。耶稣说：“你们祈求，就给你们；寻找，就寻见；……因为凡祈求的，就得着；寻找的，就寻见。”（Bed，så skal der gives jer；søg，så skal I finde …For enhver ，som beder，får；og den，som søger，finder.）

（18）括号内的“认识你自己”原文为希腊文 gnōthi seautón，即刻在德尔斐神庙上的字句。

（19）公元 2 世纪以来，“上帝从无中创造世界”的观点已被基督教界广泛接受。

（20）“令整个世界惊讶”是对社交游戏 sidde paa Forunderingsstolen（sit on the wonder - chair）的意译。在游戏中，大家要悄声说出能够引起被议论者惊讶的话，常常是玩笑性的；而坐在椅子上的人要去猜是谁发出的对谁的议论。该成语常常指成为众矢之的或者众人关注的对象。

（21）《驼背莫拉德》（Morad der Buckelige）是一则刻意模仿《一千零一夜》的埃及故事。故事登载在德文报刊上，标题为“*Allgemeine Moden-Zeitung. Eine Zeitschrift für die gebildete Welt，begleitet von dem Bilder-Magazin in Miniatur*”，编者 A. Diezmann。日记中简写为 Moden Zeitung，“Bilder Magazin”。

（22）《青年文库》（*Bibliothek for Ungdommen*）的编者是瑞斯（Johan Christian Riise)，该书共8卷，1835—1838年出版。

（23）注释者未查明“阉人故事”的出处。

（24）“从孩子和疯子口中能听到真理”原文为 Af Børn og Afsindige skal man høre Sandheden 这是谚语 Børn, Narre og Drukne sige Sandheden; thi de Forstandige ville ikke 的变形，意为“孩子、傻子和酒鬼会讲真话，因为明智者不愿讲”。

（25）西西弗斯的故事取自古希腊神话。西西弗斯是科林斯国王，他骗过诸神和死亡，结果在阴间受罚把巨石推上山顶，每次石块到顶时立刻会滚回山脚，西西弗斯必须重新推巨石上山，永无止境。

（26）“肺病患者”（Brystsvag）直译为“肺部弱者”，可能是肺结核患者。在古代，从疗养院和其他地方数量众多的记录看，患者在身体看上去很糟糕的情况下，出于不知名的原因，却是他们意识最清醒的时候。

（27）①这里的希腊历史学家或许指生活在公元1世纪前半叶的希腊作家和史学家阿里安［Flavius Arrian（us）］。他整理了他的老师、斯多葛派哲人爱比克泰德（Epictetus，约55—135年）的著作《爱比克泰德言说集》（*Discourses*），还模仿色诺芬（Xenophon）的风格写作了《亚历山大远征记》。

②写作风格体现作家个性之说由来已久，在18世纪被重提，如法国自然史家布封即提出过“风格即人”之说。

（28）这里引用的是德国哲学家、浪漫派作家诺瓦利斯（Novalis，真名 Friedrich v. Hardenberg，1772—1801）的小说《亨利希·冯·奥福特丁根》（Heinrich von Ofterdingen）第1部、第7章。原文为：Es ist, wie mit den anmuthigen Morgentraümen, aus deren einschläferndem Wirbel man nur mit Gewalt sich herausziehen kann, wenn man nicht in immer drückender Müdigkeit gerathen, und so in krankhafter Erschöpfung nachher den ganzen Tag hinschleppen will。在克尔凯郭尔的引文中有两个错误，一是 Morgentraümen 中 ü 应为 u，二是 drückender 掉了一个 e，应为 drückendere。

（29）“靠别人桌上掉下来的碎渣儿生活”原文 leve af de Smuler, der falde fra Andres Bord，语出《马太福音》15：21－28。迦南妇人求耶稣治愈她被鬼附体的女儿，妇人拜耶稣说“主啊，帮助我！”耶稣回答说：“不好拿儿女的饼丢给狗吃。”妇人说：“主啊，不错，但是狗也吃他主人桌上掉下来的碎渣儿。”耶稣说：“妇人，你的信心是大的！照你所要的，给你成全了吧。”妇人女儿的病从此好了。

（30）“敬拜未识之神”（dyrket den ubekjendte Guddom）是对《使徒行传》17：22－23保罗对雅典人的讲话的戏仿。保罗看到雅典人敬畏神，就说：“众位雅典人哪！我看你们凡事很敬畏鬼神。我游行的时候，观看你们所敬拜的，遇见一座坛，上面写着‘未识之神’（For en ukiendt Gud）。你们所不认识而敬拜的，我现在告诉你们。”

（31）“在泰晤士河底修隧道”指泰晤士河底的第一条隧道，始建于1825年，

1843 年首次开放使用，目前是伦敦地铁系统的一部分。负责该工程的为法国—英国工程师布律内尔（Marc Isambard Brunel，1769—1849），这是其时工程界的伟大成就。

（32）“人们不可能立刻收获他刚刚播撒的”原文为 ikke strax høste，hvor man har saaet，这是对谚语 Man må så，før man kan høste 的戏仿，亦可意译为“一分耕耘，一分收获”。

（33）“弟子沉默三载的哲学方法”指古希腊哲学家、数学家毕达戈拉斯（约前 570—497 年）的实践，他要求弟子沉默五载。

（34）“让日头照好人，也照歹人”语出《马太福音》5：45。耶稣说：“这样，就可以作你们天父的儿子，因为他叫日头照好人，也照歹人；降雨给义人，也给不义的人。”

（35）“掷出色子吧——我要越过鲁比肯河”（Saa være da Loddet kastet－jeg gaaer over Rubicon）语出恺撒名言 Jacta est alea，即“色子已被掷出”，此语被广泛引用。公元前 49 年，恺撒率军向北越过鲁比肯河（意大利和高卢的界河），向罗马进军，引发最终导致其独裁统治的第二次罗马内战。

（36）“不像罗得的妻子回头看”典出《创世记》19：26。所多玛和蛾摩拉毁灭前，耶和华体恤罗得，让他带着家人逃走，并告诫他们不许回头看。但是，“罗得的妻子在后边回头一看，就变成了一根盐柱。”

（37）根据德国医生、矿业官员、慕尼黑大学哲学和思辨神学名誉教授巴德尔（Franz von Baader，1765－1841）的著作《思辨神学演讲录》（*Vorlesungen über speculative Dogmatik*），“道德哲学家”（Moralisterne）指背离传统宗教观点的新时代的道德哲学家，他称其为“非宗教的”。克尔凯郭尔拥有巴德尔的所有著作。

日记 JJ

日记 JJ

1► 1842 年

5 月（1）

我在《旧约·犹迪斯书》第 10 章、第 11 行中找到了一个有关浪漫主义的完美例证：

“犹迪斯离开了，她，还有她的女仆；但城中的男人目送着她，直到她下山，直到她穿过山谷，直到看不见她为止。然后，他们径直走进山谷。”（2）

2

下述事件中的喜剧性何在呢。今天在广场散步时，有个感化院住客向我走来，递给我一封信，他请求我读信。（3）信是这样开始的：我极其谦卑地跪在您面前，等等；——我无意识地透过信纸的上方看他是否这样做了；他没有。如果他这样做了，是否更有喜剧性呢？喜剧性是否存在于说话方式与现实性的对立之中呢？

3

这是可能成为一出悲剧的动机的：让一个主人公成就一桩真正的伟绩，但他不是在行动的瞬间、而是在事后才发现了冲突的存在，悲剧由此开始；他对自身产生了疑惑：这是否正当，人是否敢于突破普遍的法则，等等。这方面有例子，比如说，让伊丽莎白女王后悔她曾以足够的勇气处死了埃塞克斯，她没有遵从内心的判断，而是听从了国事的指令。（4）或者让勃鲁托斯后悔处死自己的儿子。(5)

◀

————

4

一首西班牙小诗（《莱辛全集》17 卷，第 281 页）(6)

昨天我爱着，
今天受煎熬，
明天我死去，
然而我愿在，
今天和明天，
仍想着昨天。

=

5

今天，有位妇人因雨迟迟不下而说，上帝肯定知道何时才是最合适的，然后，在上帝的帮助下，雨真的来了。(7)

=

6

不让自身受外在的干扰，这一点无论如何总是正确的。如果有人比方说为了反驳命题“存在着某种绝对道德”，他求助于风俗习惯中的矛盾，求助于像狂野之人杀死自己的父母那样天理难容的例子，那么，他就是迷恋外在的东西。(8) 换言之，如果人们能够证明，那些狂野之人所宣称的是，人应该恨自己的父母，那就是另外一回事了；但是这不是他们的意思，他们的意思是说人应该爱父母，而错误只在于他们的表达方式；不过有一点绝对是清楚的，那些狂野之人不是要伤害自己的父母，而是要使其受益。

=

7

“写作吧”，那个声音说。先知答曰：“为谁？”——那个声音说：“为死去的人，为你在前世所爱的人。”——“他们将会读我。”——“是的，因为他们会作为后代回来。”

参赫尔德《通向文学和艺术》第 16 卷，第 114 页。(9)

[a] 还可参阅同卷第 8、9、10 页，西尼乌斯主教所做的一首诗，值得阅读。(10)

=

8

一个人只要心怀怨恨，这人就不会幸福。伊丽西娅是助生育的女神。当她双手合拢而坐之时，产妇就不会顺产；同样的，如果其他人双手合拢，你也不会幸福；或许这是一位遭人拒绝的祈求者。(11)

=

9

矛盾真的是喜剧范畴。

=

10

身体的有机程度越高，其腐烂就越可怕。草腐烂时，会散发出好闻的味道；动物腐烂时，则有股臭味。男人的沉沦是可怕的，比女人的更可怕。这是男人比女人优越的证据吗？

=

11

我真的能给我的安提戈涅想出一个结尾，假如我让她成为一个男人。(12) 那样的话，他之所以离开所爱之人，是因为他无法在自己的痛苦中拥有对方。为了正确地做到这一点，他必须把自己全部的爱变成一场针对她的骗局，否则，她会以一种毫无理由的方式分有他痛苦的一部分。这种侮辱强化了家族的愤怒；有位兄弟，比如说，像复仇者一样站了出来，于是我会让我的主人公卷入一场决斗。

1842 年 11 月 20 日

12

情节设计。有人出版了一本小说，为了把注意力从小说的历史内容中引开，他采用了虚构的名字。命运使然，他采用了一个真实存在的姑娘的名字，很多不起眼的个性特点是吻合的。(13) 在小说中，这姑娘是以不讨人喜欢的方式被塑造的；真实存在的姑娘被糟蹋了。作者只能以承认真相的方式拯救自己。这一点他做不到——冲突。

1842 年 11 月 20 日

[*a*] 埃斯库罗斯的生活可以给予这样一出悲剧以契机，因为他无意识地揭示出了那些奥秘。(14)

参亚里士多德《尼各马可伦理学》第 3 部，第 2 章。(15)

13

“只有在偶然事物当中，而不是在同种类的个体的本质形式之中，人们才会发现‘或多’或者‘或少’”。

参笛卡尔《谈谈方法》第 1 页。(16)

#

14

在很大程度上，笛卡尔在开始的六个“沉思”中已经铺陈了他的体系。(17) 人们并不总是需要书写体系的。我想出版一本“哲学思考”的小册子，我能在那里展现我的临时性的思考。用拉丁文写作或许没那么糟糕。

#

15

只要一个人活着，他便不敢夸口说自己是幸福的，梭伦的这个命题包含了关于人生的深沉的痛苦；因为它真正要说的是，没有人在他位于幸福的瞬间之前是幸福的，于是乎他在某种程度上就是不幸的，因为他知道自己的幸福是过眼云烟。(18)

#

16

在何种程度上，那句古老的格言“对立的事物在并置时更清晰”对整个人类生活的结构具有思辨的有效性，在何种程度上它只是一个感性的—实践的规则。(19) 假如它具有思辨有效性，那么，生活的双重性就会被确立。

#

17

哪一种观点包含对生活最为深刻的理解，是矛盾使人联合，还是统一性和相似性。赫拉克利特认为，只有对立的事物才是彼此有用的；恩培多克勒认为，只有相似的东西才会相互吸引。(20)

参亚里士多德《尼各马可伦理学》第8部、第2章。(21)

#

18

在科学世界中，情形一如贸易活动。首先发生的是自然交易，然后人们发明了钱币；如今，在科学世界中，所有活动都用纸币，可没人关心那玩意——除了教授们。(22)

#

19

没有任何正统信仰像人们在帝制时代对待皇帝画像那样狂热地崇拜偶像。有个男子被判重罪，他打了自己的奴隶，那人随身带着一枚印有皇帝头像的银币（参菲罗斯特拉图斯《提亚那的阿波罗尼乌斯的生平》，第185页。注释引自苏伊图尼乌斯的《尼禄传》第58节）。(23)

#

20

如果我们把亚里士多德《政治学》第5部、第4章中那个因婚姻导致德尔斐政治动乱的故事稍加现代化，它会是一个相当有用的悲剧动机。(24) 占卜者预言新郎将会遭遇不幸，其源头在于他的婚姻；新郎在接新娘的时候，突然改变了计划。(25) 新娘的家人受到了冒犯，因为他们将之视为一种嘲弄。为了报复，他们在新郎的家居用品中混入一件圣器，当他在神庙时，他作为神器偷窃者被判刑。

#

21

在亚里士多德《伦理学》第 5 部、第 10 章中，能找到很多由于国王自身原因导致革命的例子。(26) 它们往往是非常有趣的冲突，对于诗人来说是盛宴。

#

22

人们就应该像狄翁与少数追随者发动反对狄奥尼修斯的战争时那样激情洋溢。(27) 他说，他已经参与其中，这对他来说已经足够了；哪怕他在踏上国土的那一瞬死去，而没有成就任何事情，他仍然视这死亡为幸福的和光荣的。

参亚里士多德《政治学》第 5 部、第 10 章（加夫的译本第 468 页）(28)

#

23

莱布尼茨在他的《神正论》开端处即指出，有两件事令人们感到困难：自由与必然的关系，以及物质的整体和部分的关系。前者占据了所有人的心思，后者是哲学家。(29)

#

24

对于懒惰的理性，莱布尼茨所论精彩："懒惰的理性"。参埃尔德曼的版本第 470 页，第 2 栏。(30) ——克吕西波也采用了该术语，参邓尼曼《哲学史》第 4 卷，第 300 页。(31)

[a] 还有第 518 页第 55 节中所说的"懒惰诡辩论"（无效论证），懒惰诡辩论。(32)

#

25

这件事在心理学意义上值得关注。文戴克斯起兵反对尼禄。(33) 令尼禄深感愤怒的是，文戴克斯曾说，尼禄不过是一名齐特琴手，他更像一名齐特琴手而非国王。冒犯尼禄的是，文戴克斯把尼禄当成了一名糟糕的齐特琴手。

菲拉斯特拉图斯《蒂亚那的阿波罗尼乌斯的生平》第5部、第10章，译本第430页。

注释出自狄欧·卡修斯《罗马史》LXIII卷，22—24节。(34)

苏伊图尼乌斯《尼禄传》第41节。

#

26

奥古斯丁修会的最高领导、瑞米尼的格列高利曾建议惩罚儿童入地狱，他因此获得了“儿童刽子手”的绰号。(35) 参莱布尼茨《神正论》第1部，第92节。

#

27

耶稣会士约翰·大卫写过一本书《真基督徒》，这书就像是一本用《圣经》来占卜的书，人们随意翻阅，为的是突然被攫住，并且由此成为基督教徒。(36)

参莱布尼茨《神正论》第1部，第101节。

#

28

为反对格麦鲁斯主义者，有人出版了一本讽刺作品——《命中注定的贼》。参莱布尼茨《神

正论》第 167 节。(37)

#

29

我想知道，莱布尼茨在《神正论》第 173 节所讨论的小说《德·斯古德里小姐》会是怎样的？霍夫曼有篇出名的短篇小说也用了这个标题。(38)

#

30

奥古斯都大帝看起来死得非常满意；在弥留之际，他引用了希腊诗句，其意为“喝彩”。(39) 苏伊图尼乌斯引用了诗句：

为我像模像样地喝彩，而且你们所有人都要高兴地鼓掌。

参莱布尼茨《神正论》第 261 节。(40)

#

31

蒂亚那的阿波罗尼乌斯对“认识你自己”这个命题的扩展是相当滑稽的只图外表光鲜的行为。命题被视为是非常困难且非常崇高的，但他并不满足于此，他为毕达戈拉斯辩护，说他也很愿意将之运用于自己身上——他不仅仅认识自己，而且还知道他曾经是谁。以此，第一个命题的深刻性以某种奇怪的、滑稽的方式被消解了。在我们这个时代，很多哲学家也如此行事，他们想要说出更多的东西，由此使一切变得滑稽可笑，尽管他们当中总有足够多的人发现了其中巨大的智慧。

[*a*] 参第 6 册、第 11 章，第 500 页。(41)

[*b*] 赫拉克利特的追随者之一有类似的只图外表光鲜的行为。赫拉克利特曾说：人不能两次踏进同一条河流。有个弟子想要提升之，他说：人甚至踏进一次都不可能。由此，命题的

精华被消解了，这个命题，假如它已然变成了什么东西，它变成了对立面，变成了一个爱利亚式的命题，并且否认了运动。(42)

#

32

如果一个人心怀一个想法，但却是一个无限的想法，他可以载着它走过整个人生，轻盈的，飞翔般的，就像极北人阿巴瑞斯，他背着一支箭，环游整个世界。(43)

希罗多德《历史》第4卷，36章

#

33

人们歌唱这个，赞美那个，
又说，又听。
人们写这个，读那个
并且忘记了他们所读到的。(44)

#

34

情境

某君接到了一封来信。一看地址，他立刻意识到，这封信的内容对他的整个人生具有至关重大的决定性意义。他没花时间读信，而是直奔写信人那里。写信人预设此人已经读了来信，因为这封信实际上涉及的就是收信人意识到的事情，因此写信人的误解被强化了。写信人感到奇怪，信的内容压根没被提起，他不得不将之视为是一种倔强。他现在仍然有能力使这件事呈现出另外的样子，这会改变一切以及他们的关系。这一点成功了。很久之后，收信人读了信，看到他因鲁莽搞砸了一切，并且错怪了写信人。（这个过错是悲剧性的过错。伊丽莎白女王在那个著名的戒指情境中没有任何过错，错在其他人身上，而这就是不完美之所在）。（鲁莽的动机有可能是因为人们认为在那个瞬间必须做点什么，因为时间短暂，因此第一个人在匆忙之中仅仅聚焦于行动，这是可以原谅的，更因为他清楚地知道，他必须了解普遍的情况）

#

35

如果人们欲将信仰理解成对历史事件的单纯的认知，那么，他就会直奔诸如“地球是平的还是圆的是信仰问题”这样荒谬可笑的结论。因此，《艾拉斯姆斯·蒙苔努斯》中杰罗尼慕斯说得好，艾拉斯姆斯的信仰观是错误的，他引用的就是，艾拉斯姆斯相信地球是圆的。（45）

#

36

在金的著作《论恶的起源》第 5 章、第 4 节中，可以找到许多毫无疑问在伦理层面上非常有用的段落。（46）

#

37

莱布尼茨讲过一个故事，安德·塔弗尔男爵的盾形纹章上刻有半人半羊的森林之神和一行西班牙语铭文：较多的迷茫，较少的悔悟。（47）后来，维拉麦迪那伯爵爱上了王后，他也用了同样的座右铭，为的是描绘一种毫无希望但却又不愿放弃的激情。

参埃尔德曼出版的莱布尼茨著作，第 652 页，第 2 栏。（48）

#

38

在老菲罗斯特拉图斯的《英雄史》中有句话，可以成为针对异教与基督教之关系的短小格言（德译本第 20 页）：野生树木的花香，人工栽培树木的果香。（49）

#

39

当爱神离开塞琪的时候，他对塞琪说：你将成为一个孩子的母亲，如果你保持沉默，那孩子将会成为神之子；如果你打破了秘密，那孩子就只是凡人。（50）——凡是懂得保持沉默的人都将成为神之子；因为在沉默中心思集中于神的来临，而开口讲话者将成为凡人。——有多少人懂得保持沉默——有多少人懂得，沉默意味着什么。

#

40

“我所预言的，或者会发生或者不会发生；因为阿波罗赋予我预言的天赋。”

忒瑞西阿斯

（我认为这句话出自莱布尼茨的《神正论》，引自培尔）（51）

#

41

从来不曾有人忽视爱神，将来不会有人忽视他，只要有美和观看的眼睛存在。

参朗古斯《牧歌》序言的结尾（52）

#

42

阿伯拉尔极其适合做戏剧化的处理。在博什维的《论普遍历史》第 6 卷第 315 页及其后，我画出了有关他的人生的一些暗示。这些情境极其有趣：爱洛伊丝不仅爱上了阿伯拉尔，她还在哲学上迷恋他，为其盛名而骄傲，为其哲学上的荣誉而狂热。(53)

#

43

伊拉斯谟斯这句话中所包含的喜剧性何在

对我而言并不陌生（愚人就是这样被引人谈话之中的），坏愚人被更坏的愚人更多地谈论。

参《愚人颂》第 1 页。(54)

#

44

一个人与其所爱的人相比越是高贵，他（从人性的角度来说）就越会受到诱惑要将对方拉向自己；但是，他（从神性的角度来说）也越会受感动而向对方下降。这是爱的辩证法。真奇怪，人们并没有在基督身上看到这一点，他们只是持续不断地谈论基督变为人这件事，作为怜悯或者必然。

#

45

假如我有朝一日被起诉，我要立刻请求国王，请他恩准我立刻被处以（根据案情）最高的刑罚，哪怕是死刑，哪怕是立刻执行。(55)

我做出如此请求出于如下理由：1）因为审判过程是要花钱的；2）要花时间，而我没时间等待人们决定何为公正，而且这对我无所谓，只要能结案；3）因为所有关于公正的言论都是空谈，人们完全可以在没有三级法院裁决的情况下让自己被判刑。(56)

#

46

一个个体越是有内涵，他就越容易发现现实性，而难于发现可能性。这是对伦理观的表达。从审美感性的角度出发（也就是说就享乐而言），他会发现可能性比现实性更密集。

#

47

当公山鹑飞越母山鹑时，或者当母山鹑听到公山鹑的叫声或者仅仅是吸入公山鹑的气味时，母山鹑就会怀孕，亚里士多德说。

希罗尼米·卡尔达诺：《论自然的多样性》第 375 页（57）

48

哲学术语及其使用纯粹蜕变成了笑话。我真的想知道，如果在论及地震的时候我遵从古老的术语，人们会说什么。

“地震是地球特有的现象之一，我们之前讨论过。根据地震的表现，我们将之分为四种不同的类型：裂隙型，突起型，房屋倒塌型，巨大声响型。”

每个人都会轻易明白其间的差别，但却不明

白这些术语。

参希罗尼米·卡尔达诺《论自然的多样性》第 57 页（58）

#

49

这件事相当有趣：毕达戈拉斯认为，“1”既是奇数又是偶数——就像存在既是存在又是非存在一样，也就是说，它是运动。(59)

#

50

《哈曼文集》第 8 卷，第 307 页下端

琉善所讲述的关于德莫纳克斯的故事是非常有趣的。(60) 不仅仅是那些公开了埃琉西斯的奥秘的人受到了惩罚，而且那些不愿投身其中的人也受到了惩罚。（61）德莫纳克斯的情况属于后者。在听到他的申辩之前就已经做好准备对他投以石刑的雅典人，听了他解释自己无法投身其中的原因后被感动了，那是因为他无法满足条件，结果（62）

[a] 参《琉善文集》第 2 卷。

51 ►►我很高兴地看到，灿德伦堡

52

构成疯狂的东西是◄◄（63）

53►

当我以这样的句子——只有建设性的真理，才是为你而在的真理——为《非此即彼》收尾的时候，很遗憾，只有很少几个人懂得其中蕴含的观点。(64) 古希腊哲学对真理标准曾有过激

烈争论（比如，可参考邓尼曼《哲学史》第5卷第301页），继续追问这个问题将会非常有趣。（65）但是我强烈怀疑，我们能否找到一种更具体的表达方式。人们很可能以为，在《非此即彼》中的那些字词就是一种表达方式；或许还可以采用其他的表达方式。这些字词甚至都没有拉开间距——啧啧，因此它们可能没有那么意味深长。

54

我对《非此即彼》的评判

从前有个年轻人，他像阿尔西巴德一样幸运地才华横溢。他在世上过着放荡不羁的生活。（66）在痛苦中，他寻找一位苏格拉底式的人物，但没有在其同时代人当中找到。于是他请求上帝把他本人转变成一个这样的人。看哪！那个曾经以像阿尔西巴德一样为荣的人，在上帝的恩典下变得如此羞愧和谦卑，结果就在他得到了他能够引以为豪的东西之时，他感到自己比所有人更低下。

◀（67）

55

这是我希望一个人拥有的，斯多葛主义者在坏的意义上所使用的："倾向于激情"（参邓尼曼《哲学史》第4卷，第129页注释）。（68）

#

56

我写作《非此即彼》即便没有能证明别的，它至少证明了，在丹麦文学界是能够写出一部作品的，能够在不需要同情心的热情突变的情况下，在不需要期待的刺激的情况下工作，证明了人能够在逆境中工作，能够做到勤奋工作而不是貌似如此，在静谧中集中精力，而几乎所有可怜的大学生都敢把这样的人视为游手好闲者。至于这本书本身是没什么意思的，它的生成是我针对蠢话连篇的哲学时代所书写的最精炼的格言警句。

#

57

人们说，经验使人明智。(69) 这话太不理性了。倘若没有比经验更高的东西存在，那么经验定会使人发疯。

#

58

基督的显现是且一直都是一个悖论。对其同时代人而言，基督的显现存在于这样的事实中：他就是这样一个特定的人，看起来与他人无异，说起话来与他人无异，遵从习俗，他是上帝的儿子。对于后世者来说，悖论则是其他的；因为既然后世者没有用肉眼看到他，他们更容易把他作为上帝的儿子来想象他，但就在这时，绊脚石出现了，他是以特定时代的思维方式说话的。不过，如果他不这样做，这对其同时代人就很不公平；因为他的同时代人就会成为唯一因悖论而感到震惊的人。——他的同时代人所有的是最麻烦的悖论，我至少这样认为；因为很多人都言及的想与基督同时共在的多愁善感的渴望，并没有那么意味深长，见证这样一个悖论是非常严肃的事。

#

59

《谨防自杀》是埃瓦尔德的一首极佳的诗。尤其是这几句：

我真想知道，海浪会消失吗？
毒药会清除上帝的影响吗？
　匕首能杀死思想吗？

参第1卷，第299页。(70)

#

60

意识设定自身，询问意识的起源是一个无谓的问题，跟那个古老的问题一样诡辩：先有树木，还是先有种子？如果没有种子，何来树木？如果没有树木，何来种子呢？(71)

#

61

很奇怪，莎士比亚在《麦克白斯》中让我们在梦游场景中感受到了麦克白斯夫人所受的良心折磨。(72) 如果莎士比亚让麦克白斯夫人自己知道，她无法入眠，而且因为害怕暴露自己永远都不敢相信睡眠，我想效果会好得多。在这样的夜晚，当她远离了一切，祈愿整个世界进入安全、不受打扰的睡眠，这样做只是为了让她敢打个盹。在这种夜晚的忧惧之中，她只会打个盹，并且随时会醒来，她所遭受的痛苦折磨看起来非常可怕。

#

62

真正为理念而生的忧思应该对所有世俗知识隐藏，对陌生者的干预隐藏——因此，如果有人碰蛋，鸟是不会孵那蛋的。

#

63

人生的发展是一种奇怪的倒退；儿童挖空心思去理解那些最困难的东西，而成年人恰恰无法理解最简单的事物。

#

64

很年轻的时候，我无法理解一个人如何能写书。这一点我现在很清楚了，但我却想不明白，怎么会有人费心思做这件事。

#

65

古代哲学——最古老的希腊哲学——所关心的是关于运动的问题，世界何以生成，元素之间的关系。——现代哲学格外关心的是运动，即逻辑运动。(73) 把来自这两个领域的不同命题平行并置并非没有意义。现代哲学从来没有对运动做出解释。因此，在那个在其他方面都相当详尽的范畴表中，却根本找不到叫做调和的范畴，而调和之于现代哲学却是最根本的东西。的确，它实际上就是现代哲学的核心，以之现代哲学将与所有先前的哲学做出区分。(74)

#

66

毕达戈拉斯曾说，最智慧的人是为事物命名、并且发明数字的人。

参邓尼曼《哲学史》第1卷，第101页（75）

#

67

所有无限性的知识都是否定性的，（无限性的关系也“总是有错的”），但是，否定性的东西要高于肯定性的东西①。因此，毕达戈拉斯还教导说，偶数是不完美的，奇数才完美。

#

①于是乎，毕达戈拉斯派还把有限的东西视为比无限的东西更高、更完美。

参邓尼曼《哲学史》第1卷，第115页。

[a] 毕达戈拉斯派压根没有把某物由之而来的东西视为完美，而是把由某物所产生的东西视为完美。

参邓尼曼《哲学史》第1卷，第119页。

#

68

统一性原则消解了矛盾律，只有在与毕达戈拉斯所教导的“1不是一个数”相同的意义上才能这样说。（76）“1”先于区分，而有了区分，才有数。统一性先于矛盾，有了矛盾，才有存在。

[a] 或者在与爱利亚的芝诺所说的“1根本不存在”相同的意义上这样说。（77）

参邓尼曼《哲学史》第202页及注释。

#

69

赫拉克利特从政务中抽身，写出了他的名著，作为珍宝将之存放在狄安娜神庙，只有行家里手才能接触到它。（78）

#

70

七智者之一说，奇怪的是，有艺术经验的人在职业生涯中一争高下，那些没有艺术经验的人

却充当裁判。（79）

#

71

如果一个人从童年起，其意识就获得了一种压力，心灵的全部弹性，自由的全部能量都无法将之消除，这是可怕的。生活之忧定会对意识造成挤压，不过，如果忧只在相对成熟的年纪才出现，它就没有时间成为自然本性的一部分，它成为了一个历史环节，而非某种如其所是的在意识自身之外的东西。从童年起即承受这种压力的人，就像用产钳从母体中取出的孩子一样，他们一直拥有对母体所受痛苦的记忆。（80）这种压力是不会自行消除的，但人们也无需因此绝望；因为人们会在谦卑中承受它。毫无疑问这是那些最为艰巨的任务之一，因为很难将之置于罪过的范畴之下。曾经有这样的时光，由于害怕我会为自己遭受的痛苦折磨而骄傲，我提出了一个命题：所有人在根本上都受着同样的痛苦折磨。不过这话在根本上是一种斯多葛主义，它通过抽象消除了关于天恩的具体观念。庞图皮丹在其《释义书》中说过：一个人会受到非同寻常的痛苦折磨的考验，但早晚有一天，这会使其心灵受益。（81）这话要美好得多。

#

72

如果有人指出，我所说的跟所有其他人的相同，我没有任何意见，如果这话是在留基伯所说的“悲剧和喜剧由相同的字母组成，除了顺序不同”的意义上加以理解的话。（82）

参邓尼曼《哲学史》第1卷，第264页下端。

#

73

上帝的儿子变身为人肯定是至上的形而上和宗教悖论，但却并不是最深刻的伦理悖论。基督的临现包含了与存在的冲突。他变身为人，像所有人一样，但又与现实性的具体的伦理环节相冲突。他四处行走，教导民众，一无所有，甚至没有枕头的地方。(83) 看到对天恩的信仰和信赖使一个人像天空的飞鸟和田野的花朵一样无忧无虑，这的确发人深省；只是，这在何种程度上是对一个凡人的生活的伦理表达呢。一个人不需要为生存而劳作吗，我敢以此方式停止为明天发愁吗？(84) 我们在这里遇到了极其困难的问题。基督的生活与教会和国家存在着一种否定的－有争议的关系。至上的伦理悖论在于，上帝的儿子步入整个现实性之中，成为其中的一部分，屈服于所有渺小的事务；因为，即使我有勇气、有信念、有信仰死于饥饿——这是令人崇拜的，每一代人当中仅有不到十人能拥有这些，可是，我们仍然要宣教，要鼓吹，使自己屈从将会更伟大 (85)

愿上帝去帮助那些与这种怀疑打交道的可怜的人吧，那个拥有充足的激情去从事思考的不幸的人，一个不发音的字母，他不能为他人做任何事，而只能以其所遭受的痛苦折磨保持静默，而且如果可能的话他就微笑，结果没有人在他身上注意到这一点。

#

74

如果人们把我那一丁点智慧称为是诡辩，那

么我无论如何都要指出，这说法至少缺失了一个根据柏拉图和亚里士多德的定义而得出的特性：人们是要通过诡辩赚钱的。(86)

参邓尼曼《哲学史》第1卷第355页注释6

#

75

我要对我自己说苏格拉底对泰阿泰德所说的话：

“亲爱的泰阿泰德，你在经历阵痛，因为你不是腹中空空，而是怀孕了”。(87)

参阿斯特：《柏拉图著作》，第2卷，第22页（88）

#

76

情节设计

有一个人在早年的时候，曾经在兴奋紧张中失控，他去找了妓女。(89) 这一切被遗忘了。现在他要结婚了。而忧惧在这时苏醒了。他有可能成为父亲，在世界的某个地方生活着一个他给予其生命的生灵，这种可能性日夜折磨着他。他无法向任何人公开此事，甚至他本人都不能确定这个事实。(90) ——因此这种情况是会发生在妓女身上的，在其放荡无目的的青年时代；假如有一点点爱恋之情或者实际上的诱惑，那么他就不可能对此一无所知。可是如今，这种一无所知恰恰构成了他所遭受的折磨中的不安。另一方面，正因为整个事情的轻率，只有当他真正恋爱之时，疑虑才会滋生。

#

77

给予比收取要好，但是有的时候，愿意收取比愿意给予更谦卑。（91）也许有人出于爱而愿意给出一切，他不会收取什么。

#

78

……一个吻大于一种味道。

#

79

情节设计

有个人，很久以来他一直保守着一桩秘密，这人疯了。人们会认为，这下他的秘密该公之于众了，可是人们看到，尽管他疯了，他的灵魂仍牢牢抓住他的庇护所，而且他周围的人进一步相信，他用来欺骗他们的那个假故事是真事。他的疯病被治愈了，他获知了一切，因此他洞悉到自己并没有违反什么。这对他来说是好事还是坏事？或许在疯狂中他希望甩掉自己的秘密；就好像是命运在逼迫他持续留在自己的秘密之中，不让他从中逃脱。或者，这难道不是一件乐事吗，难道不是一个好精灵在帮助他保守自己的秘密吗？

#

80

笨人总有笨人捧。

布瓦洛（92）

#

81

如果我不受诺言的约束，那么在我身上什么都不会发生。(93) 因此我获得了神学学位，因此我撰写了学位论文，因此我用 11 个月的时间搞定了我的《非此即彼》。(94) 如果某君获知了那个真实的动机，……天啊，人们定会认为，这样一部巨著必定有一个极其深刻的根源……可是，他们遇到的完全是我的私人生活，还有意向——的确，假如人们知道了这些，我会被认为得了精神分裂症。如果我本人认为这是件有趣的工作，人们或许会原谅我；可我却视之为一桩善举，而这就是整个事件吸引我的地方……

#

82

世俗智慧与宗教之间的界限究竟何在呢。明斯特的布道词远非总是纯粹宗教性的，他也用这样的话来安慰人们——或许一切都会变好，温和的日子将会来临，等等；但这些不是真正的宗教性的慰藉。(95) 人们畏避走进湍流，他们试着尽其可能地长途跋涉。只要现实性的意义没有确定无疑地决定下来，人在其思路历程中就会一直怀疑它。

#

83

真正会困住怀疑主义者的东西是伦理。自笛卡尔以降，所有人都认为，他们在怀疑的时候是不敢对知识做出明确断言的，但是他们却敢于行动，因为在这个方面，人不得不满足于或然性。

这是多么巨大的矛盾啊！仿佛人们去做他们有所怀疑的事情（因为人们由此将引来责任）不比设定某事更糟似的。或者说，这是因为伦理自身是确定无疑的？果若如此，那么就存在着某种连怀疑都无法企及的东西！

#

84

基督向他的门徒掩盖了一些东西，因为他们无法承受。(96) 他充满爱意，但这是符合伦理的吗？如果我通过保守秘密可以把一个人从痛苦中解救出来，我有权这样做吗，或者我难道不是在干涉他作为凡人的生存吗？这是那些极为困难的伦理疑虑之一。

[*a*] 我的人生悖论就在这一点：在上帝面前我一无所是，但这是反人类罪吗？(97)

#

85

那个在法国大革命时期被当成“理性女神”崇拜的妇人，她可以为一出戏提供有用素材。众所周知，她后来在极其可怜的状态下死于一家医院。(98)

#

86

无神论者泰奥多罗斯曾说过：他用右手给出他的教导，但他的听众却用左手去接。(99)

邓尼曼《哲学史》第2卷，第124页，注释39

#

87

情节设计

让我们假设（无论是《旧约》还是《古兰

经》都没有公布），以撒是知道他与父亲前往摩利亚山的意图的，他将被作为燔祭——如果在我的同时代人当中有位诗人，他将会讲述这两个男人在路上所说的话[a]。(100) 我首先想象着，亚伯拉罕带着全部的父爱看着以撒，他可敬的面容，他那被碾碎的心使他的话语更加恳切。他教导以撒，要怀着耐心承受自己的命运，他令儿子隐约明白了，作为父亲，他因此要遭受更大的痛苦折磨。——但这没用。然后我想象着，有那么一瞬，亚伯拉罕背过脸去，当他再次转向▶以撒的时候，以撒认不出来他了，他双眼狂野，面部表情冰冷，那些可敬的卷发像复仇神一样立在他的头上。(101) 他当胸一把抓住以撒，取出刀，他说："你以为我这样做是为上帝之故，你错了，我是个偶像崇拜者，这愿望再次在我的灵魂中苏醒，我要杀了你，这是我的愿望，我比所有食人者都坏，绝望吧傻孩子，你自以为我是你的父亲；我是你的谋杀者，而这就是我的愿望。"以撒双膝跪地，冲着上天呼喊：仁慈的上帝啊，请怜悯我。但这时，亚伯拉罕说话了，他是冲自己说的："事情就该如此；因为他认为我不是人，他诅咒我，我是他的父亲，他甚至向上帝祈祷，这样总比他知道是上帝实施了这个考验要好得多，因为那样的话，他会丧失理智，而且他或许会诅咒上帝。"

——但是，捕捉到了这种冲突的同时代的诗人究在何方呢？不过，亚伯拉罕的行为是诗性的，宽宏大量的，比我在悲剧中所读到的一切都宽宏大量。——当婴儿要断奶时，母亲会把乳房涂黑，但是她的目光仍然充满爱意地落在孩子身上。孩子认为是乳房发生了变化，而母亲没有改变。她之所以涂黑乳房，是因为她说，当孩子吃

a 我们还可以令亚伯拉罕的早年生活并非没有罪过，现在，我们令其平心静气地咀嚼这样的想法，这是上帝的惩罚，或许甚至让他形成了那种忧郁的观念：他必须用使这惩罚变得尽其可能严苛的办法来帮助上帝。

不到奶的时候，乳房看上去仍可口，这是罪。——这样的冲突是容易消除的，因为乳房只是母亲自身的一部分。那些没有体验到更为可怕的冲突的人是幸运者，他们无需涂黑自身，无需下到地狱里以获知魔鬼的模样，他能以此方式描画自身，假如有可能，以此方式拯救另一个人，至少拯救是其与上帝的关系。这将是亚伯拉罕的冲突。

——已经解释了这个谜团的人，他已经解释了我的人生。

但是，［理解了这一点的］◀同时代人何在？（102）

#

88

今天《地址报》上有这样的消息："由于计划有变，出售 16 尺长的黑色重磅真丝面料。"（103）上帝才知道最初的计划是什么。这可以成为一句出色的台词，如果我们让一个女孩打出广告，她在婚礼前夕那些具有决定性的日子里遭到了欺骗：出售原先欲做新娘礼服的 16 尺长黑色重磅真丝面料，云云。

#

89

［我的爱情有其自身的特性。神学系毕业生通常采用的策略是：他们从成为教师开始，是的，从做被选择对象的微不足道的灵魂导师开始，以成为恋人和配偶告终。而我从成为恋人始，以 <成为> 灵魂导师终。（104）如果最坏的事情发生，我的行为还是要好得多，我没有降低神圣的东西的身份来为我的爱情服务，我自己

就屈从于宗教，就像我试着使另一个人屈从于宗教一样]

3

90

建设性是唯一真正使玩笑与严肃和解的东西。因此，这是一个玩笑，它比整个世界都要昂贵，即在天的上帝是人们清楚无误地以“你”相称的唯一的伟大存在者，不管一个人有多渺小。但这个玩笑也是最深刻的严肃，恰恰因为每个人都这样做。反之，一个受宠者用亲密的“你”来称呼尘世间的国王，这就是一个极其不完美的、劣质的凡人玩笑，因此这玩笑里根本没有严肃性。(105)

#

91

在秃鹫林中有一个地方名叫八路汇聚口。(106) 这名字令我感到格外愉快。

#

92

一个人越是有能力遗忘，他的人生就会经历更多的变形，他越是有能力记忆，他的人生就会更神圣。

#

93

这事真的不同寻常。我决定更改《两则布道词》中那篇简短序言，因为在我看来它隐藏着某种精神性的爱欲，还因为它令我很难平和地投身其中，结果那个有争议性的矛盾没有清晰地呈现出来。（107）我飞奔到印刷厂。发生了什么事！排字工为那个序求情。我当然嘲笑了▶他，不过在我平静的心里我这样想：那么他是可以成为那个“单一者”的。（108）我一高兴，当下决定只印两册，并且把其中一册送给他。看到他的激动真的是美好的。一个排字工，人们本以为定会像作家一样对一部书稿感到厌烦的！

* * ◀（109）

94

▶▶假如在我死后的任何时候◀◀（110）

95

▶在我死后，不会有任何人从我的文稿中（这是对我的慰藉）找到关于真正充满我的生活的一丁点信息；找到在我内心深处的那篇解释一切的稿件，它常常把世人所谓的小玩意变成对我意义非凡的事件，一旦我把那则解释了这事的秘密注释移开，这稿件便毫无意义。（111）

96

在我们这个时代，人们以下列方式拯救宗教。人们用幽默来报答现实性（因为有限性当然是罪，但却不是那种人们要为之感到悲哀的罪），以此方式，人们可以保存健康的东西。人们不进修道院，而是成为世间的愚人；人们想起了基督的话：你禁食的时候（这话无非是说，当你感到悲哀的时候，因为禁食只不过是悲哀的外在标志），要梳头洗脸，不叫人看出你禁食来。

（112）借助这些字句，所有关于宗教团体以及为教众观念而生活的胡说八道都被消解了。（113）宗教首先要做的，就是关上门，秘密地谈话。

内心性与外在性完全不对等，没有人，甚至是完全敞开心扉的人，能够做到吐露一切，并且为所有矛盾的表述找到理由。

97

我的命运看起来是这样的：我要宣讲真理，仅在我所发现的真理的范围内，以同时摧毁所有可能的权威的方式。因为我没有权威性，我在人们眼中根本不可靠，我才会道出真理，并且因此将之置于矛盾之中，人们只能通过自己占有真理的方式自救。（114）只有那个自己占有真理的人格才是成熟的，不管是开口说话的巴兰的驴子，还是开怀大笑的人，还是使徒和天使。（115）

98

当作家逐渐成为最糟糕的事。一般来说，作家会像《地址报》小花絮栏目中的园丁一样出场，一手拿帽子，点头哈腰地借出色的介绍信推荐自己。（116）多么愚蠢啊：写作者将会比阅读者更懂他所写的，否则他就不会写作了。——

或者，人们应该小心成为一名知道如何牵着公众鼻子走的律师。——我不愿这样，我不干，我不干，不，不，该死的一切。（117）我写我想写的，事情就这样了，那么其他的人当然可以做他们想做的，不买，不读，不评论，凡此等等。(118) ——

99

很奇怪，在某种意义上我是在极其严苛的方式下长大成人的。不时地我被放在黑暗的坑中，于痛苦折磨中四处爬行，什么都看不见，根本没有出路。（119）然后，突然间，有种思想在我的灵魂中觉醒，它是如此鲜活，仿佛之前我从未有过，尽管它对我并不陌生，可以说我之前是用左手与之成婚，而现在用的是右手。当它在我心中扎根时，它抚慰了我，我的胳膊被挎着，曾经像蝗虫一样蜷缩的我重新成长，健康，发福，快乐，热血沸腾，像新生儿一样柔韧。（120）然后，我似乎必须做出承诺，我将追随这个思想直到尽头，我拿我的生命做抵押，我坚忍不拔地工作。（121）我无法止步，我的力量坚持着。然后我完成了，现在一切从头开始。

*

100

当我没有得到上帝的眷顾之时，我比一头牛犊更悲惨；当上帝认可我时，我比整个世界还要骄傲。(122)

101

我很清楚地知道，在这一瞬间，我是所有年轻人当中最有天赋的，但我还知道，明天这一切将被拿走，是的，就在我写完这个句号之前。倘若有人发现他有个聪明的脑袋瓜，他因此认为自己这一生都会受到照拂，但我却不这么认为；在这个意义上，我是无法在有限性之上进行建构的。

102

人们应该在审美感性的意义上发展，结果他能够以审美感性的方式抓住伦理问题，否则，就让伦理见鬼去吧。（123）有多少人能做到呢？道博曾经在一个地方说过，当一名士兵在暴风雨的恶劣天气的夜晚，在电闪雷鸣中，背着装满弹药的枪在火药库旁独自站岗，此时他会生出其他人没有的想法。（124）无疑这是可能的，如果他在审美感性方面得到充分发展的话；无疑这是可能的，如果他在审美感性方面得到充分发展而不会遗忘。我们能给多少人讲述那个苦行者的故事呢？他在孤独中生活，只饮雨露，有一次，他舍弃了孤独，品尝了葡萄酒，染上了酒瘾。（125）——我们能给多少人讲述这个故事，除了说这对他们而言只是一种好奇而已呢？有多少人捕捉到了构成伦理问题的那种忧惧与战兢呢？（126）

103

我坐而倾听我内心的曲调，管弦乐队令人愉悦的暗示和管风琴深沉的庄严；把它们统一起来不是作曲家的任务，而是一个人的任务，他没有对生活提出更多的要求，而是把自身限制在单纯的要求之内——他愿意理解自身。——调和根本不是艺术，如果人自身内没有要素存在。

104

博那维尔在表现梅菲斯特菲勒斯时的那个跳跃是一个优点，他总是这样出场，而且跳出了美丽的造型。（127）这个跳跃就是一个环节，在理解魔性的时候它应该引起人们的注意。魔性也就是突发性。——

魔性的另一面是厌倦，就像可怜的温斯洛所出色理解的那样，由此它导向了滑稽（他在《卡尔大帝》中扮演皮平时说“耐心”时的那种方式；参照他在《不分手》中扮演的克里斯特尔）。（128）

105

在彼得拉克的诗《爱神的胜利》当中，可以找到很多有个性特点的东西，它们在爱欲方面是有所意味的；但指控彼得拉克是爱欲大师却是件遗憾的事。（129）对他而言，他感受到的是某种历史性的东西，某种外在性，他并未感受到其中所蕴含的理念的心悸，而当他观察这一切的时候，他并没有理念的欲望，没有在孕育瞬间的感官享受和幸福的颤抖。

106

难以相信，我们甚至能从像海贝尔这样成熟的作家身上找到如此天真幼稚的东西，找到关于时代范畴的轻率的胡言乱语，找到平淡无奇的戏剧对白，例如，在《丹麦人在巴黎》第 1 幕、第 12 场。（130）少校简要地讲述了他的人生经历。◀（131）他这样结束：“如果有人在哥本哈根看到他，他们将会睁大双眼，那个他们一直高兴地称之为单身汉的人，如今带着妻子和一个17岁的女儿回来了。”他已经结婚18年，但无人察觉，他没有任何焦虑的瞬间，没有痛苦，没有害怕的情绪，等等；或者他有这些感受，但没人有能力看透他。这样一个人只是少校，而且就在不久前才当上，这真是遗憾，他至少应该是上校。亲爱的少校先生，亲爱的教授先生，我很想对这种技艺有所了解，作为回报，我把整出音乐喜剧呈现给您；只有几页纸；因为一个只关心重要东西的音乐喜剧是不需要很多场的。即使我能得到一百元，即使我会被宣称为天才，我也不会郑重地写这样一部胡言乱语之作。[a] 少校极其严肃的胡说八道（根据海贝尔的命令），堪与贺伯格的尤利西斯相比，后者也是时代之子。(132)

a 因此，写作如我所说，就是让笔在纸上喋喋不休。

107

［复活节首日，在圣母教堂的晚祷式上（明斯特在布道），她冲我点头示意，我不知道这是祈求还是谅解，但无论如何都是怀有爱意的。(133) 我坐在一个靠边的位置，但她发现了我。愿上帝没让她看见我。现在，一年半的痛苦折磨毁于一旦，我付出的全部艰巨努力，她并不相信我是一个骗子，她信任我。(134) 她现在面临的是何种考验啊。其次就是，我是一个伪君子。我们走得越高，情况越糟。一个有着我这样的内心性，我这样的宗教性的人，是能够如此行事的！但现在我不能再只为她活着，不能为了丧失我的尊严而把我置于人们的蔑视之下，实际上我已经这样做了。如果我在疯狂中向她走去，成为一个坏蛋，只是为了让她相信这一

点——这何用之有呢。她还是会认为，我之前并不是那样的人。

每个星期一上午9点至10点她都会遇到我。我没有采取任何措施让这事发生。她知道，我通常走哪条路，我知道，她走哪条路］（135）

［我所做的所有事，就是为了不让她感到，她本人也许也要承担一点罪责的。一个年轻女子本该安静、谦卑，而在这方面她却是骄傲的，我必须用使我本人丢面子的方式教她学会谦卑。（136）然后，她虚荣徒劳地看待我的忧郁，认为那是因为她是一个无与伦比的女子，而我是低下的人。当她勇敢地反抗我的时候，上帝原谅这一点，她唤醒了我的骄傲，这是我的罪。（137）我使她搁浅了。这是她应得的，这是我真诚的想法，但却不是后来发生的事。（138）于是事情成了这样：我的忧郁觉醒了，她越是在激情澎湃中依恋我，我越是感到责任重大。假如这场斗争不存在，事情也就不会那么困难。于是纽带断裂了。］

108

第二则布道词原本可以设计成另外的样子。（139）它可以始于这样的字句：你们这些不好的人，尚且知道给儿女好东西，神难道不是知道得更多吗。①（140）然后它可以始于怀疑令人是否真的知道拿好东西给人。这种怀疑应该通达至最极端的悖谬，甚至爱（纯粹的人类之爱）都成了令人怀疑的好东西。于是这里显示出的是，基督说的那些话毋宁是一种反讽，而非如人们通常所理解的那样。在此之后，运动才会开始。

［*a*］人们对何为善知之甚少。他们知道天气和风向的信息（参《福音书》的一个地方：当天空变红时，你们说：要起风了。）（141）

《约伯记》28：1—11，12（142）

=

①基督想以此方式证明上帝之善，而且他的证据令人信服；但他却不愿证明第一句话。

109▶　　　柏林，1843 年 5 月 10 日（143）

我抵达的第二天，感觉很糟，马上就要瘫倒了。

在施特尔松德，听到住在楼上的年轻女孩弹钢琴，其间还演奏了韦伯的最后一支圆舞曲，我几乎要发疯了。（144）上一回我在柏林的时候，在动物园迎接我的第一首曲子就是它，是一位双目失明的男子在竖琴上演奏的。（145）

仿佛一切都是为了提醒我去回忆；我的药剂师，一位热情的单身汉已经结婚了。（146）他就此进行了多种解释：人只活一次；人应该有一个知音。这里蕴含着多少东西啊，尤其是不带任何矫饰地说出时，它狠狠地击中了我。

我在萨克森旅馆的房间朝向水面，河上停泊着船只。（147）上帝啊，这让我想起了旧时光。——背景是教堂，报时的钟声直渗骨髓。（148）

110

上帝是持续不变的意义上的爱这一思想非常抽象，以至于它在根本上就是一种怀疑论思想。（149）

111

绝对的悖谬应该是这样的：上帝的儿子变成

了人，来到世界上，四处行走而没有被察觉，他在最严格的意义上变成了个体的人，有谋生之道，结了婚，凡此等等。（150）（在这一点上，人们可以就基督的生活何以定位为高于伦理标准的那些具体议论进行讨论）。在这种情况下，上帝一直是最伟大的反讽家，而非上帝和人类的父。（假如我同时代的令人尊敬的神学家和哲学家的头脑里有值四毛钱的思想，那么他们早就发现了这一点，或许已经大惊小怪了一番。只是我并没有在他们身上发现思想的存在）。（151）神性的悖谬是说，他被人注意到了，哪怕只是以被钉上十字架的方式，他行神迹，凡此等等，这意味着，他还是因其神性的◀权威被识别了，尽管这权威要求用信仰解除其悖谬（152）——愚拙的人类理智所希望的是，他本应获得成功，捕获同时代人，使其狂热，凡此等等。（153）天啊，捕获同时代人肯定会让这个世界发生某种伟大的事情。

#

112

我相信上帝就是爱，但这爱却不对罪人。他只在基督身上才是这样，也就是说，和解。

#

113

我所做过的唯一一次放荡的谈话是和一位运输瓷器的老船长，在迷你咖啡馆，船长认为我有40 岁。（154）不过这对话很幽默。当他开始跟我讲，在马尼拉所有人如何会有个荡妇，或者讲他年轻时如何在伦敦与那些荡妇（这是他喜爱的用语）寻欢作乐，人们用一杯格洛根烈性酒款待她们，“因为她们非常喜欢这酒”。——这情境可真够幽默的，一位运输瓷器的老船长（74 岁）用这种方式跟我讲这种事情。除此之外，我看他本人并没有那么投入；因为他身上甚至还有一种纯洁为他作证；他的表述方式因而是幽默多于淫荡。

#

114

这也是我们这个时代理智发展和智慧的一个后果，即没有什么像上帝一样离我们更远，尽管没有什么离我们更近，因而宗教暗含着一定程度的笨拙的庄严，那里毫无意义可言，上帝之名以一种言之无物的尊敬被道出，就像墨水池在最高法院被视为代表着国王一样。（155）于是乎在我们这个时代，对宗教感的单纯的、自然的迸发几乎成为对神的亵渎，《旧约》中被允许称呼上帝的方式被作为不合时宜的与仪式感的冲突而激起震惊，不过那些人肯定珍藏着一种相当不同的对上帝的深沉敬意。（156）

#

115　　5 月 17 日（157）

［假如我曾经有信仰，我就会和雷吉娜在一起。赞美上帝，感谢上帝，我现在已经看明白了。这些日子我几乎丧失了理智。从人性的角度说，我对她所做的是正确之事，我或许永远都不该与她订婚，但是从那一刻起，我像骑士一样对待她。在审美感性的和骑士精神的意义上，我爱她胜过她爱我；否则，她既不会骄傲地待我，后来也不会用她的尖叫使我焦虑。（158）我已经开始写一个故事，题目是《有罪，还是无罪?》，

这里自然会包含一些震惊世界的事情的；因为在过去一年半的时间里，我在自身内所经历的诗比所有的小说加起来还要多；但是我不能、也不愿使我与她的关系在诗的意义上被弱化，这关系具有一种完全另类的现实性。（159）她没有成为什么知名演员[a]，因此，如果有可能，她将成为我的妻子。(160) 上帝啊，这真的曾是我唯一的愿望，但是我却不得不亲自拒绝。在这个方面，从人性的角度说，我绝对是公正的，我以高度的高贵方式待她——我不让她感受到我的痛苦。在纯粹审美感性的意义上说，我是了不起的人；我敢于赞扬我自己做了极少有人在我的地位会做的事；因为假如我不是过多地考虑她的利益，我肯定能和她在一起，因为她本人这样请求（可以肯定的是她永远都不应这样做，这是一件错误的武器），因为她的父亲这样请求，我可以对她做件好事，并且还满足了我的愿望。（161）如果她一旦感到厌倦，我就可以用这是她本人的要求为证来惩罚她。我没有这样做。上帝作证，这是我唯一的愿望，上帝作证，我是如何保持警觉的，我没有遗忘对她的任何记忆，自从那时起，我觉得我就没有跟一个年轻女孩说过话；我想象，任何一个缔结过婚约的坏蛋都会视我为不完美的存在，一个坏蛋，我服务于我的时代；因为它实际上真的是一个相当]（163）

[a][人们怎么也不会想到，这样一个年轻女孩会有这样的观念。正如后来所显示的，这还是一个极不成熟的、甚至虚荣的观念；因为如果它真的适得其所，那么我解除婚约的方式就是绝对决定性的。这类东西应该释放出某种弹性。但如此一来，……女孩先是羞羞答答，后来因骄傲自大狂野不羁，然后是懦弱。]（162）

[这真的发生了。就婚姻而言，一锤定音是无效的，这里的关键是诚实对待过去的时光。我的骑士精神在此是明显的。假如我不是尊重作为我未来妻子的她胜于尊重我自己，假如我不是为她的品德感到自豪胜过对我自己的品德，那么我就会保持沉默，满足她的和我的愿望，我会与她

结婚——很多婚姻都藏匿着小故事。我不愿意她成为我的妾，那样我宁可杀了她。——但是，假如我说明原因，我就不得不与她在可怕的事情当中结婚，我与父亲的关系，他的忧郁，在内心最深处冥思苦想的永恒的夜晚，我的反常行为，各种欲望，越轨行为，在上帝眼中这些或许并没有那么不可原谅，因为毕竟是忧惧把我拽入歧途，还有，我在何处寻求告诫呢，当我知道或者感觉到，我因其活力和强力而崇拜的唯一男子，他跌跌撞撞。］——（164）

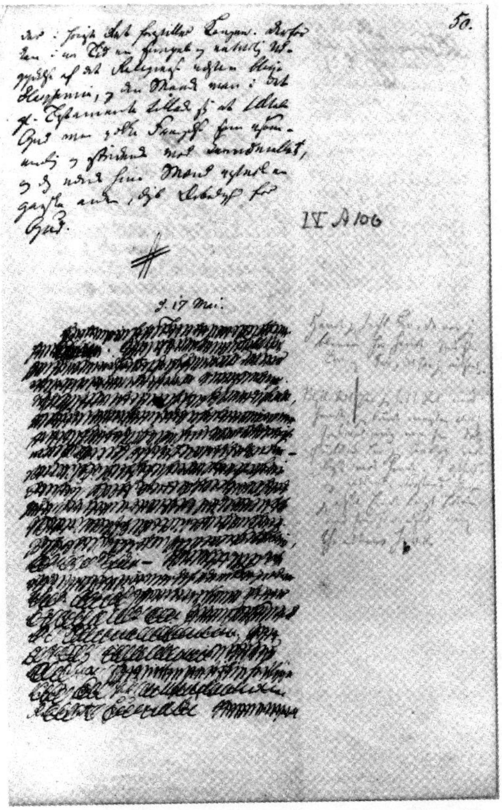

JJ：115（经电子显微镜鉴定，日记第一段是克尔凯郭尔本人用黑色圆圈涂掉的，而非巴福后来所为）

#

116

信仰因此也期望此世的生活，但是请注意，是借助荒谬，而非借助人类理智，否则它就只是世俗智慧，而不是信仰。

#

117

信仰因此就是希腊人所称之为的神圣的迷狂。（165）这不仅是一个别出心裁的评论，而且是某种能够直接付诸实践的东西。

#

118

不管仍然盘踞在我心中的是何种晦暗的思想和黑色的激情，我都愿用一部作品将其摆脱，作品可以叫做：

一个麻风病人的自我省察（166）

［*a*］可以有这样的场景：两个麻风病人，其中一个有同情心，为了不使其他人焦虑而不愿显露自身，另外一个则用引发忧惧的办法实施报复。一个有兄弟，直到后来他才发现，兄弟们都患有这病，全家人易患麻风。

#

119

伦理生活观的最高表达，就是悔悟，我必须持续地悔悟——但这恰恰是伦理的自相矛盾，宗教的悖谬即从此突破，也就是说，和解，它与信仰相呼应。（167）在纯粹伦理的意义上我不得不说，即使尽了最大努力，我还是有罪，因此我愿意悔悟，但是如此一来，我就不能真正采取行动了，因为我要悔悟。（168）

#

120

▶ 我一直想改写阿格耐特和人鱼的故事，从一个从未出现在任何一位诗人的头脑中的角度。（169）人鱼是一个诱惑者，但是当他赢得了阿格耐特的爱情之后，他被深深地打动了，结果他愿意完全为她所拥有。——不过看啊，他不能这样做，因为那样他就必须与阿格耐特结婚，把她带入自己全部的悲惨生存样态之下，他在特定的时刻是一个怪物，等等，教会不能为他们祝福。于是他绝望了，在绝望中他沉入海底，待在那里，但却让阿格耐特认为，他只是想引诱她。（170）

这的确是诗，不是那种只关注笑点和花招的、糟糕而可怜的胡言乱语。

这样的郁结只能由宗教消除（宗教即由此获名，因为它解除所有的魔法）；假如人鱼能够有所信，那么他的信仰或许能够使他转变为人。（171）

121

我应该再次紧紧抓住我的安提戈涅。（172）这任务将在心理学的层面上展开并对罪过的预感做出解释。——为此目的，我想到了所罗门和大卫，所罗门年轻时与大卫的关系；因为可以肯定的是，所罗门具备的良好判断（主体部分）和他的感性欲望都是大卫的伟大的自然结果。（173）所罗门早先就感觉到了大卫身上的巨大骚动，但却并不知道，什么样的罪过能栖居在他身上，他只是看到了这个有着深沉虔敬之心的男子对其悔悟所做出的伦理表达；因为如果大卫是个神秘主义者，事情就会是另外的样子。(174)这些想法，这些预感使活力窒息（除非以想象的形式)，唤醒了良好的判断，而想象和良好判断的结合实际上就是感性欲望，那里缺失的环节是意志。

122

耶稣西拉看起来不喜欢反讽，《西拉书》41：19 中说：掩盖愚蠢的人，比掩盖智慧的人更好。(175)

123

如果人们通过悔悟能够保持与上帝的爱的关系，那么本质上最终是人自己做出了一切，尽管悔悟在极端的界限上被规定为痛苦折磨。(176)悔悟绝对不是悖谬，但当它溜走之际，悖谬就开始了；因此，相信和解的人比最深沉的悔悟者更伟大。悔悟总是使自身落入圈套；因为假如悔悟是至上的东西，一个人身上唯一的拯救，那么，它会返诸事关它是否足够深刻之类的辩证法之下。(177)

124

能够在小事上相信上帝，这是问题的关键，否则我们就没有与上帝建立起恰如其分的关系。如果有人这样说一个人：他是我的朋友，我知道这一点，而且不管发生什么事，他都是我的朋友；不过奇怪的是，我们对特定事情的观点总是正相对立的，但是尽管如此，我坚持认为他是我的朋友。——这里是有些尴尬事的，实际上这就是迷狂。因此，把上帝拽进这个世界的现实性之中也是重要的，而他确实在这世间存在。保罗登船，当船几乎要沉的时候，他不仅为自己的永福祈祷，而且还为他的现世的拯救祈祷。(178) 或许他当时应该这样想：假如现在就结束，等等，那我将只思考我灵魂的永福。不过他是上帝的一个使徒。(179)

125

注意：

"但是，与少女胸中吐出的爱的叹息相比，名望的恭维之声算得了什么呢?"

沙克·斯泰费尔德 (180)

126

想法：(181)

回忆录
作者
尼布甲尼撒
先前是皇帝，后来是公牛
出版者
尼古拉斯·诺特宾尼

127

在爱尔透纳新近出版的一部作品《C. 西尔纽斯·麦锡纳斯：历史调查》(作者：弗兰德森博士) 中 (爱尔透纳，1843 年)，我看到第 230 页的上部写道，他运用了不同的方法入睡，比如听瀑布的哗哗流水声。（182）这方法是可以采用的。（书中说，他遭受了三年失眠的痛苦。在第229页中讲述的另外一个例子是失眠十年；有一位贵妇三十五年都没有睡觉。）

◀（183）

128

关于有罪和无罪的辩证法的例证

一位老登徒子，尽管仍然机智幽默地反讽（一位外交官），他领着几个年轻女孩到一家希腊雕塑画廊参观。（184）几个年轻绅士一同前往。这些年轻女孩中的一位，所有人当中最纯洁的那位羞红了脸，不是因为雕塑作品干扰了她，而是因为那个老坏蛋的面容中有种东西侵犯了她的端庄贤淑。但是，女孩的脸红没有逃过他的注意，女孩在他的面容中读出了评判，与此同时，年轻绅士中的一位也在看着她——她被冒犯了，她无法向任何人讲述这件事，她变得忧郁起来。

#

129

当塔克文·苏佩布在他的花园与罂粟花头说话的时候，他的儿子懂了，但信使没懂。（185）

参《哈曼全集》第3卷，第190页中间。

#

130

注意：

假如我尚未毁灭，那么我愿毁灭。（186）

#

131

苏格拉底在《克拉底鲁》中说得好：被自己欺骗是万事中最糟糕的；因为如果欺骗者甚至一刻都不离自身，而是一直在身旁，这如何不可怕呢？

《克拉底鲁》§428，施莱尔马赫译本第2卷、第2部，第104页（187）

#

132

这里有着某种奇怪的悲喜交加的东西：天堂里的上帝是唯一获准隐姓埋名的君王；而在另一方面，人们却总是忙于发现类似的东西。

#

133

为《畏惧与颤栗》而写的格言最初是这样的："写作吧"—"为谁"—"为那些亡者而写，那些你在前世所爱的人们"—"他们会读我写的东西吗？"—"不会！"（188）

#

134

►►莎士比亚的《皆大欢喜》……◄◄（189）

135

►我可能有意写作一部《诱惑者日记》的对照之作。人物可以是一位女性：《交际花日记》。（190）这样一个人物是值得花力气去描绘的。

*

136

《诱惑者日记》的续篇应该是刺激的，他与一位已婚少妇的关系。（191）

137

文学应该是这样的，它不是伤残者荣军院，而是健康、快乐、丰满、微笑的开心幼童的游乐场，是有着良好构造的、完满的、自我满足的人物的游乐场。（192）每一个都是母亲的肖像，都从父亲而出，而不是虚弱无力的祈愿者的流产儿，不是晚生的弱不禁风者。（193）

138

这绝对不是诡辩的观点，即人们每时每刻都要在灵魂中持有那种可能性，上帝甚至就在这一瞬就能把一切捋顺。如果人们没有坚持这一点，他们会在绝望中使自己沉寂，而当好东西真的被给出的时候，他们甚至没有能力去接纳。

139

巡警日记（194）

在这个标题之下，我有意描绘城市中那些特定区域，那里可以说弥漫着诗意的氛围，比方说，煤市（这是最有氛围的市场），街景，排水沟挡板，等等，小渔船。这是多么绝妙的对立，这一刻，你让思想奔赴科尼波吊桥边那无边无际的水景，下一刻你沉迷于呆看水缸里的鳕鱼和鲽鱼。（195）人物不断地投入其中，爱情故事，女仆，凡此等等。在女仆身上发现的那种健康的幽默是绝对值得注意的，尤其当她们对贵妇们的打扮评头品足之时。

——在这段时间我要研究的是，让我遇到的每一个儿童微笑。

◀（196）

140

[她。假如她知道我在去年遭受的全部痛苦折磨。她永远都不该发现任何东西。但是那样的话，我所有的看法会一次性地改变。在婚礼上我应该做出承诺——也就是说，我不敢保守任何秘密；但另一方面，有些事我是不能对她讲的。（197）神圣性走进婚姻，这是我的毁灭。假如我不允许自己与她成婚，我会冒犯她。（198）如果一种非伦理的关系可以是正当的——那么我甚至明天就会开始。她向我乞求，我已经受够了。她能无条件地信赖我，但这是一种不幸的生存。我在火山上跳舞，而且不得不邀她共舞，能跳多久跳多久。（199）因此对我来说更卑微的是保持沉默。这是在贬低我，对此我知道得再清楚不过了。]

#

141

不过关键在于，人们对待上帝是很直率的，人们没有试图逃避任何事情，而是奋力前行，直到他本人给出一种解释；不管这解释是否是人们自己想要的，它都是最佳的解释。

#

142

这人是可以成为一个绝妙的戏剧人物的：他拥有深刻的幽默天性，以时装设计师立足，他动用一切——影响力，资金，为的是使女性看起来滑稽可笑。（200）与此同时，此君尽可能地取悦她们，用他的恭维和言谈魅惑她们，不是因为他要讨人喜欢（在这个方面他是过于精神性了），而是为了使她们的穿着尽可能的滑稽可笑，然后满足他对女性的蔑视，尤其当这样一位妇人找到了一个跟她一样傻的男人的时候。——为惩罚此君，我们可以让戏剧情节这样推进：所有人都把他恶意引入时尚界的东西视为是有品位的，结果他本人成了唯一的发笑者，虽然他是完全正确的。——然后，他本人爱上了一位姑娘。他想使这姑娘成为例外，他无法忍受这姑娘穿上那滑稽可笑的时装，▶那是他为了作践女性亲手引入时尚界的。不过他无法说服这姑娘，现在他不得不忍受，他的心上人跟其他人穿着完全一样。

［*a*］比方说，他设计了一款专供女性去教堂穿的新时装，也是为了在那里作践她们。（201）

［*b*］对白：生活中的一切究为何物，是时尚——虔诚是时尚，爱情，鲸鱼骨架裙和野蛮人的鼻环——只有在这里，我才与他人有所不同，我已经看透了这一点，那个高贵的天才以各种方式帮我冲着所有动物中最为荒谬可笑的动物——人类——放声大笑；不过Vüe男爵夫人来了，她可能会给自己买一件新的小丑时装。（202）

*

143

在《十字路口》的标题之下（或者《四面八方》），我想对哥本哈根一天当中特定时段的生活进行一种冷静的描绘。（205）九点：上学的孩子们；十点：女仆们；下午一点：时尚世界。（206）总而言之，不同时间点的生活带有不同的色彩，就像水因不同的鱼群带有不同的色彩一样，——它应该以一首抒情诗开始，为我可爱的首都和居住地哥本哈根。

［*c*］我不会欺骗我的顾客，从里到外我一直都用最好的布料，真的金子，真的布鲁塞尔花边，我只是乐于把这一切剪坏，制作出没有品

144

我的小秘书克里斯坦森先生真的是非常奇怪的。(207) 我打赌,他用不同的方式在报纸和小册子上胡涂乱抹;因为我遇到我的想法的回声不止一次了,不是我有意向要写的东西,而是我随口说的。(208) 我善待他,付他高薪,一直跟他谈话,作为我付他薪水的理由,只是为了不冒犯他,不贬低他,他的贫穷使他必然成为书记员;我让他参与所有的事情,给所有这一切蒙上一层神秘的面纱,想尽一切办法让时光尽可能地令他感到愉快。(209) ——但是,《文件夹》上的那篇小文章确实出自他手,就在《非此即彼》出版前几天。(210) 他这一手真不漂亮。他本可以信赖我,告诉我他有意愿成为作家;不过他这样写作没有丝毫良心。他本人也许已经感觉到我有点变化了,尽管我仍然礼貌和善意地待他。但我讨厌他好奇地刺探我的房间;人们应该让他离自己的生活远点;我憎恨所有的盗版者。

◀ (211)

145

[关于我与雷吉娜的关系的日记奇怪地弄颠倒了;因为最早的总是最后记录,恰恰因为最早的东西给我留下了深刻印象,以至于我无需害怕会遗忘。(212) 因此,我至今尚未对最具决定性的东西做任何记录,她本人数次宣称,要是我能说服她我是个骗子,她就会忍受一切。顺便说一句,我现在想到这话的时候,感到它流露出的仍是她的骄傲自大,仿佛她曾经拥有一个如此这般的伦理结构似的。因此不应该对此过于重视。

位的东西;因为我蔑视金银和货真价实的披肩,正如我蔑视把自己裹在里面的妇人一样。(203)

[*d*] 他引导女士们乐于穿出暗示着令男人分裂的党派差异的服装;这一点赢得了男人们的赞同,因此一切都被滥用和出卖了。(204)

但生存是深刻的。我曾向那女孩表示了我对她的信心，我相信所有她乐于告诉我的关于她自己的了不起之处，我就是因此才行动的——噢，这对她或许是最糟的。我们会看到，如果一个女孩没有任何宗教教养，这是何等的灾难。当我想到，我曾经每周都给她朗读明斯特的布道词，在真正给她留下印象之前，的确过去了一段时间了。奇怪的是，一个姑娘在她自己眼中会如此重要，以至于她（作为单一者）用她的爱情或者更准确地说用订婚这回事来尊敬我，这让我震惊。当事关意见分歧时我充分相信，我是能够应对她的。]

#

146

我们既有《旧约》，又有《新约》，这正是困难之所在；因为《旧约》拥有完全不同的范畴。《新约》中关于信仰说的是什么呢——你将在这个世界上真正地获得信仰，在现世中，而非放弃这个世界以便抓住永恒。（213）这就是造成牧师布道词中的非融贯性的原因，全看那里是《旧约》还是《新约》更明显。

#

147

我或许能够再现我童年时代的悲剧，那种对宗教的骇人听闻的秘密解释，就像可怕的预感落入我手中，就像是我的想象锻造出来的，我对宗教的冒犯，小说的题目叫做《神秘家族》。（214）它绝对可以用父权式的、诗情画意的方式开始，在那个词突然跑进来并且解释了所有的骇人听闻之前，没有人觉察到蛛丝马迹。

#

148

……尽管祷告在地上没有任何效果，但它在天上是努力工作的。

#

149

尽管你本人知道，你经受了很多痛苦折磨，那种凡人的推测在你灵魂中苏醒了，这一切无论如何要结束了，更好的时光将会来临，这对你何用之有呢，如果你只是盯着过去，吸入新的忧烦，而不是为你解脱的时刻或许很快就会到来而高兴，你不该那么软弱，以至于当它敲门时，你听不到声音。(215)

#

#

150

有个精神错乱的人，他四处转悠，观察所有的儿童；因为他认为他曾让一个女孩子怀孕，但却并不知道她后来怎么样了，现在他操心的是找到那孩子，如果可能的话。无人能理解他观察一个儿童时的那种无法描述的关切。

#

151

没有一个天才不带着某种程度的疯狂，这是对下述宗教命题的世俗化表达：上帝在宗教意义上祝福的人，正因为如此要在世俗意义上诅咒他。(216) 于是事物必须是这样的，第一是扎根于生存的边界之上，第二是在生存的双重性之中。

#

152

当生活的任务本身成为辩证性的时候，也就是说，当先前的辩证性必须构成这任务的时候，生活才开始变得困难起来。无论自由在何处进入讨论，情况都是如此。一个人精神错乱了，人性的力量，意志的自由自然都会抵制之，而问题就在这里：他应该在某种程度上自我困扰，或许因无法消除这种精神错乱而发狂呢；还是应该让自己低声下气呢？不过，这种低声下气难道不是软弱吗？那些抱怨任务本身不具有辩证性的人当感到羞愧。

#

153

从怀疑开始以便进入哲学的方法，看起来就跟让一名士兵蜷曲而卧以便能站得笔直一样明智实用。(217)

#

154

有些人把他们的演讲分割得非常精准、抽象，就跟我的一位家人的钟表对时间的分割一样。这想法可能是这样的：多荒谬啊，一次敲 12 下，下一次就只敲 1 下。因此，它让每次钟鸣之间相隔相同的时长，12 点时，敲 1 下，然后每一刻钟敲 1 下，因此在敲 12 下之前，是 3 点钟。(218)

#

155

对白：

一个幽默的人遇到了一个女孩，那女孩曾向他保证，如果他离开自己，她就自杀，相遇时那女孩订婚了。他跟女孩打了招呼并且说：我感谢您对我的善意，或许您会允许我表达我的感激，[他从背心口袋里拿出 2 马克 8 斯基令，递给她。(219) 她因愤怒傻在那里，但仍然站着，想用自己的目光打动他；然后他继续说：] 不用谢我，这是帮您置办家居用品的，您举行婚礼那天，您的善意达到巅峰之时，我有义务以所有的神圣之名，为上帝和您的永福之故，再给您 2 马克 8 斯基令

#

156

我能够想出一个不同于《重复》的其他的情节设计。(220) 一个拥有想象力和多种其他基质的年轻人，迄今为止一直在其他领域服务，他爱上了一个年轻女孩；▶因为在这里采用一个有经验的卖弄风情的女人是不会引起很大的心理学兴趣的，除非从另一个角度出发。这年轻女孩自然是纯洁无辜的，但恰恰在爱欲方面充满幻想。他带着自己单纯的观念前来。女孩使他得到了发展。就在女孩已经喜欢上他的那一瞬，情况却显示出他不能与那女孩在一起。那种奇幻般的对多样性的渴望苏醒了，而她必须离开。在某种意义上女孩亲手把他培养成了一个诱惑者，一个有界限的诱惑者，即他永远都不会诱惑她。不过，让他在未来，当他力量充沛、经验丰富的时候以引诱那女孩为目标，将会非常有趣，“因为他欠那女孩很多”。(221)

157

情节设计

一个坐拥一切可能的天赋的天才，有强力管理整个生存并且让人们顺从他，他在其意识当中发现了一个小小的固定点，一点点疯狂。他为此苦恼万分，以至于下决心自杀；因为这个小小的点对他来说就是一切，这个点把他变成了一种服务精神，一个人。这个小小的点不只是某种外在的东西（例如，瘸腿，独眼，丑陋，等等，这类东西与他无关），而是拥有某种精神因素，于是人们认为它会通过自由而被消除；这是激怒他的原因。(222)

158

这真的是人格中的不完美之处，它献身于另一个人，结果它无法保持自己。真正成熟的人格是隶属于自己的，恰如一只家鸽◀隶属于鸽舍；你可以把它卖给随便多少人，但鸽子总会回到鸽舍。(223)

#

159

重复随处再现。1）当我要采取行动时，我的行动已经存在于意识、观念和思想当中，否则我就是在没有思想的情况下行动，也就是说，我没有行动。2）就在我要行动的时候，我预设，我处于原初的完整状态之下。（224）这时，罪的问题来了。这是第二种重复；因为此时我必须返诸己身。3）那个真正的悖谬使我成为了单一者；因为如果我持续地在被理解为普遍性的罪之中，这里只是第二种重复。

就此而言，我们可以比较亚里士多德的范畴：事物之所以成是者。（225）参马巴赫的"中世纪哲学史"第 128 节，第 4 和第 5 页，以及他的"希腊哲学史"第 102 节。（226）

#

160

对于所有哲学在某种意义上有能力加以理解的神人关系，亚里士多德的表达非常妙，他说：神使万物运动，自身不动。（227）（就我的记忆而言，谢林在柏林时指出了这一点。）（228）这是关于不变动性的真正的抽象概念，上帝的影响因此就是一种有磁性的魔力，就像塞壬的歌声。于是乎，所有的理性主义终结于迷信。（229）

#

161

这是我能够采用的一个例子。斯蒂芬斯在他的回忆录第 7 卷中讲到一个名叫本达的市长，顺便说一句，此人才华横溢且精力充沛，他戴一顶假发。一旦他取下假发，一切对他来说都会乱套。——这是在与假发绑定在一起的意义上的奴役。他不仅跟其他人一样受了点凉，而且他发了疯。参第 215 页和 216 页。（230）

162

► 那个轰动一时的艺术、宗教、哲学的三分法，柏拉图尤其是普罗提诺已经提出了：音乐、爱情、哲学。（231）

163

人们说，伦理的表达就是把一个人的才能转变成天职，这样说当然是很好的。（232）可这里的问题要困难得多。个体在选择时敢在多大程度上忽略宗教的面向呢？我个人的生活就是一个例子。假如我顺从我的心愿，选择了我显然有才能的东西——成为一名警官，我会比我后来所成为的样子更幸福，尽管现在一切都好。（233）我的敏锐性会转向外部。宗教变成一种内心性的规定，它不再被进一步地追寻，尽管我常常会回到宗教上来。以（穿过?）宗教达至我的本真任务的方法，我把我的敏锐性转向自身。假如这种所谓的现实性是至上的，那么我就应该做出其他的选择。在此我们将会看到一种新的困难。

164

微妙性法则是说，一个作家有权利用他本人的经历，但他从不道出真相，而是把真相留给他自己，只让真相以不同的方式折射出来。

165

海贝尔在针对《非此即彼》的强烈抗议中发表评论说，人们并不知道书中的一些议论是否是深刻的。（234）海贝尔教授及其同伙拥有一个巨大的优势，即人们事先就知道他们所说的是深刻的，在听到他们所说的之前就知道了。（235）部分原因在于，人们从他们身上极少或者从未找到过原创性的思想。他们的所知都是从黑格尔那里借的。黑格尔当然是深刻的了，因此，海贝尔教授所说也是深刻的。在这个意义上，每一个把布道词限制在纯粹的《圣经》引文之内的神学系学生就是最深刻的人；因为据我所知《圣经》是最深刻的书。

166

我们这个时代有很多人，他们掌握了全部生存的结果，但却不知道如何处理最起码的事情。

167

哲学所说的“生活应该向后理解”完全正确。（236）但人们在此忘记了另一个命题——我们应该向前活着。不管哪个命题，思之越深越会认为，现世生活永远都不会被完全理解，恰恰因为我一刻都无法完全平静下来，以便采纳向后的立场。

168

在这个时代获得更深层的震荡之前，我们对它无能为力。整个时代可以被划分为写作的人和不写作的人。那些写作的人代表的是绝望，阅读的人则对之不以为然，认为他们有更好的智慧，只是如果轮到他们写作，他们写出的是同样的东西。从根本上说他们是同等绝望的，只是如果人们没有机会严肃地对待其绝望，那么也就不值得费劲去绝望并且表现出绝望。这是对怀疑的克服吗？——《德国神学》中有句话可以真正被视为是一切时代的格言（或许作者用来表示其意的德文词并没有那个意思，作者尚未体验过绝望的极致）：“当我们的精神不再丰富的时候，我们会忘记上帝，并且赞美（称颂）我们的沉沦。”（参第10章，第41页）(237) 这种称颂可以说是时代在面对上帝时想拥有的。以此方式时代显现出了它的绝望，即这个时代仍然不能没有上帝，因为绝望的要点恰恰在于，有一个上帝存在。这就像一位姑娘，当她无法对其恋人为所欲为之时，为了表示对恋人的蔑视，姑娘爱上了别人。由此姑娘恰恰表现出了对恋人的依赖，她的初恋的意义就是与第一位恋人的关系。于是乎，时代想以同样的方式在上帝眼中变得重要。当今时代对待上帝就像《初恋》中的艾美丽对待她的父亲一样。一旦她不能如愿，她就会生病，然后会死：“一旦我死了，一切就都晚了。”(238) ——这个时代很可能会认为，上帝会以同样的方式陷入尴尬。

169

能够发生在一个人身上的最可怕的事，就是就本质性的东西而言，他自己是滑稽可笑的，比如，他发现他的情感内容是无稽之谈。这在人际关系方面有很大风险，比方说相信呼喊和尖叫等等。这里的关键是要身心结实。(239)

170

我拒绝所有的评论；因为一个评论家之于我，就像是走街串巷的流动理发师一样令人生厌，他带着供所有顾客使用的剃须水四处跑，并且用他的湿手指乱摸我的脸。

171

新年祝福失控了。(240) 警官们祝福那些可疑人物(尤其是那些给警察带来极大麻烦的狡猾的家伙)。这里只缺少一例,即执法者应该祝福被他公开执行鞭刑的人。

172

"重复"是且将一直是一个宗教范畴。康斯坦丁·康斯坦丁乌斯因此无法向前。(241) 他聪明,是个反讽者,与有趣的事物抗争,但却没有察觉出,他本人就身陷其中。(242) 有趣的第一个形式是喜爱变化;第二个是希望重复,但却处于自我满足之中,毫无痛苦可言——因此,康斯坦丁在他亲自发现的东西上搁浅了,而年轻人则继续向前。(243)

173

宴会,

或许更好的:酒中有真言,

或:夜晚

(基调将根据标题有所不同。)(244)

故事讲述人在"八路汇聚口"信步,以独享清静。这时,他遇到了一个朋友,"尽管他宁可希望发现一只受惊的鸟。"他告诉友人关于那个宴会的一切。在森林深沉的静谧的对比之下,那个吵闹的夜晚显得更美好,更奇幻。——

关于爱洛斯的演说。(245)

聚会的人物有:约翰尼斯,诨名诱惑者;维克多·艾莱弥塔;回忆的不幸恋人,康斯坦丁·

康斯坦丁乌斯；“年轻人”。（246）最后那位非常年轻，他发表了一个演说，证明爱欲与感性欲望是最荒谬可笑之事（其可怕后果是——有孩子；还有，人在这种欲望中会自我欺骗，他们只是服务于生存）。他利用了亨利希·考讷琉斯·阿格瑞帕的论文《论女性的高贵与卓越》（我有这本书）。（247）通过对论文的天真幼稚的利用，其喜剧和幽默效果落实了。

规则是，每个人的演说以自己切身经历过的爱情故事为基础。——“年轻人”立刻解释道，他无法提供这样的故事，因为他总是保持足够的明智使自己置身事外。“与一个姑娘有染会使自己变得滑稽，姑娘的天性总是叽叽喳喳。假如一个人非要与姑娘有染，那他只能去勾引。”

宴会始自一个情境。他们聚集在一个充满节庆气氛的灯火通明的大厅里，那里正在演奏宴会音乐（出自《唐璜》）；这些人衣着光鲜，每位都有一个随行男仆。（248）在宴会音乐演奏的同时，维克多·艾莱弥塔起身提议，他们应先唱这首歌：

美酒满杯，歌声愉快。（249）

效果立刻显现在在场的先生们身上，他们很容易发现幽默之所在：在这样一个与饮酒歌会形成奇异对照的聚会上，去唱一支饮酒歌。（250）

174

……当尘世的祷告与人类忙碌的言辞混在一起的时候，祷告就是无用的言谈；但是祷告在天上却是起作用的；而且，祷告常常播种的是朽坏

的，收获的是不朽坏的。(251)

175

如果我真的想确定，想在那种意义上为人类做事有多悲惨，即想着立刻就会收获可见的东西，——那么我就会阅读莎士比亚《尤利乌斯·恺撒》中的场景，勃鲁托斯和安东尼面对恺撒的遗体相继发表悼词。(252)

176

在我们这个时代，写书太悲惨了，人们所写的都是他们从未思考过的东西，更别提经历过了，——因此我下定决心，只读那些被判处死刑或者以其他方式处于危险中的人所写的书。

◄ (253)

177

►►大阿尔伯特

178

巴黎的马修◄◄ (254)

179

“一个人在人生早期作为儿童所认识的很多东西，在以后和老年时期肯定是不再有所知了，最终，一个拥有彻底精神的人至多成为针对其青年时期的胡思乱想的智者。”参《康德文选》，蒂夫创克编辑，第2卷，第253页。(255)
哪个哲学家不曾有那么一次，在来自理性的确凿见证的自信，与另一边对不可克服的怀疑的内心抵制之间撕裂，伤害了我们所能想象出的最单纯的人呢？

同上书，第 250 页。（256）

#

180

有朝一日我必须利用阿伯拉尔。他完全应该被现代化。他灵魂内部的冲突不在教皇、教会的权威与他的知识之间，而在他愿意维持教会秩序的同情心。——还有爱洛伊丝。（257）

参本日记第 13 页。（258）

#

181

康斯坦丁·康斯坦丁乌斯的柏林之行绝非偶然。尤其是，他发展了闹剧的心情，并且在此达到了幽默的极致。（259）

#

182

……因为只有生活中挣日薪的人，像工厂工人，他们才会要求在每周六晚上获得报酬，并且不可能等更久（这一点也不奇怪；因为如果他们要为此等太久的话，那他们为之工作的东西就太无意义了）。（260）但是高贵的灵魂有勇气把全部现世变成那一星期，人们在其间工作，但却没有报酬。

［a］甚至在好心没好报的时候，他仍然保持热情，因为这样他才能真正说，他的服务是不求回报的。（261）

#

183▶

诱惑者日记

第二部
魔性论
作者
约翰尼斯·梅菲斯托菲勒斯（262）

注意。这是时代所希望的，因可怕的东西而眩晕，然后想象自己是更好的。它从我这里可得不到这个。（263）

前言

我把这个观念归诸维克多·艾莱弥塔的出版物，遗憾的只是，作者没有去追寻那些任由他处置的出色想法，而是变成建设性的了。（264）

*

场景发生在考黛丽娅家，遇到她时，她已经跟爱德瓦尔德结婚了；——她家中有一个年轻女孩，她才是对象，不过女孩在考黛丽娅家中的事实，这是微妙之处。（265）

*

他每时每刻都牢牢握住那个想法，以此强化了享受，而且他如其所是地沉浸在享受之中，这将是他最后的冒险，——他在所有爱欲的具体情境下再现对那个女孩的简短回忆，以此进一步强化了享受，女孩在女性观的那一面上被毁了，——他再现了自己的整个人生，开显出了他灵魂中那些心理学假设，以此强化了享受。（266）

*

他结识了一个交际花，通过交际花，他建立了一种心理学的关联，以便思考源于男性的诱惑与源于女性的诱惑的关系；——最终，他决心带着那交际花一起跌倒。

*

他撞上了一个唐璜，为同一个女孩。（267）这使得方法容易理解了，但他知道如何利用唐璜成为他计划中的有用环节。◀（268）

#

184

如果一出戏这样开始，那会是搞笑的，（场景在一个男人的乡间客厅，他在跟邻居说话）：

“是啊，我的朋友和邻居，如我所说，我们的关系不会改变，尽管我当上了顾问。”

#

185

道成肉身非常难以理解，因为就爱情的平等而言（不是爱情的居高临下），绝对的显赫人士令自身为卑微者所理解是非常困难的，——这里蕴含的是爱欲的深度，可人们却世俗地将之误解为冒犯和堕落。——假如一位王子爱上了一个卑微的村姑，那么发现平等的任务就会非常艰难。他不仅要隐藏其王者的尊严（不让人看透），而且当那姑娘希望他像王者一样显现自身并且把她提升至自己的高度的时候，他会说：这不合适，这一点恰恰显现出了他身上深刻的爱欲，他所关切的是既不伤害她，也不满足她尘世的虚荣心（在另一个意义上，这是针对她所犯的罪，尽管是她这样要求的），他是真正爱那女孩的，而且与之完全平等。——（269）

#

186
……与时间争斗是最危险的，时间伤人恰如帕提亚之箭，当其飞行时，它总是从后面最猛地进攻。(270)

#

187
黑格尔学派中的体系就跟谢林带到世间的“无限的史诗”一样都是虚构，后者在其时代相当成功。(271)

#

188
……今天一鸟在手，它会飞走，明天鸟会落在屋顶上。——（272）

#

189
何谓此生，生活中唯一确定之事是每个人都无法确切获知的：死亡；因为当我在时，死亡不在，当死亡在时，我不在（273）

#

190
什么是幸福？一个只有当其已经存在时才存在的幽灵？什么是希望？一个一刻不放松的无法摆脱的折磨者；一个比正直诚实更坚忍的狡猾的骗子；一个吵闹的友人，他总是坚持自己的权利，哪怕皇帝丢掉了他自己的。（274）什么是回忆，一个讨厌的慰藉者；一个背后伤人的无赖，一个哪怕有人购买也无法出售的影子！(275）什么是福气，一个给任何想要它的人的愿望；什么是信仰，一根绳子，人们在那里保持被吊的状态，如果他不是自己上吊；什么是真相，一个垂死者带走的秘密。什么是友谊，不过是又一种折磨。什么是期望，一支不动的飞矢；什么是实现，一支错过目标的箭。(276)

#

191

上帝的观念是从人的精神出发，通过与自身和世界的关系发展出来的，而基督的观念是通过罪的意识发展出来的。这一点才是异教所缺乏的，它缺乏的不是什么历史的启示。

#

192

这一点值得关注，斯宾诺莎持续不断地反对奇迹、反对启示等的意见是说，这是犹太人的特点，即令某种东西直接地返诸上帝，越过中间诸因，就好像这只是某种犹太特性，而非所有宗教的特性似的。（277）如果斯宾诺莎归根结底有宗教性，他本人就是这样做的，而且就好像困难并没有在此出现似的：是否，在何种程度上，怎样，简言之：深入探究，它能给尖锐的思想充足的事情可做。

#

193

这是且持续是一个人们无法理所当然地拒绝的观点：就与信仰的关系而言，理性在何种程度上应该被视为是诱惑，在何种程度上理性是有罪的，信仰与理性的和谐在何种程度上反过来又成为信仰的对象。

#

194

那个看出了生活的双重性（二元论）的观点，比寻求统一性或者“使诸阶段趋于统一”（黑格尔关于所有的哲学努力的表达方式）的观点更高更深；那种把永恒视为目的以及普遍意义上的目的论观点，比所有内在性或者所有关于充足理由的说法更高。（278）那种视异教为罪并且接受了永劫的激情的观点，比认为万物归诸内在性之下的轻率思想（线索不严密）的总和更伟大。（279）

#

195

感叹—评论

关于

发表在沙林和英格尔斯托夫特的期刊上的《畏惧与颤栗》的书评

作者

沉默的约翰尼斯（280）

我一读完这则书评，就对我自己说，我们终于有了这个，我说；这位作者是个男人，他解释了一切，解释了所有难点，并且马不停蹄地要去理解它们；因此，请允许我借此机会祝愿这位作者万事如意：欢乐的丹麦，荣耀归于作者，喜悦归于期刊（281）

您的

Joh. d. s.

#

196

在信仰与知识的关系方面只有三种立场：

1）保罗：我知道我所信的是什么。(282)

2）信仰为了理解。(283)

3）信仰即直接性。(284)

在所有这些立场中，知识都要晚于信仰。

#

197

如果一个人在童年时期什么玩具都没有，那此人是被照顾得很好的；因为那样一来，想象就会来照顾他。我甚至惊异地想起了我童年时代的纺锤，我所拥有的唯一的玩具——还有什么熟悉的东西像这玩意一样有趣呢。不过这玩意甚至不属于我。它像真正的纺锤一样有所谓的官方职责，只有当它闲下来的时候，它才成为我的娱乐。（285）在当今时代人们抱怨一个官员集多职位于一身，但它却统一了一切，(286)

#

198

▶ 我出生于1813年，一个疯狂的财年，其时发行了很多糟糕的其他种类的钞票。(287)我的生存是能够很好地与这样一种钞票相提并论的。我身上有某种了不起的东西，但是根据惨淡的市场状况，我一文不值。

而且，这种钞票有时成了家庭的不幸。

199

母亲职责的履行在与常规形式相冲突的情况下看起来效果更好。我今天就看到了一位时尚的女士，她亲自抱着自己的小孩行走。孩子可能是疲倦了或者厌倦了走路，无论哪种情况都不是计划和安排好的；否则可能会有女仆随行。就这样，她走过东大街，丝毫没有发怒，没有尴尬，没有显出坏脾气，而是开心地看着自己的孩子。(288) 这真的是一幅美的景象。

200

面对生活的苦难时一个人略微弯曲是有益的，就像蜡烛芯，一旦弯曲——它就会亮整整一个晚上。

201

我存在着，这是古代世界的永恒假设；我是罪人，这是基督教意识中的新的直接性；一个像另一个一样无法被证明。

202

想要证明上帝存在是万事中最荒谬的。要么他存在，那么我们是不能证明这一点的（就像我不能证明某人存在一样；我至多能让某物见证之，而那样一来我就预设了存在）；——要么他不存在，这一点当然也不能证明。(289)

203

如果对自然的沉思是为了第一种（凡人的）神的意识，那么对启示的沉思就是为了第二种直接性的神的意识了（罪的意识）。战斗就在这里发生，不是把启示的几率之类的东西归咎于人，而是要让他们住口，并且将其神的意识置于罪的意识之下。

204

思想领域中存在着一种讨价还价，一种在一定程度上的理解力，它定会通往胡说八道，就像良好的意愿通往地狱一样。(290)

205

假如基督教能够成为世界中的自然，那么所有的婴儿就不需要接受洗礼了；因为那样的话，基督教徒父母所生的孩子，在出生时必定是基督徒。1）◀（291）罪的意识是且持续是所有基督教徒的必要条件，假如其中某些东西能被豁免，那也就不会有基督徒了。(292）这一点恰恰证明了基督教是至上的宗教，没有哪个宗教对人的意义做出了如此深刻、如此有高度的表达——人是罪人。这种意识正是异教所缺乏的。

1）不过，的确有人想自然化基督教。这里或许无意识地指向了马腾森著名的洗礼理论。(293)

#

206

人们通过教导他人而学习，这无疑是正确的，但有时人们也会因之受到损害。因此，如果一位年轻的神学系毕业生过早地为他人布道，惩罚很容易随后落在他身上。(294) 他会按现有的能力，习惯于把信仰的壮丽描绘得比方说熠熠生辉，富于想象。与此同时，他的行动与他所讲的不成比例，并且他迄今尚无机会行动，因为他很少受到考验。而当目前的情况显示出他不会立刻就成为使徒之类的人物的时候，他很容易就会彻底放弃。

#

207

注意 沉醉于诺言不健康的忘乎所以之中。(295)

#

208

柏拉图（像费尔巴哈这样的人多奇怪啊，他忙于使性别差异成为有效的，在这方面依我看他们最好诉诸异教）已经提出，人类的完美状态在于对性别差异置若罔闻。(296) 他提出，最初只有男性存在（如果不考虑女性，性别差异当然就是无关紧要的了），女性是因被玷污、因堕落才出现的。他指出，坏男人和懦弱的男人死后会变成女性，不过他仍然给予他们重新升为男性的希望。(298) 他认为，在完美的生活中只有男性存在，就像最初一样，也就是说，性别无关紧要。因此，尽管柏拉图和他的国家理念达到了哲学的巅峰，但基督教的观点要高出多少呢。(299)

［a］亚里士多德也说过，动物，事实上就是女性，是失败的和不完美的种。(297)

#

209

事情在根本上是这样的：如果一个人没有首先使用给予他的全部力量反对自身，毁灭自身，那么，他要么是一个傻瓜，要么是一个懦夫，尽管他是有勇气的。一个人被给予的（可能性的）力量完全是辩证性的，对处于可能性当中的自我的真实理解的唯一真实的表达是说，他恰恰有力量毁灭自身，因为尽管他比整个世界都强大，但他却强不过自身。（300）只有首先了解了这一点，我敢说我们才会为宗教制造空间，并且也才会为基督教制造空间；因为对软弱无力的最严重的表达就是罪。只有这样，基督教才是绝对的宗教，因为它把人理解为罪人；因为没有哪种差别能够以此方式承认人与上帝的差别。（301）

210

今天，当斯邦带着他的泰然自若和甜言蜜语之类的东西走上讲经台的时候，他的手势动作幅度很大，有位女仆就坐在讲经台下方。（302）之前她非常平静地唱着赞美诗，但布道一开始，她就开始哭泣。一般来说因斯邦而哭泣是很困难的，尤其在布道开始时哭泣绝无可能，因此我得出结论，那女仆来教堂就是为了哭泣。（303）这是令人颤栗的一幕：讲经台上是装腔作势的神态和大幅度的手势动作；就在讲经台下，他所讲的女仆一个字都没听进去，或者只是偶尔捕捉到一个字，如果她没有把神的殿视为祷告的殿，至少也是视为哭泣的殿，她来这里就是为了把她自上次到此以来所受的侮辱统统痛快地哭出来。（304）真的应该明确要求所有的仆人都在星期日外出，并且

在星期日上午去教堂。(305)——在我看来，女仆是所有人当中最可爱的一类，在教堂和腓特烈斯贝公园都是。(306)

211

我们这个时代的概念是多么混淆啊！这一点在牧师的布道词中表现得尤其清楚。牧师们很博学，总在讲整个世界历史，然后或许在结尾的时候讲一点个体的独特性。(307) 且看他们的那些范畴！我听过一位牧师的布道，讲的是福音书所记载的耶稣升天。(308) 他想要强调其中的历史性，历史上发生的事件；而且形成了一个美好的高潮；也就是说，使徒们不仅以信仰之眼看到了(这一点做到了，并且当然是为迷信的效果之故，结果它并没有成为某种非同寻常之事)，而且还用肉眼看到了（极度感性的手势动作）。他拍打讲经台，结果会众至少可以听到它（即拍打声），而且公众的确信服了。这是何等无穷无尽的胡说八道啊！他的高潮是反向形成的，其间思想冲着他哈哈大笑，因为他的演说不是在上升，而是在下降(从高向低)，于是他增加他的手势动作，从低向高。诗句当中的停顿可能落在错误的地方，它会扰乱思想，这是可以原谅的；但是这样的矛盾——什么样的滑稽这里没有啊！唉，唉，但是人们很少关心精神性的东西，他们根本没有注意这一点。

212

看起来人类言说不是为了掩盖思想（泰拉兰德，在他之前有《夜思》中的扬），而是为了掩盖，他们根本没有思想。(309)

213

理智拒绝幻想和情感所触及的一切。对于理智而言，这一点相当正确；但是情感和幻想同样有权对理智做同样的事。或者，难道情感和幻想不像理智那样本质性地隶属于人吗？或者，难道理智或许首先自己宣称要去证明它是最高的？它想说服谁呢，它自己吗？当然不必。幻想，情感？理智做不到。因此，排他性地相信理智就跟排他性地相信情感和幻想一样，都是极大的武断。这里的真理就在于，降伏理智，宣布放弃理智以便企及真理；因为理智跟情感和幻想一样自私且具有欺骗性。(310)

214

下次我要自称是皮埃尔·拉米，并且把他遭到谴责的历史信息引为格言：他用哲学的雄辩对抗教规。（参《雅各比全集》第4卷，第1部分，“序言”）(311)

215

尼哥底母的确夜间来访，但却并未在黎明时离去。(312) 在夜晚寻找真理，就像是在死人当中寻找复活者一样。(313)

216

任务并非如人类的愚蠢所认为的，要向人类证明基督教的正确性；而是要面向基督教证明自身。(314)

217

情境：

有个男子站在浮桥上，借助望远镜发现水中有东西在动，直到他看清了，他所看到的是水底一个小动物的影子，它待在水面，快要淹死了。首先，他尽可能地弯身下去，想用一根棍子解救它；但是水流使之不可能。于是他脱了衣服，涉水过去，一只手拿着望远镜以便双眼盯着它，因为海水的运动扰乱了景物的平静，——最终解救了它。这件事聚集了各色人物前来观看；警察来了，拘捕了他，因为他在禁止下水的地方下了水。（315）他把小动物拿出来，它看起来就像花大姐那样小，他展示之并解释说，他冒着生命危险下水为了解救它，——所有人都笑话他，警察给他开了罚单！

这里的错误不在于人们无法理解他的同情心（因为这根本不是问题），而在于人们无法洞悉，一个无足轻重的东西竟能借幻想的力量之类的东西绝对地占据一个人的心思。

218

虔敬的自然出发点是惊异。（316）但是，一旦惊异缺乏反思，它就会任人处置，并且想出荒谬可笑之事。假如基督教没有把异教视为罪；假如神性对于一个人来说没有那么神圣，结果人们无法不受诱惑而愿意把荒谬的滥用和错误作为滑稽处理的对象，那么这一点肯定早已发生了。不过，这一点并未发生的事实或许显示出，嘲弄宗教的人在通常意义上有多蠢，他们甚至缺乏足够的精神以把握任务。一个异教的德国人走进大森林，当阳光欺骗性地照射在一根木桩上，结果它看起来像一个巨人，或者当苍白的月光仿佛激活了这样一个形象的时候，——这时，他相信，这就是上帝。（317）对于在浪漫主义环境下对喜剧性做审美感性的把握而言这是充分的优势，——但现在喜剧性来了：这个就是上帝。如果这人再往森林深处多走一会，并且看到了一棵更大的树，这棵树以类似的方式使他感到惊异，——那么，这就是上帝。

一旦反思介入，惊异就会被净化；但这时，理智犯下了巨大的错误，它跟迷信一样愚蠢，认为反思应该把惊异带走。不！反思带走的只是人类自己的发明，对此迷信甚至并不知晓，——但是如此一来，人类恰恰立于正确的决断之处，那里是绝对的惊异与真正的神性相呼应之处，后者是理智不曾想过的。这里才是信仰开始之处。

*

219

因此，这也是喜剧性的（反讽的任务），即当人们说一位国王把基督教“引进”他的王国的时候，就像人们引进了品种优良的羊一样。（318）基督教恰恰是唯一不能被引进的东西。

220

我原本有意撰写一些“婚礼演说”，用与我的建设性演说相同的风格，因此相关方面的关系以纯粹诗性的方式安排。（319）

221

这是阶梯

直接性。与此相关，甚至所有的概率可能性都是愚蠢（就像相爱——当苔斯德蒙娜爱上奥赛罗的时候）。(320) 如今，多数人生活在一定程度的反思之中，因此他们永远不会在纯粹直接性的意义上行事，而是对直接性和反思浅尝辄止。——当反思被完全耗尽之时，信仰开始了。这里，以概率可能性或者反对意见行事同样也是愚拙的；因为为了企及信仰，所有诸如此类的中介环节都必须被清空。结果，反思所能想到的一切，信仰都已经想过了。

222

这是哈曼关于抽象定义所说的妙语："思辨的处女之子。"(321)

═══ ◀ (322)

223

笛卡尔的命题：我思—故我在，从逻辑上看就是文字游戏，因为：我在，在逻辑上无外乎意味着，我是思考者或我在思考。

参《雅各比全集》第 2 卷，第 102 页注释

#

224

培根说：时间堪比河流，它把轻的和漂浮的东西带给我们，而让固体和沉重的东西沉底。(323)

《雅各比全集》第 2 卷，第 134 页注释

#

225

如果有人说，信仰依靠权威并且因此把辩证性排除在外，事实并非如此；因为辩证性始于去探问，人是如何屈从于这个权威的，人是否能够自己明白为何要选择它，这是否是偶然的；因为在那种情况下，即当他本人意识到这是偶然的时候，甚至对于信仰者而言，权威都不再是权威了。(324)

#

226

平静的绝望（325）

一篇小说（326）

英人斯威夫特在年轻时建了一座精神病院，年老时他自己住了进去。据说，他常常观察镜子中的自己并且说：可怜的老人。(327)

从前有一对父子。两人在精神性上才华横溢，机智风趣，尤其是父亲。所有认识他们家并造访过的人都确定无疑地认为那里很有趣。通常他们只在俩人之间辩论，像两个聪明人那样使彼此愉悦，而不像父子。罕有的一次，父亲看着儿子，他看到儿子十分忧虑，于是他静静地站在儿子面前说：可怜的孩子，你陷入了平静的绝望。但是遗憾，他从未进一步询问儿子，他做不到；因为他本人也陷入了平静的绝望之中。除此之外，他们从未就此事交换过一个字。但父亲和儿子或许是人类记忆史上最忧郁的人当中的两个。

这就是“平静的绝望”的来源。它从未在其他地方使用；因为通常而言，人们对绝望另有看法。只要儿子冲着自己提到那个词：平静的绝望，他就会哭泣，部分是因为他感到了无可解说的颤栗，部分是因为他记起了父亲动情的声音，他就像所有的忧郁者一样简洁，但又道出了忧郁的精髓。

父亲认为，他是儿子的忧郁的原因，而儿子相信，是他造成了父亲的忧郁，因此他们从不在一起谈论此事。父亲的那次爆发是他自己的忧郁的爆发，当他说出来时，他更多是在跟自己而非儿子说话。

#

227

我在《忧惧的概念》中对一名旁观者所做的不经意的描绘可能会使某些人不舒服。(328)不过，这描绘恰如其分，就像作品中的水印。我与我的作品一直保持着绝对的诗性关系，这是我采用假名的原因。(329)就在这本书展开某些主题的同时，与之相呼应的个体也被勾画出来了。“哥本哈根的守望者”就描绘了好几人，而我在书中也对他做了不经意的描绘。(330)

#

228

这也是在基督教形成过程中所出现的那些错误的高潮之一。人们用语词和图画来描绘基督的形象，人们说：单单这样一个观念就足以令每一个人感动，更别提现实性了。而实情是，让理智崇拜观念远比让它相信现实性更轻松，且更少危险。结果人们悬搁了真正的论点：这就是上帝。

克劳狄乌斯著作中的一个段落可以作为例子，《雅各比全集》第 3 卷、第 282 页曾引用过。(331)

#

229

这无论如何都是令人震颤的传神之言（尽管有所不同，它就像亚伯的血向天堂呼喊的声音那样令人震颤），当我们读到亡者让人刻在墓碑上的墓志铭的时候，那最后的话，最后的意愿，最后的呼喊，他把整个灵魂置于其中。（332）与这种评论相比，牧师所有的胡言乱语算什么呢。圣灵教堂地下室有一些带铁条的小窗。(333) 上面绘有骷髅，还有简短的格言相伴。(334) 亡者以此方式从坟墓中向人们呼喊。——死亡最后的挣扎，这里不再有时间提供优质选择，或者讨论范畴，或者异教与基督教之间的差异。(335)

#

230

在事关对罪的宽恕的理解上存在着巨大差异，同样的罪，一个人会宽恕另一个人，坚信上帝将会宽恕那罪；但若轮到他自己，事情就悬了。（336）哲学的闲谈什么都没解释，什么都没理解，只是超越，它自然是不会停留在罪之上的。（337）但超越的首要条件在于，人们应该以这样的方式成为有罪者，即当所有其他人都能找到宽恕的理由的时候，他自己却找不到。人们乐于认为，对于其他人而言，有非常多的东西必须谅解；但对他本人却无从谅解。——这一切完全正常，如果不让整个生存在可有可无的关于波斯、中国的闲谈中消解，那么这种对主体性的强调就是必要的。(338)

#

231

在古代，人们因出身高贵、拥有财富等而获得重要性，如今人更自由、更具世界历史性了，如今我们所有人都因生于 19 世纪而变得重要。——噢，神奇的 19 世纪。噢，令人羡慕的命运。

#

232

我或许可以使我的建设性演说更独特：为国王和王后的建设性演说，——为乞丐的，凡此等等。(339)

#

233

雅各比以排斥的方式（也就是说，情况并非如此）所说的关于善、美、真的观点，说它们是因迫切需求才引出的理念，是绝望的范畴，事实上是信仰的关键（畏惧与颤栗），而且是信仰的意义。(340) 信仰是人只在迫切需求中才发现的理念，而且是一个绝望的范畴。

《雅各比全集》第 3 卷、第 435 页。

#

234

在天国与尘世之间没有永恒和谐（预定和

谐）吗？（341）

#

235

上帝的确是人所从事的全部事业的中间项；宗教事务与单纯的人事之间的差异就在于，后者并不知道这个差异——因此，基督教是上帝与人之间最高的联系，就因为它使人意识到了这个差异。（342）

#

236

在一则建设性演说中被删除的段落：关于肉中刺。（343）过于幽默了。

或许生活中有时会出现前述情况，既然我们要谈论痛苦，而且这些时代的独特性看起来是说，人们不太容易通过荣誉、权力和优越感而妄自尊大，而是更容易通过痛苦；既然在视痛苦为真正的教育手段方面是有深刻真理的，那么我们在此提醒注意其中的谬误或许就是有用的。但是，既然我们并无训诫的权威，那我们就选择一条其他的途径。因此，我的听众，对我将要讲述的东西微笑一下吧，它是且将一直只是一则建设性演说，如果你通过听它而冲自己发笑，那么这演说就带动你达到了自我训诫。从前有个男人，他有一匹跑马；每次他骑马回家，都有些精疲力竭，但他对这匹马满意，对骑马感到开心。一天，有人借走了这匹马，那人很快返回，用极强的言辞解释说，这马踢腾得厉害；但马主人回答说：真的吗，我从来不知道啊；因为我从未骑过其他的马，我认为马就是这个样子，这种剧烈的动作就是乐趣的一部分。不过从那一刻起，在他身上发生了变化；他不再骑马，因为他无法找到任何一匹舒服的马，还因为他最终希望的是不可能的事，马的活动应该在人感觉不到的情况下进行。同样，我的听众，或许有很多人承受着生活的忧和苦难，相信生活就是这个样子，无论如何这都是喜乐；直到有人告诉他，这太可怕了，从此他不再感到快乐，却因他的不快乐，因他能拒绝生活中的一切而极度自负。——

#

237

别误解我关于悲情和激情的所有言论，仿佛我倾向于认可每一种未行割礼的直接性和每一种未经修饰的激情似的。(344)

#

238

在 1748 年出版于法兰克福和莱比锡的费奈隆《传记与原则》的章节中，我读到了关于佩里安德罗斯的事，之前我没读过，它极有趣且有诗意。

见该书第 80 页下至 87 页底端。(345)

#

239

丹麦哲学，假如能够有这样的东西的话，将会不同于德国哲学，它根本不是始于无，或者没有任何前提，或者通过调和解释一切，因为相反的，它始于这样的命题：天地之间有很多任何哲学家都无法解释的东西。(346) 这个命题被吸收到哲学当中，它将提供恰当的校正，而且还为

这一切投以幽默的 - 建设性的情绪。

#

240

假如我归根到底（尽管我很想让人分享我的观点）有权运用我的技艺去赢得一个人，最终这难道不是在某种意义上欺骗他吗。假如他看到我感动了，激动了，激情洋溢等等，他便会采纳我的观点，结果出于跟我完全不同的理由，而且是一个错误的理由。

多数人可能根本不理解演说是怎么回事，如果人们有任何技艺可使，那就使出来吧，真的，一个不使用技艺的人就是一个不道德的人，他不知义务，缺乏严肃性，自私等等。回答是：呸！（347）

#

#

241

这段时间我非常懒散，什么都不在乎，当我在忧郁中呻吟的时候，我唯一想要的就是：骑在一匹马上，“眼望一个女子，她站在城堡的阳台上，挥舞她的面纱。”（348）我想让这城堡位于森林中，不过阳台要能从远处看到，森林前要有一块草地，三叶草田，一道小沟将它们隔开，我要在草地上骑马——但城堡里那可爱的人不要那么清晰，她本人几乎可与面纱浑然一体。这将发生在下午，当阳光柔和的混合体

——或者在夜晚，当海天一体的时候，然后，这种联系断开了，越过海水看到她站在岸边，挥舞面纱，不过要这样安排，她本人和面纱可与夜晚

的雾霭浑然一体。

#

242

这是且将持续是最严重的良心拷问，当一个人并不知晓其痛苦的根源是精神错乱还是罪的时候。自由在其他地方被用来作为斗争手段，此处却以最可怕的矛盾而成为辩证性的。(349)

#

243

这难道不也是突袭吗，上帝放在一个人身上的大手，为了使其感到谦卑，同时也是一只祝福的手。(350)

#

244

个体生活中的沉默就像女子的童贞，打破这童贞的男子就像要进行第二次恋爱的女子，而要进行第二次恋爱的女子则像一枝被折断的花。

#

245

在生活中我的情感状况就跟那个陷入金钱困境的英国人一样，尽管他有一张百元英镑的钞票，但他所到之地却没有任何人能找得开。(351)

#

#

246

实际上只有唯一的一种质，那就是个体性。一切都与此相关，而且这也是为什么每个人以质的方式去理解关于自身的东西，对于他人他会以量的方式去理解。个体性就是这样做的，但并不是每个人都愿意拥有它。

#

247

我在根本上是多么缺乏耐心，对此可以从下面事实中最清楚地看出，孕妇在我看来最可怕，因为必须持续整整9个月，于是所有的意愿，所有的激情，所有的努力都无用武之地。

#

248

每个闯世界的人至少是有所希冀的——如今的希冀是对最小的事的忠心。（352）但那个闯世界人，除了珍贵的回忆外一无所有，除了忠于记忆外无所期待，他对最小的事也是忠心的，他应被给予更多的权柄；因为这样的回忆对他而言将成为永恒。

#

249

我的听众：真是奇怪，生活中当然不是每个人都会成为作家，那是需要多种才华的。唉，不过到墓园走走，看看那些坟墓，看！偶尔会有一个人始料未及地成了作家。（353）那些简洁的碑文，一个虔诚的字眼，一个提醒，比如说，对虔诚者的回忆是祝福。（354）——那里万物都在布道；因为正如自然在宣讲上帝，每座坟墓都在布道。有一座墓碑上雕有一个年轻女子的胸像，她从前肯定是可爱的，如今墓碑下陷，坟墓四周长满荨麻。看起来她没有家人。（355）——另一座墓里藏的是位武士，他的头盔和宝剑放在棺材上，下面写道，对他的回忆永世不忘。（356）唉，护栏上方的小门已被拽下来，人们跃跃欲试想伸手拿他的剑，去保护他，他不能再这样做了——那些哀悼者相信，对他的回忆永世不忘。

#

250

在《我的生活》中歌德只是一个针对非常规行为的才华横溢的辩护律师。（357）他没有在任何地方实现理念；但却用言谈使自己远离一切（远离姑娘，恋爱观，基督教等等），他能做到。

[a] 不过“一切”是个非常贫乏的东西，如果人们想要它的话，他与一个罪犯只有程度上的差异，罪犯也用虚构的方式为罪行开脱，“用虚构的方式使自己远离罪”。（358）

#

251

假如有人想对下述命题的正确性表示怀疑，即我们生活在一个动荡的时代，那么他要想一想，格伦德威牧师活着呢，一个远远超出阿基米德的男人，他甚至不需要或者从未想过需要一个支点以使天地运动，不，他在没有立足点的情况下做到了。（359）他需要很少的东西，或者更准确地说他甚至什么都不需要就能制造出如此巨大的影响，而且既然我们知道他能无故发怒，那么我们不难洞悉，这时代不仅是动荡的，而且与这样一位北欧斗士生活在同一时代实际上是令人恐慌的。（360）

#

252

这很值得注意，一个年轻姑娘越是纯洁，她就会是第一个承认有罪的人。这令我十分高兴，因为实际上就是通过这个现象，我才对思考罪并将一切置于罪之下这一点感到非常困难；对于我们其他人来说，这一点相当容易。（361）

#

253

为了证明真理的正确性而诉诸“多数人”，诉诸当今时代以及各个时代的帮助的人（不涉及事实性真理，因为那个恰恰是纯粹历史性的），他涉及的是永恒，是永恒真理，他恰恰通过自己的证明反驳了那真理；因为真理恰恰在于说，各人要将自己的事在神面前说明。（362）这（即真理）是他不会理解的，但他仍想去证明其正确性

#

254

当一个人寻求清静的独处时，受到惊吓是足以致命的。不过如果被一个迷路的人或者被或许很少去的聚会所惊吓，那还凑合。可是在找到了独处的隐蔽所后，突然被一个寻求同样东西的孤独者所惊吓，这就如同成为一个发疯的男子或一个[a]歇斯底里的女子的执念的对象一样致命。

a（《警察之友》把这个词写为 hylsterisk。）（363）

#

255

我现在想写情境演说，而非建设性演说。

（364）婚礼演说，忏悔或者墓前演说。（365）

#

256

普通人用来描绘临终的字眼是美好的：上帝或我主会为他解释清楚的，也就是说，就在最黑暗的时候，因为哪里会像坟墓中一样黑暗呢，上帝会带来光明。（366）

#

257

第二次婚姻只不过是一个平庸的盗版，一个乏味的第二版。（367）

#

258

有人埋头与神圣事物打交道，频繁去教堂，祈祷，阅读灵修书，唉，在这方面他比很多人做得都多。（368）但是，假设上帝根本不关心这些，假设他带着无限的优越感说：你跟我何干。有人能够忍受这种想法吗；因为不去想这些事并没有那么困难。

#

259

一位年轻母亲（美丽，背部挺直，披天鹅绒披肩，自信干练）和她的小儿子在一起。她完全不受男孩的小淘气所干扰，坚持进行祷告，在弥撒时唱诵所有的赞美诗。她弄懂了小心谨慎的规则，她让男孩坐在教堂长椅上，男孩自己照管自己，而她则完全沉浸于神的事物之中。唉！通常父母们都忙着让孩子们安静地坐着，仿佛这是他们在教堂要做的事似的。看到她选择了唯一不可少的是多么美好，她问题解决得多漂亮。(369) 在纯粹审美感性的意义上，我感谢所有善意的保护神让一切静谧地进行，而且我不会轻易忘记这美丽的画面。

#

260

把时间与永恒（就是通常说的死亡）互换，运用到建设性作品中会产生强烈的效果。(370)

#

261

注意

同一律在某种程度上高于矛盾律，它是矛盾律的基础，这一点并不难洞悉。(371) 但是，同一律只是人类思维的界限，犹如蓝山，犹如画家所称之为的基线——绘画才是正事。(372) 只要我活在时间当中，同一律就只是一种抽象。因此，没有什么比让自己和他人幻想，通过放弃差异我们就会思考万事万物的同一性更容易的了。但是我们不得不向这样的一个人发问，他是如何生活的，因为在同一性当中，我在时间之外。于是，同一律在时间当中的唯一伦理后果就是自杀。只要人们生活在其他范畴而非写进书里的范畴当中，混乱就会因此产生——噢，可悲的书籍写作。

只要我活着，我就活在矛盾之中，因为生活本身就是矛盾。一方面我拥有永恒真理，另一方面则是多样化的生存，严格说来人类不可能穿透这生存，因为那样的话，他就必须是全知的。

因此连接的链条是信仰。

同一性永远都不能成为起点，它只是终点，也就是说，人们通过抽象持续地达至同一性。(373)

#

262

开端的辩证法无疑是平庸的，不过人们忘记了一个方面，即开端必须是一种断裂，也就是说它预设了一整条思路，以便抵达开端。因此，无前提的开端根本不存在；因为即便没有预设其他的东西，那个我从万事万物当中进行抽象的行为是要被预设的。(374) 但是我根本没有时间这样做；因为那样我根本无法开始，既然我是在竭力从万事万物中进行抽象。

#

263

这段时间我深受思想无声的恶心感的折磨。有种忧惧笼罩着我，我甚至说不出口我不明白的是什么东西。跟尼布甲尼撒一样，我不仅请求梦的解析，而且还要让人们告诉我，我曾经梦到了什么。(375)

#

264

一个开端从来就是一个决定，而一个决定实际上是永恒的（否则它就只是花招，且未来的考察将证明其为怀疑）。比如，当我决心要学习逻辑学的时候。我会倾注全部生命。否则它毫无益处，我只是为第二次考试学习而已。(376) 与此同时，疑虑来了：逻辑学能否作为生活的目标，或者能否安全地将全部生命倾注其上。假如我没有做出如是或者类似反思，我就不是凭借决心开始，而是凭借才能（或者凭借愚蠢—时尚等等，只为参与），结果我就是以直接的方式开始的，这什么都解释不了。

归根结底，这就是为什么现代科学变得如此可疑、而且对单一者该如何行动缄默不语的原因。(377) 人们无法理解从事现代科学的人的原因是，他们并不知道自己是如何做的。即使言之有物的著作也总是隐藏着谬误，因为作者并不理解自身，而只是理解了某种知识，后者比前者远为容易。

#

265

假如黑格尔写完了整部《逻辑学》，并且在“序言”中说，这只是一个思想试验，他甚至在很多方面都是在回避问题，那么他必定是有史以来最伟大的思想家。(378) 如今他是滑稽的

#

266

最高原理只能间接地（否定地）加以证明。对这个想法的展开可在灿德伦堡《逻辑研究》中不止一次地找到。(379) 对我而言重要的是跳跃，还有就是去揭示，至上的东西只能作为界限被企及。

[a] 参灿德伦堡《要素》第15页下和第16页上，以及《逻辑研究》中的多个段落。(380)

就三段论的式而言，得出否定性结论的可能性远比得出肯定性结论更大。参灿德伦堡《对亚里士多德逻辑学要素的解释》第58页。(381)

从类比和归纳中人们只能通过跳跃得出结论。

所有其他的结论在本质上具有同一性。(382)

灿德伦堡看似根本没有注意跳跃。

#

267

直接性在亚里士多德那里的双重含义。

灿德伦堡《对亚里士多德逻辑学要素的解释》第 109 页，参考 § 51 节。

在黑格尔哲学当中，对直接性的使用部分是武断的，部分是微妙的（在感性的意义上）。

#

268

能够持续地做同一件事是一个好征兆；因为只有吉普赛人才会一朝到某地，便永不折返。(参《普莱斯欧撒》中吉普赛老妪的唱段)。(383)

#

269

就像雷盾令同一批士兵在不同的街道上来回行军，以此他在士兵数量方面欺骗了瑞典人一样——（384）就像那个在元旦当天看到活跃的消防队员不知疲倦地在街上奔走做新年祝福的人一样，他或许以为消防队人数庞大，尽管他们只是同一批人。同样的，人们也会认为，当今时代真的是激荡的，当今时代真的有话要说，但实际上它有的只是那些相同的贫乏的话语方式，它们在一条岔路上来回走动，这些贫乏的话语方式有：这就是时代的要求，一个早已被感受到了的渴望，危险就在门口。（385）于是乎，当今时代的要求是一部新赞美诗集；海贝尔认为是天文学——或许应该选择天文赞美诗收入附录。（386）——我认为，时代只有一个要求，那就是被蒙蔽。这个要求肯定会满足。

#

270

注意。上帝只在奇迹中才能向人类显现，也就是说，人一旦看到了上帝，他看到的就是一桩奇迹。但是，对于人来说，他不可能依靠自身看到奇迹，因为奇迹是他本人的毁灭。这一点犹太人曾形象地表达为，看到上帝即是死亡。（387）人们或许可以更准确地说，看到上帝或者看到奇迹是因为荒谬，因为理智必须让位

［*a*］注意。

#

271

关于悖论的讨论逐渐多了起来；不久关于悖论的谈论就会使悖论成为一种流行观点。（388）但这些人真滑稽，他们一劳永逸地借他们所言说的东西而免于思考，他们无非是渴望得到一个新词去传播。

#

272

智者高尔吉亚应该说过这样的话：悲剧是假象，由此而上当受骗者要比没有上当受骗者更有正义感；而且上当受骗者比没有上当受骗者更智慧。——这一点所涉及的是：表演艺术是且将是一种欺骗。——罗彻尔在其《戏剧表演艺术》一书中引用此言，柏林 1841 年，第 20 页注释；而且引自博德《希腊诗艺史》一书。(389)

[a] 这一点在很多方面都是有效的，上当受骗者，即让自己被骗的人，比没有上当受骗的人更智慧，比如在与幻象和热情的关系方面。

#

273

《酒中有真言》中的很多内容看起来或许会非常感性；我已经听到公众强烈的抗议声了，不过与歌德在《威廉·迈斯特》中的菲利尼相比，这算得了什么呢。(390)

#

274

瑞秋儿说：好吧，当母亲难道就是——这样。(391) 生活中有多少事情不是如此呢：就这样。

#

275

埃斯罗姆湖畔

阳光位于前景。云聚集在秃鹫林的上方（朝向核桃居）。(392) 云向埃斯罗姆方向移动，树林在它下面弯下了腰（因为风）。一切看似一支军队，一群迁徙者；云就像在侧面护卫的轻骑兵。

#

276

滑稽性从来都在矛盾之中。假如有个男子经营酒馆的申请被拒，这并不滑稽。(393) 反之，假如有个姑娘申请从事性服务的许可被拒，此事时有发生，这就是滑稽的，它包含了很多矛盾，因此非常滑稽。

277

假如经营酒馆的许可被拒是因为酒馆太多，这并不滑稽，但是假如他被拒是因为酒馆太少，这就是荒谬可笑的了，就像穷人向面包师讨食时面包师的回答：不行啊，妈妈，她什么都得不到，我们不能给所有人啊，刚才有一个人，他也没得到任何东西。(394)

=

278

诱惑者的演说就像人们所称之为的飞云。(395)

#

279

当我读到罗彻尔书中的伦理腔调的时候，我就在想，在我个人生活当中，我也正确地运用了它，既作为诗人，又作为演说家，在涉及我与雷吉娜的关系、婚约事件的膨胀以及她的某种死亡时，我曾说：她将选择尖叫，我选择痛苦；现在我可以说，她选择了尖叫，我选择了痛苦。(396)

#

280

雪莱在其诗作《普罗米修斯》的导言中这样评论，在他看来，普罗米修斯的理念比魔鬼的理念美得多，因为普罗米修斯纯洁，崇高，他不像撒旦那样已堕落且正在堕落。(397) 这是真的，但这里另有麻烦：在直面上帝时思考一个如普罗米修斯这样的合法理念。撒旦也许是了不起的，不过，他的堕落恰恰使得人们能够将他与上帝一同思考。

#

281

注意

所有关于把绝对对立面统一起来的更高的统一性的讨论，只不过是针对伦理的形而上的谋杀企图。那么，关于肯定性和肯定的东西的愚蠢讨论亦然，说人是一种否定的精神，但说话者却是肯定的精神——胡说八道！一个人拥有同等程度的肯定性和否定性。自由从未遗忘自由的这种辩证来源。这一切只是因为人们对于范畴漫不经心，人们讨论善，赞扬它，或许引用一个例子，看，这就是一个纯粹的直接的规定性，比如一颗善心，人们所说的一个好人。人们说应该怀疑一切，而当人们这样写哈姆雷特的时候，他们就会在胸前画十字，说这是反思病，说哈姆雷特尚未达至怀疑一切的程度。(398) ——惨了！惨了！惨了！西本堡。(399)

#

282

我愿意把巴格森的话用到大卫教授身上：凡

事皆有终结，哪怕是N先生第三次翻转的外套，哪怕是雅斯泊·莫顿晚祷式上的布道，皆有终结之时。(400)

#

283

人物台词

“我太太在当姑娘的时候曾教我写短句子；因为她有时跟我坐在一起，每当一个句子结束的时候，她都答应给我一个吻。于是在我学会了写短句子的时候，这是我的评议人赞扬我的原因，我结了婚，然后我太太教导我，不值得费力去写书。

[a] 实际上这是为《是与非》当中的法官准备的。(401)

#

284

旧时的衣服一定非常精细，它的反面也有短绒毛。因此人们可以把一件外套翻转两次（父亲就是这样处理他的瓷器服的），只有那样，外套的两面才能都被翻转并且刷净。(402)

#

285

格伦德威的愚蠢之处在于（如今他完全出局而进入了杂耍剧，对此他一直有种癖好，包括他凭借鲁莽而欲成为预言家和先知，但他没有意识到，这样的人物必须根据基督教所面临的全部危机而有所改变），他总想拥有精神的确定性。(403) 拉斯·马蒂森式的坦率直言和别出心裁即由此而生。(404) 幸运的是，他选择了“女士们先生们”这样的字眼，这绝对会令人想到鹿苑的游乐场。(405) 跟他的别出心裁一样的，还有那些敞着领口的人发出的：噢！啊！哈！呵！

(406) ——一群感叹词的护卫者，格伦德威为自己赢得的唯一阶层。——借助演讲他意在制造一种巨大的效果。噢，是的，尤其是在晦涩的方向上。(407) 顺便提一句，他或许还能通过倒立的方式制造效果呢。最终，流汗，皱眉，拍打额头，自足地微笑，在精神的力量的作用下眼看着晕倒，凡此等等，证明他所教导的是真理。这就像赫尔维格为了基督教的荣耀跳上讲经台，可能想用他能够在空中跳起一尺高的事实证明基督教是真理一样。(408)

[a] 对我而言同样滑稽的是，当一个强壮如牛的牧师在祷告时为了显示他是在真挚地祷告，他摆出了角斗士的造型，结果他显示的是胳膊上的肌肉运动等等。为了祷告并且真挚地祷告需要的不是肌肉——而且这也不是那种精神的和内心性的颤栗。

#

286

意识的前提或者严格说意识的音调在持续升高，但在其内部，相同的事情在重复着自身。众所周知，连续炮轰会使人耳聋，不过同样为人所周知的是，人们会习惯连续炮轰，结果人们能听到每一个字。(409) 因此，比方说，在现代而非古希腊，人们在寂静中听到的却是噪音。这种噪音对古希腊人来说是太过分了，不过我们仍说话，就像在连续炮轰中一个人想说什么就说什么，因为炮声对他而言是寂静。

#

287

演员的艺术与现实性的艺术之间的差别。

一个演员应该看似激动，实则平静（假如他真是平静的，那么他失败了）。(410) 在现实当中，一个人应该看似平静，尽管他是激动的（假如他不是真的激动，那他失败了，平静过于容易了。）

#

288

阅读亚里士多德《论灵魂》第三部、第三章时，我感到非常奇怪。(411) 一年半前我开始写作一篇小论文《论怀疑一切》，在那里我首次尝试着进行了一点思辨性的展开。(412) 我使用的动机性概念就是：错误。(413) 亚里士多德也是。(414) 那时我一点都没读亚里士多德，但无疑读了一些柏拉图。

但是希腊人一直是我的慰藉。那些通过黑格尔进入哲学的被诅咒的谎言，那些对希腊著作的旁敲侧击和背叛，以及断章取义和随意发挥！

赞美灿德伦堡；他是我所知的最清醒的学者之一。(415)

#

289

注意。我必须再出一本像尼古拉斯·诺特宾尼所写的《前言》那样的战斗性的小册子。(416) 我认为可以用这样的名称：字帖，或多种字体字帖。(417) 然后人们可以戏仿具体的字体。这样做也是为了能让反讽的优点更加突出。

#

290

这一点是显而易见的，即政治在古希腊所占据的位置在基督教国家（真正的民众的）是由宗教占据的，人们谈论它，且通过演说产生效果。(418) 因此，亚里士多德的《修辞学》在纯粹形式的意义上会对宗教问题有诸多启迪。(419) 所有关于存在与非存在的问题在亚里士多德哲学中根本找不到（他的“第一性实体”和“第二性实体”是完全另外的东西，参《范畴篇》），他将之移至《修辞学》，尤因其将激发信念。(420) 信念，他使用的是其复数形式。(421)

#

291

如果我没记错，在《米娜·冯·巴恩海姆》中，莱辛让其中的一个人物说，一声无言的叹息是向上帝祷告的最佳方式。(422) 这听上去相当不错，但这话实际上意味着，人们不敢或者不愿与宗教打交道，他只是偶尔凝视宗教，就像凝视生存的边界——蓝山一样。如果一个人每天都穿戴宗教，灵魂拷问就会出现。(423)

#

#

292

有很多聒噪的和爱出汗的人愚蠢地认为，他们的愚蠢就是严肃，并且相当严肃地—愚蠢地想让别人相信这一点。(424) 因此人们所称之为的严肃就是所有态度当中最容易的一种，而实际上严肃是极致的反思最为精致的结果。换言之，一个没有戏谑能力去控制其严肃的人，他会变得像贺伯格笔下的杰罗尼姆斯一样严肃。(425) 那种虚伪尖叫的产生原因就在于此，这是冲着所有那些并不愚蠢、但却机智风趣和爱开玩笑因而严肃到点上的人们而发出的：他不严肃。事实恰

恰相反：一个不是每时每刻都敢于让自己的严肃接受玩笑的考验的人，他是愚蠢的，滑稽的

#

293

我把瑞兹寄给我的一本小书还回去了，但我想记下书名：

《论黑格尔哲学中的美学》，维廉·旦泽尔，汉堡1844年。(426)

#

294

哈曼的所谓良心婚姻不是公民性的，这究竟是什么意思。罗斯在第三卷“前言”中仅提到了这一点并且说有份文件，但他不敢发表。(427)此外，他引用了莱夏特1812年的《天文女神》。(428)

必须调查

#

295

▶这里有件事十分怪异：哈曼说，对于上帝而言，没有什么会被遗忘，但人类却有一些理念和想法，人们一生中仅有不超过一次的机会获得，——这个说法，就是这个说法在第三卷和第五卷中共出现了两次。(429)我在我的书上对它们做了标记。

◀ (430)

296

淡啤酒能像烈性啤酒一样强烈地起泡，所不同在于，淡啤酒的泡沫至多持续一分钟，而烈性啤酒

的泡沫则跟其劲道成正比。人也是如此，人的不同不在于有些人能冒泡，有些人不能，他们都有时间这样做，但问题在于，这泡能持续多久。

#

297

▶ 父亲去世的时候，西伯恩对我说："现在您永远都得不到神学学位了"，然后我得到了学位；假如父亲一直活着，那么我永远都得不到它。（431）——我解除婚约的时候，彼得对我说："现在你堕落了。"（432）但显而易见的是，假如我有所成就，我是因这一步而为之的。

◀（433）

298

那些由对世界、对自然、对自我以及对事件进程的考察而生的怀疑是与对上帝的信仰相反对的——相同的怀疑或许会针对基督教而生。对于基督教，我并不要求比确信上帝存在更大的以及其他的确定性。——这个平行关系有朝一日或许值得去展开。——

#

299

便衣警察（434）

应做戏剧化的处理。

一个魔鬼式的人物，他本人很容易成为一个乐天派，实际上他是一个杀手等等，但他现在是法制系统的公务员。（435）（错失了的童年和青年时代使他憎恨人类。）

[a] 他的行为中应有某种不确定的东西，其根源在于他内心的不确定性，但是当他冲自己和他人撒谎的时候，他解释说那是计谋。他的不确定性并不是谎言，

整个法制观念只能作为对贫困的自卫，就像斯巴达人与海洛斯人的关系一样。(436)（理念的矛盾）。

矛盾在于，这样的一个人物却服务于法制系统，而且他干得非常好，他是最出色的。

但他随后将之解释为微妙性这一点却是。有时他会说出他并不愿说出的真话，但他随后却撒谎并且解释说，那原本是为了侦察他人。

300

我愿意在私教课的标题下，用尽可能精细的方式描绘一位女性角色，她因其可爱的适度羞涩的放弃而伟大（如一个被理想化了的考内丽娅·奥尔森，她是我所认识的最有吸引力的女性，而且是唯一迫使我崇拜的女性）。(437) 她本应有这样的经历：她的妹妹与她本人所爱的人结婚。这是为放弃而生的冲突。

#

301

一则与“撒种的比喻”相对立的比喻。(438)

它应事关布道者。

一位业主给他的仆人们每人同等数量的优质玉米种子。(439)

但一人把种子存放在潮湿的地方，结果种子坏掉了，过早地发了芽。

一人把它们与普通种子混在一起。

一人想：种子现在归我了，我为什么要把它们播撒出去呢，于是他把种子卖了换成钱。

一人真把种子播撒了出去，但他是漫不经心地播撒的，就好像这些种子一文不值。

一人播撒了种子，但却付出了高昂的代价。

这是无稽之谈，因为理念的统一性并未被保持；但它是可用的，想法很不错，尤其是可以作为演讲的结尾或者开头，以便清除错误认识。

#

302

一个轻浮、虚荣的个体总是对使徒的杰出性有非同寻常的认识，如当一名使徒是多么幸运，多么光芒四射；一个谦卑、深沉的个体总是对使徒所受的磨难有非同寻常的认识。

303

受欢迎的人

一个人不会因使用专业术语而不受欢迎；因为那是偶然的，这些事会接二连三地发生，甚至会落在最质朴的人身上。

一个彻底思考一种思想的人是且持续是不受欢迎的。因此苏格拉底不受欢迎，尽管他不使用任何专业术语，因为坚持他的无知比坚持整个黑格尔哲学使生活更艰难。(440)

#

304

让伤口敞开的确也是健康的：一个健康的、敞开的伤口；当伤口愈合时，有时情况会更糟(441)

#

305

应该引进一种新科学：基督教演讲术，按亚

里士多德《修辞学》的风格建构。（442）所有教义都是误解，尤其是它发展到今天的样子。

#

306

在古代，人们相信他们所听到的都关乎自身：故事讲述的就是你，一切都关乎自己。而今天，每个人都相信自己能讲述一个故事，它关乎整个人类，但却与己无关。（446）

#

307

一个被时代误解的天才，他用一个更好的来世安慰自己。（447）这话对于人类来说看似是伟大之言，但实则是虚弱之语。世界多多少少总是一样的；或者说，那珍视他所说的话的一代人就要更优秀吗，因为那是他说的话？崇拜他的一代人同时把后世将要崇拜的一个同时代人钉上了十字架，因为世界总是相同的，它所不能忍受的就是与伟大同时共在。——我无法理解的是，一个天才怎么会忙于这类事情。不，比方说，希望有朝一日遇到苏格拉底，为的是能够与他在美好的对话中交换意见——然后既不理会身处的时代，也不理会来世。（448）

#

308

假如有位国王为了不被认出而穿得像个小贩，碰巧有个小贩长得酷似国王，结果人们会笑话他们两个，但理由相反：笑话小贩是因为他不是国王，笑话国王是因为他是小贩。（449）

［*a*］这里还可以考虑卡尔尼德斯的可能性学说，参瑞特尔《哲学史》第 3 卷，第 677、678、679 页。（443）

［*b*］**注意**

［*c*］亚里士多德把修辞术和激发信仰（信念）的方法置于与可能性的关系之下，结果修辞术（与知识不同）关心的东西能以其他的方式存在。（444）而基督教演讲术与希腊修辞术的不同在于，它只跟不可能性打交道，它要揭示出这是不可能的，以便让人去相信。（445）在这种情况下，可能性与其他情况下的不可能性都要被拒绝，但与知识的差异在两种情况下是相同的。

#

309

一个质朴的市民在送给穷人微薄的礼物的时候（他没有能力给出更多），他总是郑重地脱帽，就像对待上等人，其友善程度就好像对方是他最好的朋友。

#

310

可以肯定，人们从孩子身上会学到比从任何人身上都多的东西，但还可以肯定的是，一个父亲恰恰会因此被轻易毁掉。身边有这样一个人，人们敢于把一切托付给他，而他不仅要求顺从，还要求爱，身边有这样一个人，对于他来说我们总是对的，这是一桩危险的事。(450)

#

311

出自可能作为我的情境演说的前言（451）

……或者难道不会有这样一位妇人吗，她要为圣事绣一块布，每一针她都尽可能地小心，或许要返工多次；但是这难道不会使她忧伤吗，如果有人看到了错误，看到的是珠绣而非祭坛的帷幔，或者看到的是缺陷而非祭坛帷幔？（452）她极尽小心地做这一切，从中发现了无以回报的喜乐，恰恰因为这项工作没有且不应有任何意义，缝纫女工是无法把意义缝进布里的，意义在于观者身上

#

312

……不是由良心和上帝的精神、而是由人的动物性的呼出物而构成的一个社会，某种从人群中流出的汗水构成的东西，某种被称作公共意见的东西以及哲学家所称之为的：客观精神（453）

#

313

在所有光彩夺目的罪当中，装腔作势的美德是最糟糕的。（454）

#

314

管风琴琴身上那个强有力的风箱。

#

315

矛盾，驾驶穷人灵车的车夫，用马鞍被盖住唯一的一匹马身的一半，以便更好地抽打它。

死亡的深刻性。

这里缺乏诗意。（455）

#

316

一个人的罪就像是希腊火，水无法扑灭之，——只能用眼泪。（456）

#

317

一则新作

上帝的审判

一则受难故事（457）

心理学试验
出自

……深层。(458)

这里使用了罪的概念。自我封闭性在于，他不敢让别人知道，他所遭受的是惩罚。

[*a*] 一个丈夫。(459)

[*b*] 对他而言解脱是相当容易的，假如他愿意把她接纳到自己的苦难之中，但他害怕的正是苦难的可怕性将她完全摧毁，或者使她拥有同情心，结果她像该隐的妻子一样愿意跟随他，而这恰恰是他不愿意的。(460) ——在另一方面，他得以用爱欲的方式对其苦难守口如瓶，他认为这要归功于上帝。

参第 185 页最下端。

参第 194 页。

318

结论—省略三段论—决心（461）

三部曲

这将是对我关于跳跃以及激情的和辩证的过渡之间的差异的工作具有重要意义的一项考察。

最终，我所称之为的“激情的过渡”就是亚里士多德所称之为的“省略三段论”。也许。多么奇怪，我现在才首次在亚里士多德《修辞学》中读到“省略三段论”。（462）

319

人们有时会变得不耐烦，因为对善的意愿并不成功，不过这种不耐烦并不是对其罪的忧，而是针对上帝的暴行，以及缺乏真诚。（463）

#

320

有时回忆是令人焦虑的，就像一个逃犯经过或者走向一个被释放的犯人的时候，就像被远远留在身后的回忆重访时所带来的焦虑。假如有人变得不耐烦并且不愿认可它，那么他已然沉沦了。结果他抱怨，认为回忆这些是不公平的，却没有谦卑地感恩，他现在已经变成了好人。

［*a*］还有，所有的改过自新首先要包括对自身弱点的谦卑回忆，事情曾经是怎样的，因此（464）

#

321

在婚姻问题上，我就像狄安娜对于那些产妇一样：她自己未婚，但却帮助别人。（465）

#

322

戏剧不仅在古希腊是宗教仪式，在波斯也是，如果我没弄错的话。(466) 人们认为，自付资金上演戏剧的人会在天堂得到奖赏。(467) 这多少像是在中世纪建造教堂和修道院。(468)

#

323

反讽的定义

反讽是伦理激情与教养的统一，前者在内心性当中无限地强化自己的“我”，后者在外部事务中（与人的交往中）无限地脱离自己的“我”。后者所做的是不让任何人感觉到前者，这是艺术之所在，并且由此决定了前者真正的无限化进程。

324

在我们这个时代听到牧师们对中世纪的苦修行为（修士和修女等，鞭笞等）发出警告是滑稽可笑的。明特尔在这方面格外卖力(469) ——唉！在19世纪对这样的行为发出警告（这是疯狂的）。——然后，人们对苦修行为做出了愚蠢的评判。苦修行为中有某种幼稚的东西；苦修者认为终其一生背负着责任和罪过是可怕的，这无尽的持续，日复一日地生长着。因此，苦修行为表达的就是那种人生观，就像一个今天受到惩罚的孩子，第二天就把一切全忘了，这孩子还是一个好孩子。——而且，这是一个爱欲性的表达。或者假如有个女孩在其爱欲关系中错怪了她的恋人，她难道不会因恋人不变的爱而立刻高兴起来吗？我敢说她会冲着恋人说：噢，你就骂我吧。——我敢说，最终我们这个时代中的每个人，也就是说，我们这个时代中每一位有点宗教感的单一者，我敢说他会做相同的事，只不过是以另一种方式，例如，他会自己拒绝某种享乐，因为他不快乐或者对自己不满意，上教堂——

现在的牧师是所有人当中最愚蠢的。——然后，我们将忽略明斯特主教，他是唯一知道问题所在的人。(470)

#

325

现在，时候到了，现在必须要写的是：对于当代所有假名作者的假名作品的辩证性导读。(471)

#

326

《非此即彼》与《诸阶段》的关系

在《非此即彼》中，审美感性环节是个体存在者与伦理的斗争，而且伦理选择由此产生。因此只有两个环节，而且法官绝对获胜了，尽管该书以布道词结束，且伴之以这样的评论：只有建设性的真理才是为我的真理（内心性——这是我的建设性演说的出发点。）(472)

在《诸阶段》中有三个环节，并且安排方式不同（473）

1）审美—感性是作为某种逝去的东西（因此是“一个回忆”）被压抑着的，因为它当然不可能变得空无一无。(474)

年轻人（思想—忧郁）；康斯坦丁·康斯坦丁乌斯（理智的硬核）。维克多·埃莱弥塔，如今不能再作为编辑了（同情的反讽）；时装设计师（魔性的绝望）；诱惑者约翰尼斯（沉沦，一个“突出的”个体）。他最终认为，女性只是一个瞬间。（475）而法官就从那里出发：女性的美随时光增加，她的现实性就在时间之中。(476)

2）伦理环节是斗争性的。法官并非心平气和地教导，他在生存中战斗，因为他不能在这个节点上结束，尽管在这里他能够怀着悲情战胜每一个审美感性的阶段，但在风趣幽默方面他却无法与审美感性者相提并论

3）宗教成为了一种魔性的近似（试验中的无名氏）。(477）幽默作为其前提和伪装（沉默的兄弟）。(478)

327

1845 年 5 月 14 日

抵达柏林（479）

蒸汽轮船上唯一有用的人物是一个小子（小伙子），他戴着法兰绒帽子，用头巾紧紧地系着，一件条纹短袍罩在外衣上，一根手杖用绳子挂在扣眼上。纯真，开放，有旅行味，关注所有的事，天真，羞涩但无忧无虑。把他与一位忧郁的旅人（如哈根先生）联系在一起会制造出一种伤感的效果。(480)

328

有两本新书应该写：

一位诗人的忏悔。

他所遭受的痛苦折磨在于，他总想成为一个宗教个体，而且他一再犯错而成了诗人：因此这是对上帝的不幸的爱恋（激情辩证性地指向的是，关于上帝有某种可谓是欺骗性的东西。）

#

329

心之奥秘。
参本日记第 163 页
（私教课）（481）
或者
濒临不幸的边缘但又
最为不幸。

［a］苏菲·博马舍。
（《克拉维果》）（482）

如是情境在生活中比比皆是，位于其边缘的并且因此在其之外的人最痛苦。

330

一个人物

有位老者，他坐在国王的花园中，或在樱桃小径，或在哲学家小径。（483）（对立在于：温暖的夏日和风，令人神清气爽的户外，以及那老者。）他本人是位老鳏夫，没有子女，偶尔在一位很富有的亲戚家吃饭。他在某些日子固定地坐在那里。

#

331

真正更难的是终止人神关系所带来的痛苦中的辩证性。人们说，我们希望事情顺利，我们有朝一日会感谢上帝，雨天过后是阳光，等等。(484) 这意味着什么呢？哪一个更好，我们为何要感谢上帝；显然，愉快或不愉快是根据人的有限理智而确立的。但是如此一来，这感恩就是倒退，因为我感恩时是在低级范畴当中行动的。我与上帝的周旋就跟艾美丽与她父亲的周旋一样。(485) 假如这是真的，而且对人神关系的唯一的表达是说上帝所做的一切都是好的，那么，关于终止或者不终止的言论，关于雨过天晴的言论等等（它们适用于现世，在现世当中，坏天气的确不是好天气）就是倒退。(486) 这里的错误源于，在这一瞬，人们装作愿意进行无限性的巨大运动，在下一瞬，他们却缺乏这样做的勇气，并且在有限性的范畴中去希望和感恩。(487) 这情形一如恋人的关系。恋人们彼此满意的时候，他们愿意并且能够舍弃一切，但是很快地，一旦他们不再相爱，事情就会转向，在不得已的时候，他们希望事情会变好，那时他们的爱情会真正令人愉快（因此这爱情归根到底不够绝对），并且再次感恩（因此这感恩不够绝对）。对于这种辩证的曲折，我们从大多数灵修书当中找不到任何指导。(488) ——就我所能想起的，或许没有哪部作品像大卫的《诗篇》那样在今天给我留下如此深刻的印象，唉！但是，在那些辩证性的转折时刻，他是令人失望的。(489) 事情是这样的：所有多种多样的东西，深刻的，壮丽的，令人耳目一新的，慰藉的，当其震动肺腑之时，它们表达的是他生命的内容。

（490）但现在，当我要开始将之整合为一个既辩证、又抒情的思想整体的时候，它断裂了。他时而希望（于是又时而永恒性地希望，时而在时间中希望，但这两种对希望的定义是被永恒分开的，必须搞清楚哪个是哪个），时而用其无辜安慰自己，时而诅咒他的敌人，等等。（491）但是，一个应该在不确定性当中开始的初学者，他没有从中获益，初学者要求的是单一的思想，单一的，不管它是永恒的（一切都是好的，同样的好，推迟感恩是愚蠢或者欺骗），还是愉快和不愉快；不管它是“上帝应该是一切”，人类除了说“这是好的”之外不能吭声，还是人类应该与之对话。

=

332

接 171 页最下方（492）

辩证矛盾应该以这样的方式被保持：一个人的自我封闭只因其对上帝的情欲般的爱恋，还是因其对人类的骄傲，这是模棱两可的。

甚至在大卫的《诗篇》中都可以找到这种自我封闭的类型，即愿意规避所有的人际关系，以便与上帝建立起你与你的关系。（493）

#

333

宗教滋生的痛苦折磨的无限性的辩证法（比如，假如我们仅仅希望今生，我们就是所有人当中最悲惨的）应该在时间中终止（虔敬应许的是今生）。（494）但是如何对这两种关系进行分类呢？对于尘世生活（现世的）内容的最高表达恰恰就是对永恒的期盼或者永恒的到场。

但是，就在我再次放弃我尘世理解力的全部广延的那一瞬，“对今生的应许”的具体理解变得困难起来了，因为实际上它被认同为后面所说的“对来生的应许”。也就是说，如果虔敬应许的是将要到来的人生，而且我是知道这一点的，那么我的这种知识本身在现世中就是虔敬对于今生的应许。

如果有人想在演说中讲讲宗教的无限性的潜在规定性，人们会把他当成疯子。甚至苏格拉底都说过这样的话：“当船长漂洋过海把旅客送达目的地的时候，他（船长）在海滩上悠然地走来走去，收钱，但却不能肯定，他是服务于大家了呢，还是说让乘客在海上丧生更好。”（495）甚至这样的言论（假如读者有足够的能力注意到其中辩证的微妙性，而非错失它或者将之视为比喻）都会被视为是疯狂的表现。

辩证观念的带有欺骗性的疯狂就在此处，只有辩证法家才会发现这疯狂，而且他还知道，这根本不是疯狂（如同视我的永恒知识比我的感觉更确定一样不疯狂，尽管人们通常说的是相反的；而且如果有人敢说，上帝存在就跟我手中拿着这根手杖一样确定。唉！这是糟糕的确定性，甚至希腊怀疑论者都会将之剥夺，不，上帝存在的确定性与所有被感觉的东西的确定性完全不同），而缺乏经验的、为体系所迷惑的人却什么都觉察不到，因为这里没有喊叫声，而这正是辩证矛盾，因为直接性只有在尖叫时才意识到自身，而辩证性是自我确定的。

#

334

……在异教中人们看到了复仇神追逐罪人，看到了她们可怕的形象——但却没有看到良心折磨，良心折磨被隐藏起来了，一种隐藏着的孕育，坏良心是其父亲。(496)

[a] 而且因为复仇神有真实的形象，她们不得进入庙宇，那里是不幸者的避难所——但是良心折磨可以入内。(497)

=

335

辩证性已经在这里了（就其与宗教的内心性的关系而言）。现在，有人焦虑地担心，最可怕的事就要发生了，然后呢，难道他要命令这想法走开别来打扰他？在这种情况下，他是在用有限性的范畴决定宗教事务，而这是非宗教性的。他要向这种想法敞开吗？那么我们如何终止辩证性呢？（参日记第182页）（498）如果他说：但不要我的意思，而要你的意思？（499）如果这个祷告词是真诚的而非服务于有限性范畴的骗人的措辞，那么他肯定已经真正地想到了最坏的可能性，而这想法就跟痛苦的现实性一样可怕。或者有人也许会说，人类的福气同样隶属于宗教，因此我们要远离那些黑暗的想法；上帝希望我们喜乐。（500）正确，但，他是如何希望我们喜乐呢？于是辩证法重新开始了。难道我们不是因心怀上帝并且丢掉一切而喜乐吗，也就是说，我们不仅接受了，而且狂喜地呼喊：看这里，这是那唯一的，唯一的喜乐，唯一的福气。

#

336

直接性的宗教个体做了很多事，同样的事由无限反思的宗教个体做的时候，因其美好，当以半幽默、半悔悟的方式去把握。例如，直接性的宗教个体每礼拜日要去三次教堂。（501）他当然不是将自身的福祉建基其上（如果是，那他就是非宗教性的，或者不知道他在做什么），但他仍然因能对上帝为他所做的一切做出一点点回报而喜乐（苏格拉底的话在此是适用的，那是苏格拉底不愿接受国王阿卡劳斯的邀请时所说的，因为他无以回报——因此很多人不愿与上帝打交道，因为他们感到自己将变得一无所是）。（502）在《旧约》中，在伊斯兰教以及在中世纪，善行在纯洁的意义上是表现为收益的。（503）——无限反思的宗教个体做同样的事情，比方说，每礼拜日去三次教堂，但他却以纯粹幽默的方式理解这件事，并且心甘情愿地立刻悔悟：幽默的，是说他不能不这样做，不会对听他的话和身处他的家而感到厌倦；半悔悟，假如他真的需要一次又一次地为他与上帝的关系找到新的刺激。（504）

#

337

在维尔博士于1845年在法兰克福出版的书《穆斯林圣经故事传奇》当中，有一处讲到几个人物当中的一位，据说上帝亲自跟随他来到墓地，站在棺材前，四位天使在其身后。（505）——这里是纯粹的幽默……

#

338

在同一书当中讲过多次，书中说到的那些圣徒要求神对其进行艰难的考验，就为了显示他们的顺从——结果他们没成功。（506）

#

339

或许把一个心理学试验放在另外的点上是正确的：一个未来的教士，比方说他害怕成为教士（因某种罪过的情境，他来到一个偏远的地方，因为他甚至不敢在家这样做，害怕会出乎意料，他研习教会法，为的是看清楚教会禁止哪些罪——这一条：教会不审判隐藏起来的东西），但他唯一的愿望就是成为教士，恰恰因为在他看来，走这条路才有可能弥补他的罪。(507)——辩证的矛盾存在于这二者之间：他对自己的罪过保持缄默从而使他人受益，尝试更安静地工作，还是最好将一切和盘托出。

[a] 一个情境，他在乡村，听到了一群在小淡水湖旁的小溪里游泳的男孩子们的欢声笑语，然后看到他们嬉闹着在路上行走，儿童与像他这样肩负重大责任的生存之间的错位关系给他留下了印象；动物、植物和所有其他东西的成年期是与童年期相呼应的。

[b] 对白：我格外想念我的讲经台：这是当人们有痛苦、在灵床和病床旁时的情境。(508)

[c] 教会不审判隐藏起来的东西，这可以成为标题。

[d] 还是他的对白：真希望不是这样，教会不审判隐藏起来的东西——真希望教会这么做。对很多人而言的安慰，却是我的痛苦的延续。我要亲口说出来吗？那样我的事业会受阻。(509) 我敢置之不理吗？

[e] 我买了一本新的教会法，以便再学一遍，看我是否还敢当牧师——但是，单是买书就使我发抖了，就好像书店老板能够看出，这学习对我来说有多痛苦。(510)

#

340

参第 182 页，189 页

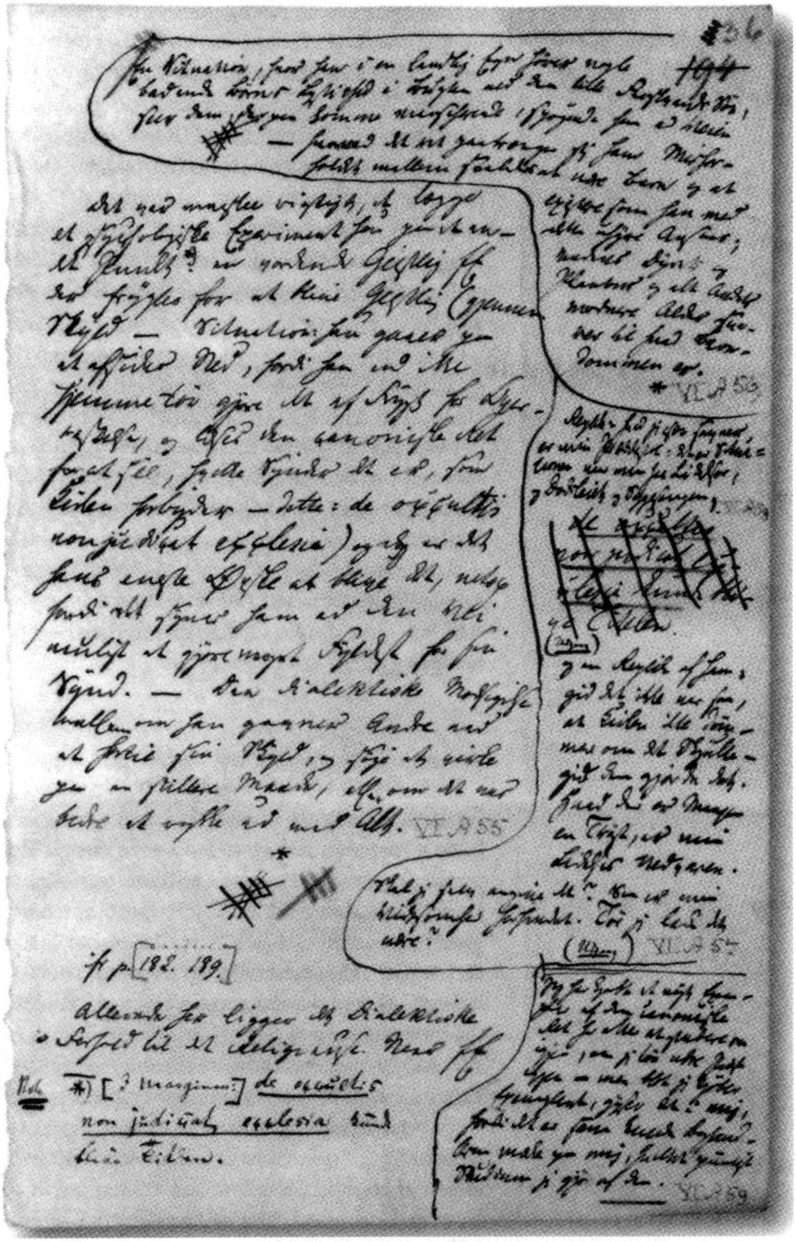

JJ：339 – 340

甚至辩证性就出现在与宗教的关系之中了。假如，比方说，一个人向上帝祷告，说他尚未完全占有基督教，说他尚有怀疑，因此，假如上帝给他时间去战胜之（这样说的时候自然有时间在流逝），那么辩证性立刻抓住了他，因为这种对时间的运用顷刻间就会转变成无限辩证性的（假设他明天死了，而基督教是唯一的救赎，但他却身在其外），因为永恒的决断要求无限的速度。这一点再次显示出，在时间中为永恒福祉寻找一个历史的出发点是多么的困难。

#

341

现在必须这样做：一个自我封闭者在第三环节中被勾勒为，他亲自发现，他的罪过不是别的，而是他的自我封闭。（511）——辩证性因素：就在这个瞬间，在魔性的方式理解之下，他是否比他立刻将一切合盘托出更伟大。于是自我封闭再次出现，尽管是他发现了这一点，但他在自我封闭中将之据为己有。

#

342

在某种意义上，永劫是容易证明的，而且无论在哪种情况下都再次证明，在时间中获得永福的历史性出发点是多么的困难，还有，人们的行动是多么轻率。（512）前者（《片断》中的问题）应该容易理解，每个人都能理解。（513）后者（永劫，即永恒的不幸）却无人愿意接受，而且教会的教导是徒劳的，因为假设没有人相信它才安全呢。（514）唉！唉！唉！这是什么样的思想者啊。问题是完全一样的。如果有人能想到一个（在时间中对永福做出决断），那么正因为如此，他也能想到另一个。如果时间能够成为决定永福的充足媒介，那么它也能成为永劫的。此处的难点在于，正统教会提供的证据回避了概念。(515)

难点恰恰在于，永恒避开了时间中的决断，因为永恒预设了自身。

#

343

在我们这个时代思辨思想家们是如此愚蠢地客观，结果他们完全忘记了，思想者本人就像是吹笛人的乐器，因此认识自己的乐器至关重要（这里有心理学），的确，它具有完全不同的意义，因为思想者与其对象的关系是无限的内心性的关系，吹笛人与其乐器之间没有这种关系。(516)

#

344

客观思想压根不管思想者，最终它变得非常客观，结果思想者就像那个门卫，他只管写，而其他人管念。(517)

#

345

当我们真正地在永恒的形式下思考生存的时候，正因为如此，孤独随之而至。令人绝望的是，我们永远都不会从思想家那里获得任何关于这方面知识，他们跳过了类似的东西。但是例如，（维尔博士 1845 年法兰克福版《穆斯林圣经故事传奇》)，第 277 页，只有当末日来临时亚当才会呼喊：主啊！只拯救我的灵魂吧，我既不关心夏娃，也不关心亚伯；而如今所有的基督徒都在谈论耶路撒冷的毁灭，其意义恰恰在于，人神关系的永恒有效性将使每一种关系中立化，其时他说（《马可福音》13：9)：但你们要谨慎——那么，所有那些忙碌的世界历史性的社会概念又当如何呢？(518)

#

346

即使体系礼貌地要给我指派一间阁楼上的客房，以便我至少可以入伙，我仍然更愿当一名思想者，就像阁楼上的鸟。(519)

#

347

用这样的方式来理解马克白斯夫人或许也是有趣的：她没有梦游，而是不敢睡觉，她害怕睡眠会暴露出点什么。(520)

午夜场景：她独自坐在房间里，焦虑地来回走动并且四处张望，看所有的门是否关闭，(她变得忧郁、分神，要察看好多次，因为就是她上回忘了关门)，因此她几乎像梦游者那样坐了下来：

睡眠，睡眠，可怕的发明，可怕的必需，你是我所害怕的唯一的力量，你有能力夺去我的秘密，没有人有能力这样做，你这狡猾的骗子，你把一个人诱拐进自己的强力之下，使他成为自己的背叛者，因此你有强力，你有能力在我睡觉的时候做其他人没有能力做的事情——不，我现在还不困，我不想睡——但是我必须睡觉。噢！该死的必需，为什么我就不能像我学会避开内心情感那样地避开睡眠呢，内心情感对其他人而言就是一种必需：——但是我在紧闭的大门内睡觉，挡板装上了，以阻隔每一个声音——不过所有封闭之处，还是隔墙有耳。

注意。让像克伦威尔这样的个体这样做或许更好，或者激情也许可以获得一种更有女性气息的印记。(521)

睡眠——你可以来跟我一起入眠，并且从我这里拿走别的男人拿不走的东西；当我在你怀抱里融化的时候，你能深入到我灵魂的内里，看到只有我自己才敢看的深渊，那时我知道我是能够阻止其他人看的。——唉！我的头是如此虚弱，我需要休息，但就在半秒钟之内，当意识在睡意来临前飞走的时候，我就能暴露一切，半秒钟就能对我产生这样的力量，就像睡眠的必要性所残忍要求的那样。为什么我害怕睡眠，仿佛它是诅咒，而睡眠对其他人而言却是最大的祝福，——我被诅咒了吗？真希望我整整一生都能避免睡眠！非人的，想到我以这种方式变成一个幽灵，我几乎要发抖了。如果我无法避免睡眠，把我托付给它就是恐惧。痛苦的警觉。但我需要它，不，我需要去死，需要那最后的长眠，这是我的唯一，只有当我知道这是长眠不醒的时候，我才敢把头放到枕头上，为何？因为那时，死亡会负责让一切变得平静。——我恨塞莫尔夫人，我有个怀疑，她突破了我的预防措施（最后我不得不撒谎，为我卧室的安排给出虚假的理由）。(522) 但我不敢问她，害怕这样恰好会暴露，不过为确切了解她的想法，我愿付出一切。

[*a*] 她一直用不会英语的仆人，害怕他们会知道点什么，通常是法国人；但渐渐地，她的痛苦也用法语表达出来了。因此这一场或可用几个法文词开始。

#

348

寡妇投入庙宇银库的三个小钱所行的奇迹跟五个饼和三条鱼相同：她给的比富人更多，因此三个小钱转变成了有余。(523)

#

349

两个女仆，其中一个手挽着心上人，两人打扮得漂漂亮亮的（这是礼拜日）站在一起说话，这时那个没有心上人的女仆说：是啊，我们应该满足于赏赐和来世，看啊，这有一个女仆，她显然没有被雇半年或一个月，没有一份像样的收入——她是永远被雇的——而且多么令人感动！(524)

#

350

我们时而听到有人说，如果一个人不再保持不变[a]，则不朽根本不存在。(525) 上帝才知道，那类在生活中已经改变过难以置信的次数的人是如何成功的。(在普鲁塔克的小论文中找到那个词“如果”相当不错，在“德尔斐”第 18 节。)(526)

a 在死后

#

351

胆小的狗不咬人，一看到陌生人，它们立刻汪汪叫；人走过后，便安静下来——危险的狗在有人走过时完全是安静的，它们跟人走上几步，之后汪汪叫上一两声，然后就咬：就生活环境对人所造成的影响而言，人也是这样，那些低级的人立刻叫唤——那些严肃的人则慢慢跟在后面，

把所有这一切保存起来。(527)

#

352

一个激情充沛的班子，他们在格伦德威牧师的北欧式酒馆里接受训练。(528)

#

353

奇怪，《海盗船》从未想过以古典形式来表现人，裸体，用片无花果叶子遮盖。(529)

用这种风格来画比如说赫拉克勒斯或者类似的人，然后在底下写上：格伦德威牧师。(530)

#

354

今天我想步行去父亲的坟墓，非同寻常地需要去，非同寻常地沉浸在自身之中，(531)——发生了什么事，就在我要走到拐弯的入口处时，一位女士跑来了，她戴着帽子、披肩，拿着遮阳伞，一个傻乎乎的妇人。她汗如雨下，冲着一位离我几步之遥、胳膊上挎着篮子的老妪说：你到底上哪儿去了，我们等了半小时了，(之后对话就这样继续着，她像一条狗那样忙碌地跑前跑后)，我们等了半小时了，我的姐姐都快哭了，灵车已到，整个送葬队伍，还有长号手们都到了，等等：(532)——何等低级的喜剧——那位快要哭出声的姐姐之所以快要哭是因为长号手们已经到了，而那个挎着篮子的老妪却没到。——我走上了另一条路，幸运的是她们没有来到父亲的坟墓周围。奇怪的是，这种滑稽的东西何以恰好搅在决定性的情绪之中。

[a] 这个可以改编成带着反讽语调的“墓前的眼泪”。

1845 年 6 月 10 日

355

新西兰人用鼻子亲吻。——在他的《面部表情》一书当中，恩格尔引用了他所参考的旅行记中的一段。(533)

#

356

威廉·奥海姆这个角色（《诸阶段》）的塑造是极具欺骗性的，结果愚蠢的、无事生非的人所做的无关紧要的评判，即这是相同的，恰恰变成为赞扬和最高程度的认可。（534）的确，这就是艺术。我永远都不会忘记我本人因无法企及我曾经达到的水准而陷入的忧惧，不过选择其他的名字却极其容易。（535）因此奥海姆才说，康斯坦丁说过，他永远都不会再举办宴会了，维克多·埃莱弥塔说，他永远都不会再说出崇拜《唐璜》的话了。(536）相反，法官却说，他能够持续地重复。①于是乎，作家本人暗示了何处是可能的，何处不可能。

①“只有强盗和吉普赛人才会说，永远别回你曾经去过的地方。”(537)

=

357

《诸阶段》没有《非此即彼》的读者多，也没有引起轰动。（538）这很好，以此方式我摆脱了呆看的群氓，凡有骚动之处，他们必在场。我本人在《有罪，还是无罪?》的附言中实际上已经预见了这一点的发生。(539)

#

358

下述情况中有某种奇特的心理学矛盾：

众所周知，就诗人、艺术家和宗教个体等而言，磨难和痛苦是造就多种艺术杰出成就的条件。(540) 没有这些磨难，他们就不会变得那么伟大；如果把这些磨难拿走，给他们好日子，满足他们的愿望——伟大也就终结了。于是，假如他们的愿望实现了，磨难被拿走了，他们自然损失得更多：因此，他们自然要因磨难而喜乐，如此喜乐，以至于他们并不希望磨难被拿走。但是如此一来，他们自然再次超越了磨难。真希望在这种处境下的个体能够真正理解这一切。——为了能看明白这一切是如何运作的，我们可以把一个个体置于极端处，他在那里将持续不懈地企及最高点。

#

359

《圣经》说，人要尽力爱上帝；在这个方面，人的能力状况有差别吗。——（541）

#

360

我认为当教师这件事中有某种令人不快的东西——最好让一名牧师诵读另一名牧师的布道词，为的是使他本人能够恰如其分地成为训诫的听众。(542)

#

361

人们认为我的作品保持着一种晦涩是非常容易的，实际上他们攻击说这是缺点——他们应该亲自来试试。（543）那种狂呼乱叫的、坚定自信的、直接性的沟通要无限地容易。

#

#

362

德文期刊上发表的对我的《片断》的评论犯了一个根本性的错误，它令内容以说教的面目出现，但是，这本小册子却因其对立的形式而是试验性的，反讽的张力恰恰在此。（544）让基督教仿佛是约翰尼斯·克利马克斯的发明，这正是针对哲学对于基督教的侮慢的辛辣讽刺。（545）然后再让那些正统形式出现在试验当中，“结果我们这个只进行调和之类的时代，几乎无法认出它”，并且[a]认为这是某种新的东西——这是反讽。（546）但是严肃性恰恰在于相同的东西，以此方式，它欲公正对待基督教——在人们进行调和之前。

a（这些都是书评人的话）（547）

#

363

对所有假名作品的

一个可能的结语

作者：尼古拉斯·诺特宾尼（548）

我必须告诉令人尊敬的公众我是如何成为作家的。故事很简单，因为事情绝非说，我有远见卓识，有梦想，有天才的冲动或者诸如此类的东西可以得到启发。我在大学学习上花了些年头，以一种漫不经心的方式，当然读了些书并且做了些思考，但是我的懒散完全占了上风；然后，距今四年前的一个星期日下午，我坐在腓特烈斯贝花园的点心店里，抽着我的雪茄，看着女仆们，突然间有个想法攫住了我：你在浪费你的时间而一无所用；在所有的方向上，宝贵的天才一个接一个地涌现，他们把生活、生存、世界历史性的事务以及与永福的沟通弄得越来越容易——你要干什么呢？难道你就想不出什么东西也可以服务于时代吗？这时我心生一念：何不坐定，让一切变得困难呢？因此我们应该寻找一切方式去服务。尽管时代并不需要压舱石，但我还是会为所有使事情变得容易的人所爱，因为根本没有人想使事情变得困难，于是一切都太容易了——使事情变得容易。从那一刻起，我在这项工作中找到了我的娱乐，我的意思是说这工作是娱乐性的，因为在另一个意义上，我并没有从中得到任何支持，而是要投钱进去。（549）我们当然不能指望人们会拿出钱来使一切变得困难，那肯定会使事情更困难。不，实际上那些使事情变得容易的人是应该支持我的，因为他们从中获利了。他们公正地利用了我，直接认为我这样做是为了他们，就是为了让他们能够使事情变得容易。（550）

#

364

这是可以成为一个可用的戏剧矛盾的，即想象一个与苏格拉底同时代的算命先生，他预言有位英雄将会出现。这英雄就是苏格拉底，而且他存在着，但算命先生知道，苏格拉底是所有人当中最不适合这角色的人。我们能给这位算命先生的预言安上什么好处呢——不过他当然是对的。

#

365

这是可以成为一出音乐喜剧的奇特剧情的，一个瑞典家庭在报纸上读到好多关于无与伦比的丹麦式好客的情况（理发师免费剃须，公娼提供免费服务｛参《非此即彼》｝，等等），随后他们到哥本哈根待了十四天，坚定地认为哥本哈根一直会是这样，然后让这些情境展开。(551) 作为对误会的补偿，我们可以让它以一场幸福的恋爱告终，其最初的开端可以始自对误会情境的同情。

#

#

366

……真诚如沉沦者对其灵魂的福祉的最后渴求，当其下沉时。——痛苦如醉酒者初现的朦胧意识，当其醒来时。

#

367

秋之颂

诗意的…… (552)

于是，当秋天带着它清新的、令人精神焕发的凉爽到来时，当空气中留存的夏日温暖成为一种可能性，一种让享受这凉爽的人不要着凉的母亲般的关切的时候，当我们在秋风渐浓时总是随身携带一件薄外套的时候——于是，当秋天来临之际，生活中的瞬息变化提出了它的要求，森林不再那样安全了，仿佛它会一直到永远，甚至在我们看着它的时候，它就在变换颜色，因为变化诱发了欲望，当一个女子安全、平静地站立的时候，她并不激动，但当她改变颜色的时候，这种变换就意味着：快点，快点。秋天的情况亦然。夏季的云从未像秋天的云移动得那么快，而秋天的回声也从未想过要停下来在森林的暖风中休憩，不，它不停歇地快速经过。

[*a*] 所有在场的东西都会激起批评，但回忆会消解怒气，并且允许人运用理想性，不是拒绝、而是美化过去。

[*b*] 的确，秋天的一切令我们联想到毁灭——不过在我眼中秋天是最美的时光：真希望当我毁灭的时候，会有人愿意把我想得很好，就像我认为秋天很好一样。

#

368

马腾森极其敏锐地指出，中立的东西根本不存在，而之所以如此的原因只是因为我们尚未把握其伦理要旨。（553）哈根博士甚至找到机会在自己的论文中引用了这个观点，可能只是为了引用马腾森教授。（554）这类极其深刻的评论尤令那些无足轻重的人物感到惊讶，他们也利用它去引发惊讶。只要个体活着，生存着，中立就是存在的，而且以生存的交替性本身为原因。从永恒的角度观之，万物皆在终结性之中，因此说中立根本不存在就是自然的。中立只能在与生存和生成的关系之中被思考。一旦终结性出现，永恒的终结性，形而上学就占了上风，结果伦理性的中立就是不存在的，因为形而上学存在。中立与生成相关联，因此，整个马腾森式的智慧就与“过去比未来更必然”这个说法相平行。（555）

#

#

369

当船长驾驶他的小船航行的时候，他通常是提前知道全部航程的；但是当军舰舰长出海时，只有行到深海处，他才接到命令：天才也是如此，他在深刻处才接到命令，而我们其他人则对我们所做的这样那样的事知其一二。

#

370

情境

修改后这是可以用在一个心理学试验当中的（《有罪，还是无罪?》）：试验中的无名氏可以是一位神学系毕业生，比方说，他当上了牧师，住在乡下，来到首都，应一位朋友的要求在晨祷式上布道，布道进行得不错，他拿出一张纸来，上面有要在讲经台上宣读的结婚预告名单——并且读到：第三次宣告——这时，跟随另一个人的名字之后的，是他曾经与之订婚的姑娘的名字。(556)

#

371

当我无限地投身于某事并且想与那些视之为愚蠢的民众谈谈这事的时候，会怎样呢？是啊，假如我是一个[a]天才，相信自己受召要去改造整个世界，那么我会大喊大叫地、坚定地说，我肯定能让民众洞悉这事是具有无限意义的。(557)但是，假如我有点理智和反思，那么我就不会这样看待自己，因此我会用把滑稽置于我们之间、并且滑稽地谈论此事的方式来表示这种错位关系。由此我也避免了大喊大叫的天才通常的结局，即变得滑稽可笑，就因为我本人明白了这一点。

a 大喊大叫的

#

#

372

在根本上所有人生来就是去统治的。我们从孩子身上最能看出这一点。今天我看到了一个小女孩，她被保姆抱在怀里。她们遇到了女孩家的一些熟人。保姆手上拿着一枝花，所有在场的人必须极谦恭地去闻那朵花，并且说："啊"！这重复了好多遍，如果保姆想越过谁，小女孩立刻就会察觉并且提醒保姆必须要精准行事。而对那个打了个大喷嚏的人，这个小女统治者报之以无上肯定的微笑。(558)

然后保姆想让她走了，可她从保姆怀里微微探出身来，略微低头，然后向上够着赏了保姆一个吻——装腔作势的，但又是孩子气的。

#

373

一位衣着讲究的女士，于星期日下午，在运河上独自驾驶一艘埃斯基尔德森船。(559)

#

374

一个幽默个体的台词：

"不为人所知地在世界上艰难跋涉是最令人高兴的，既不为国王陛下和王后所知，也不为孀居王后所知，不为王储殿下所知（560）——同样，在我看来为上帝所知也会使生活变得无限沉重。无论他在何处，每个半小时都会变得无限重要。以这种方式生活人们熬不过六十年，正如人们熬不过为大学毕业考试而苦读的岁月，不过那个只要熬三年，而且没那么费劲。一切都将在矛盾中消解。一时，人们被教导说不要虚度光阴，要以无限的至上激情生活。现在人们很好地照做了，他们严肃地加入了游行队伍[b]（562）——结果听到人们说，是了，你们该学学收帆了[c]。这个意思是说——最终，所有人都走得同样远，所有

[a] 如果上帝能够不费劲地做任何事，那么他的到场会阻止人们虚度光阴。(561)

b 人们怀着激情跑来，在轰炸中都没有的激情。(563)

c 人们好似站在变像山上准备出发——但是随后有限性的细碎要求和欠杂货商、鞋匠以及裁

这一切并没有多大意义。这与我跟我的医生打交道的情况一样。(564) 我抱怨身体不舒服。他回答说：您肯定是喝了太多的咖啡，而且走路太少。三周后我又去找他，并且说：我真的感到不舒服，但这不可能是因为我喝了太多咖啡，因为我根本就没有喝咖啡，也不是因为缺少运动，因为我每天都走路。他回答说：好吧，那么原因应该是，您没有喝咖啡，还有您走路太多。结果我的身体不适依然存在且无改变，但是当我喝咖啡的时候，我的身体不适源于我喝了咖啡；我不喝咖啡的时候，我的身体不适源于我不喝咖啡。我们人类的情况亦然。整个尘世生活就是某种身体不适，对有些人来说，不适的原因在于用力过猛，对另外一些人来说则在于用力不足，如果有人要问原因，那么我们首先要问他：您很努力了吗？如果他回答'是'，人们就会说：原因就在于用力过猛。如果他回答了'不'，人们就会给出相反的回答，夹着尾巴跑了。假如有人给我十块钱，我也不愿承揽解答生活之谜的任务。我干吗要做这事呢？假如生活是个谜，那么可能的结果就是，当出谜的人注意到并无猜谜的急迫需求的时候，他会亲自解答谜语。我没有出过谜语，但在《自由者》、《魔弹射手》以及其他有谜语的报纸上，下期都会给答案。(567) 在谜底公之于众的当天作为猜中谜语的人出现在报纸上，我对此不感兴趣。”(568)

缝的债务来了，总而言之：我们是在尘世间，变化没有发生在我们身上，但变像山却变成了粪堆。(565) 这就好像有个人要从培尔·麦得森路出发去王宫，在他离开那条路之前遇到了很多有限性的羁绊，结果他不再可能在王宫露面，而是留在了家中。(566) 生存总是以悲剧开始，然后变成杂耍剧。

[*d*] 谁还会想出把一匹翼马和一匹老马套在一辆车上驾驶呢：但生存对于一个作为有限性和无限性的综合体的人来说就是如此！

[*e*] 一个猜中谜语的老姑娘或退休人员。

375

台词：

就像患者渴望扔掉绷带，我健全的精神同样渴望摆脱肉体的虚弱[a]；就像打胜仗的将军坐骑被射杀时会大喊：来匹新马——噢，我大获全胜的健

a 这被汗水浸透的、不透气的燕麦敷剂就是肉

全精神也会大喊：一匹新马，一个新的躯体[b]；就像海上遇险的人，当另一个溺水者要拽他的腿的时候，他会使尽浑身力气推开那人，我的肉体也像沉重的负担一样紧拽着我的精神，结果它成了死亡的毁灭；就像一艘蒸汽船，它的机械装置相对于船的构造来说过于巨大：我就是这样遭受痛苦折磨的。(570)

体以及肉体的虚弱(569)

b 因为只有肉体才会被耗尽

#

376

关于牛的狂奔

一项研究。

格外详细的描述单个的牛在展现其出色功能时的样子，对尾巴的摆动、倾斜的奔跑以及眼神的描述，——那头在我看着它时受到干扰的牛，它立刻夹起了尾巴。

[a]“整个自然都有着快乐的手势”，牛也是如此，尽管问题在于这个说法在多大程度上基于反讽。

#

377

假如有人告诉一个孩子，摔断腿是犯罪，那他将会在怎样的忧惧之中生活啊，而且很可能会更经常地摔断腿，甚至会把几乎摔断腿视为罪。假设他不可能克服这个童年印象。于是，很可能出于对父母的爱，为使他们的错误不会因他的毁灭而显得可怕，他会尽可能长久地忍耐。因此，人们给一匹马加载了过于沉重的负担，马使尽全力前行——然后跌倒了。

这样一种关于罪的“错误认识”的确时有发生，也许恰恰是由一个有着良好意图的人所致。这就好比一个男人，他曾经非常放荡，为了阻止他的儿子走上同样的道路，他把性本能本身视为罪——他忘记了他与孩子之间的差别，——孩子是纯洁的，因此必然会产生误解。（571）这不幸的人从童年时代开始就负载着重物，在生活中苦苦前行。

#

378

……假如你每个礼拜日都上教堂，经常阅读灵修书，聆听和阅读，这一切当然都跟你有关，但是你日常所遭受的那类痛苦折磨却从未被提及。每当“阿门”声响起之际，你独自领受的感化会说：愿上帝让这里所谈论的东西成为我的任务。假如马匹们能够召开启示性集会，它们讨论所遭受的饥饿，被残忍的车夫鞭打，在马厩里被踢，被戏弄，冬天被赶到室外（572）——但是听众中有一匹马，每次它都忧伤地回家，因为那里讨论的一切以及其他马匹套在车上头挨头所透露的东西，或者在草地上信任地彼此敞开心扉的东西[b]，这些它都能很好地理解，但它所遭受的痛苦却从未被讨论过[c]。

[a] 有一匹马，每次都快活跑去参加晚上在公共用地上的聚会，希望通过仔细聆听而学到些东西——直到它忧伤地返回，寻找自己孤独的避难所。

b 或者用嘶鸣声召唤彼此进行集体讨论

c 或者当它们在带露的夏日清晨站着把头摆来摆去的时候，其时草地看上去是如此诱人，

#

379

这一点可能并非不可思议，即一个人能够终其一生总是为他没有信仰而操心，还有他应该向谁诉说，可能向谁诉说：亲爱的，你是有信仰的，你的操心仅仅是内心性的苦痛。

#

#

380

我们读路德的时候，的的确确会对一种睿智

的、确定的精神留下印象，这精神带着一种“有权柄”的果断说话（布道的权柄——《马太福音》第 7 章中的“权柄”）。（573）不过在我看来，这种确定性当中有着某种热烈的东西，而这一点恰恰是非确定性。众所周知，对立的心灵状态常常试图在其对立面当中隐藏自身。我们用一些强烈的字眼激励自己，这些字眼甚至会变得愈加强烈，仅仅因为我们自身是不稳定的。这不是什么欺骗，这是虔诚的努力。我们甚至无法用言词表达忧惧的不确定性，我们甚至不愿意（或者说不敢）准确地为之命名，我们逼迫对立面出场，相信它能助一臂之力。因此，路德以压倒一切的方式使用在《新约》中适度地使用的东西：干犯圣灵的罪。（574）为了迫使他本人和信仰者前进，他干脆地、残酷地在所有方面使用这句话。果若如此，那么最终没有一个人没有干犯过圣灵，不是一次，而是多次。而如果《新约》上说，这罪不能被宽恕，那又怎样呢？——我清楚地知道，如果我把路德的确定性与比方说苏格拉底的确定性相比较，很多人都会在胸前画十字。（575）但这并不是因为多数人有更清醒的认识并且倾向于热烈的东西。众所周知，路德因杀死他身旁友人的那道闪电而颤抖，但这就是他一直以来说话的方式，就像总有闪电打在他的身后。(576)

#

381

关于基督教真理的一个证据

这个证据就是，它最狂热的敌人变成了最狂热的捍卫者，这种情况发生过多次。（577）对立的情况常常出现在哲学和其他诸如此类的东西身上，最热烈的追随者变成了敌人，而且背弃了初心。基督教的两面性恰恰显示出了基督教的绝对真理性，它对人的激怒和吸引同等强烈。在其他情况下，追随者最初的关系被直接地规定为朋友而非敌人，他被迷住了（就基督教而言，他是被推开了），然后他感到了厌倦。基督教则相反，基督教涵义非常丰富，结果它首先把人推开，然后再吸引过来，对立面的排斥就是内心性的动力测量仪。

#

382

台词

如同运输大批鲱鱼时，最外那层要被挤压、被消耗掉，如同包装水果时，最外层的样品要被碰伤、被弄坏：同样，每一代人当中总有一些人，他们处于最外围，因包装之故受难，他们只能保护那些待在中间的人

#

#

383

好撒玛利亚人可以通过与两个英国贵族的对比加以阐明。（578）这两个英国人看到了一个不幸的人，他骑的马惊了，正全速沿着乡村小路而来，每一瞬都会掉下来，他大呼救命，两人平静地看着这一切，其中一个当即说：我赌一百英镑他会掉下来，另一个回答说：成交；之后他们快马加鞭地向前，让沿途的大门打开，支付了过路费，为的是不让任何东西能让那不幸的骑手停

下。利未人和牧师只是经过，但打赌而不是帮忙！（579）

#

384

运动；重复；决断
一个三部曲

#

385

伦理考量在生活中是决定性的。它是权威和人类生存的目标。在其他方面差异可以是随意的：一个商人的财力以百万计，一个贫穷寡妇每年只有几百块的收入，这之间的差别是无所谓的，但是他们二者都要以权威的尺度加以衡量。（580）

#

386

如所周知，真正的珍珠要在蚌壳里吮吸露珠养育而成。但是根据《阿米阿努斯·马赛里努斯》，珍珠吮吸的是晨露还是晚露是有区别的。（581）——人的情况亦然：希望的还是回忆的高贵个体。

#

387

奇怪的是，在修辞性演说中，抽象的表达有时会比具体的描绘带来更好的效果。例如，当一个牧师说："我不了解你的生活，我的听众，我不知道你脑海正在想什么，你所隐藏起来的忧是什么"，他或许会催下一个人的眼泪，而假如牧师真的去描绘他特定的忧，那人会无动于衷地坐着。就像中世纪的抒情诗常常植根于普遍主义，受难者比方说不是谈论自己，而是谈论一个普遍意义上的人（那种抒情的客观化）。（582）同样，抽象也是言之成理的，就好像普遍性的微风吹过听众的头顶，这风感动了他，恰恰因为没有特别提到他。

388

很奇怪：一件无足轻重的小事自然要受到高度的蔑视，并且为所有的聪明人所忽略；作为回报，无足轻重的小事有时会报复，因为当一个男子发疯的时候，他几乎总是因为一桩无足轻重的小事。

#

389

一出戏的任务：

个人生存状态下的演员或许是我们这个时代唯一有利用价值的人物，但却没有被利用。生存的矛盾和困难是有戏剧效果的。一出比如像《基恩》这样的戏把这方面表现得非常突出，最终那位老提词人或许是戏里最好的人物。(583)

#

390

当埃拉斯姆斯证明尼莉是一块石头的时候，人们以喜剧的方式看到了三段论是多么软弱无力；（584）当尼尔森夫人（在《莱昂斯夫人》中）用尽一个单纯的母亲的全部忠诚信任，说她的儿子与一位出众的女士缔结婚姻没什么大不了的：因为我的儿子就算不是王子，他本来也该成为王子的，而这几乎一样好——她展示出的是激情的力量。（585）相同的话用不同的声音说出来就会产生喜剧效果，因为在理智看来这些话就是胡说八道，但在谦卑的母爱所营造的虔诚幻觉看来，这是巨大的激情。

#

391

幸运的是，我不是命运的宠儿，也不属于那些被极度崇拜的人，因为我乐于为前者高兴，并且向前者致敬，但我本人却无意成为那样的人，因为那种生存样态对公众是在制造不和，对不幸者则毫无慰藉可言。——

有一种鸟叫做报雨鸟，我就是这样的，当暴风雨开始聚集力量的时候，这代人当中就会出现像我这样的个体。（586）

#

392

在所有的道德败坏中，腐败的别出心裁最可恶。假设一个人在青年时代犯下了个人罪，假设他勾引女孩，嗜酒——但这里仍有这罪有朝一日击中他的良心的希望。但那种不同凡响，那种沉沦的可悲的光彩——个体在同代人当中蒸发，与罗马、希腊和亚洲混为一谈，那种自负的霉变，结果个体不属于肉体欲望意义上的沉湎于感性享受的人，而是在轻率的愚蠢当中从精神上被毁。（587）

［*a*］泛神论的

#

393

如果一个君主国家的臣民希望投身于一项调查，看在今天拥有国王是否是最好的，那么国王肯定会发怒。（588）人们就是这样对待上帝的——人们忘了，上帝是存在的，可他们要去反思有一个上帝是否是最好、最令人满意的。

#

394

就好像有些植物，它们不仅结出有益的果实，而且还净化和改良它们生长其上的土壤，结果它们不是消耗而是增强地力——每一种优秀的努力也是如此，它不仅结出果实，而且还净化思想的土壤。

#

395

美慕的辩证法

审美的—感性的人羡慕与他本人没有任何关系的陌生的东西；伦理的人羡慕包含了与他本人在本质上相似的东西，能够成为他本人应该成为的楷模的伟大的东西；宗教的人崇拜上帝，上帝真的是绝对的差别，但是他必须通过绝对的不相似而达至相似。（膜拜）。

#

396

哈姆雷特凭着火钳发誓，这幽默恰如其分；相反的情况亦然，例如，如果一个人说：我敢拿

我的头打赌，海贝尔的《天文女神》在装订上至少要花价值 4 斯基令的金子。(589)

矛盾就在于激情：拿头打赌；还有 4 斯基令，并且被那个修饰语“至少”强化了。(590)

#

397

真奇怪，今晚我出了西门，天黑黢黢的；在那些小街中的一条，我从几个男孩身边走过。(591) 我根本没注意他们，从他们身边走过之后，我才听到一个男孩在给其他人讲故事：“然后，他们去找那个算命的老妪去了。”夏天时同样的事情发生在我身上，在黄昏的派伯令湖畔，有两个小姑娘，其中一个说：“然后，他看到了远处的一座古堡。”(592) 我认为最伟大的诗人也不能制造出这样的效果，这些话扣人心弦，令人联想到了童话：关于远方的古堡，关于随后发生的事，或者他们走远了，直到，等等。

#

398

沿着海岸漫步，让海的运动陪伴着思想的不确定性——但是，不要站着不动，别去发现那种单调不变，你只要听上半秒钟，就已经很难摆脱海洋运动的魔力了。坐在一艘船里，让波浪的拍打声令人困惑地混迹于理念对某种唯一思想的执着之中，结果拍打声时而听得到，时而听不到——但是，不要让眼睛恋上水的运动，你只要投身于那种单调不变半秒钟，自然的劝说几乎就是一个永恒的诺言了。

#

399

……但是，没有人害怕上帝；我们在雷声中听不见他，在这方面我们的观念过于精神化了；我们在命运中看不到他——我们根本没有真挚情感。（593）但是，正如一切都要按有限性的常规进行训练，上帝自己也受到了训练。牧师们借助某些特定的条件把他拴在一根绳子上，一切都要看他们如何拉绳子。

#

400

格瑞慕尔·汤姆森真应该是位非常博学的人；我们从他学位论文中引用的众多书籍就可以看出来，但是从他的论文中我们还可以看出，他甚至还读了更多的书但却没有引用它们，例如《畏惧与颤栗》，《忧惧的概念》，《非此即彼》。（594）——

［a］看起来他把整个文学分成两大不均等的部分：他利用的著作，和他用来引用的著作：结果我们无法否认他利用了文学。

——我们无法指责他把灯放在斗底下；但是从另一方面说，把灯放在山上也是误导性的，如果它最适合照亮那些低洼地方的话。（595）

#

401

情境

一只先祖们用来捕猎的鹰坐在一棵孤树上，冲自己讲述在那些骄傲的日子里的故事（讲述时有一刹那的迷狂）。在沼泽的灯芯草丛里藏着两只青蛙，它们对鹰所讲述的故事表现出深切的惊讶；它们本想告诉对方各自的生活经历，然后它们注意到了鹰，现在它们不好意思开始了。

402

在一两份报纸上突然提出这么一个问题会是搞笑的：为什么所有的人至少在某些时刻会有一种无法言传的渴望想成为一只鸟？一个字不多。短篇小说会利用类似的东西，令其成为两人之间的约定口令，或者一桩赌注，因此小说可以这样开始：一天，有人在《童子军报》“一个问题”的标题下读到了下面的句子——在 M 城……激起了普遍的惊讶。(596)

403

一个在其他情况下跟你打招呼的人，在与一位地位高贵的人走在一起的时候没有跟你打招呼。这是骄傲吗？远非如此，这是因为他本人对这种组合感到绝望；歌德并没有这样做。(597)

#

404

比写作一个美学体系更难的，是描绘一位演员，比描绘一位演员更难的，是描绘他的一次表演。素材越少（所有关于中国戏剧、中世纪戏剧、古北欧戏剧和西班牙戏剧的素材，等等，等等），任务越艰巨，因为这任务是对表现力的直接测试。人们越是敢于采用整体研究的方法，任务越简单，因为当素材非常丰富的时候，人们似乎是要借助那些绝对抽象的观点说出所有人都能背诵的东西。但是，任务越具体，它就越困难。上帝才知道，哲学家要对那个令他们自己和他人相信的幻觉坚持多久，即总体研究是最困难的。

=

405

彼得·罗丹姆是一个满怀希望的、孩子气的人。(598)（他说：我生气了；然后，他不再生气；然后他又生气了，他难侍候，在智识方面还处于像孩子一样尿裤子的阶段）可惜人最多活到70岁；假如习惯上人们平均可以活到250岁，那罗丹姆就是正常的，因为他现在才40岁。

#

406

担子一直保持不变；但是每次他疲惫地叫喊：几点了，回答都是：永恒。

> （在一个意大利民间故事中讲到，一个不幸的人在地狱中醒来并且喊道：几点了，他得到的回答是：永恒。）

被用于《非此即彼》的一个地方。(599)

#

407

假如没有地震，没有火山喷发，没有瘟疫和战争等来教会人类认识万事万物的不确定性，那么，宗教演说在日常生活中就应起到相同的效果。是啊，接受这一点。

#

408

对于一个人来说这是有些可怕的，当他就要解救自身的时候，却看到另一个人犯下了同样的错误（这一点在《有罪，还是无罪?》当中、即“沉默的兄弟”关于共感式悔悟的论述中被触及）。（600）但是，如果我无权跟他人比较以便赞美和提升我自己，而只是在与理想建立关系；那么，我也无权跟他人比较以便对自身感到绝望，我只要坚守自身，坚守真理，永远不让自己出于骄傲或者同情而通过一个我永远都无法认识的第三者的命运来理解真理，我只要掌握永恒的真理。

=

#

409

这是一个不寻常的令人同情的景象，看到一匹可怜的老马套在车上，头套饲料袋，却不能食。或者一匹像这样的可怜的马，饲料袋套错了，结果无法吃到饲料，而且没有人想着去帮它。

#

410

这会是一个恰如其分的幽默对白，当丈夫对他正怀孕的妻子说：你现在听着啊，小妈妈，你难道就不能试着稍微快一点完成这件作品吗。一个幽默的人容易不耐烦，但是自然的进程是对人类的快与人类的慢的一种讽刺。

#

411

最后的、简单的附言（601）

“前言”（或者如果把它置于“附录”中）最后一段话中“我本人要说，我只是一个冒失鬼”等等的意思是，直接地理解，在生存艺术方面绝对没有什么导师。（602）这一点在书中已经说得够多了，但在这里说会有很多人直接地去理解它，可能没有人会反对我。刺心的话在下面："这种两面性的艺术"[a]，还有："不管这是令人高兴还是令人悲伤的标记。"(603)"令人高兴"的意思是说根本就没有什么导师，因为直接愿意为之的是傻瓜，并且最终："让当这样的导师的空洞的、虚荣的想法远离我吧"（"虚荣"在这里是在《圣经》意义上说的)。(605)——就生存而言，只有学生，因为那个想象自己已经完成，因而能够教导他人并且忘记了自己要去生存和学习的人，他是一个傻瓜。在生存方面，所有的生存者只有一位导师：生存本身。

a 接下来：真该从中得出点东西。（604）这意思或者是说有些人会通过成为见证者而学到些东西，因为成为见证者并非是直接的沟通；或者很清楚，导师根本不存在。

412

在《最后的附言》一书中，我在一个地方引用了路德的一些话（《论巴比伦的俘获》)。(606) 它们写在"这些圣事"之中，无可否认的是，路德以此指的是那五种天主教圣事。(607) 现在有个人冲了出来，并且提出了反对意见，等等。（608）好啊，请便。正合我意。我本无意在书中开启学究气的考察，也没想着使用我最好的武器。现在，有位令人尊敬的先生受到诱惑想占点小便宜，于是我就可以引用同一本书中更为重要的部分了，我在我的藏书上已经做了标记（格拉赫版)。(609)

#

413

今天我听到一个公共马车车夫讲，一个醉酒的车夫以极快的速度驶过："他有那种把一个人带到阴沟里去的东西。"(610)

#

414

最后的附言

全书于 1845 年 12 月中旬左右交到了印刷厂，齐、清、定。“最初的和最后的说明”在原稿的一张纸上草成，但被放于一旁以便写作并且尽可能晚地交稿，以防在印刷厂遗失。[a]（611）关于那些假名著作的一段中有个注释我不想印出来了，只因它们是在印刷厂写的。（612）包围着我们的谎言、市井闲谈和庸俗有时会让一个人的处境非常困难，或许让我过分焦虑地想让真理站在我这边，直到最微小的碎片，这何用之有呢？

a 有那么一瞬我无法决定，考虑到外在环境（《海盗船》的胡说八道和市井闲谈），我是否要承认我的作者身份，是否要通过挑明出版日期而指出，这一切要比那些胡说八道更早。（613）但是，不了！我欠真理的恰恰是不去关注这类玩意，我做所有的事都仿佛它们已被决定，我把结果交给上帝的意愿，从上帝手中接受一切，作为好的和完满的礼物，拒绝精明的操作，用上帝会给予我坚定而智慧的精神这一点来安慰自己。（614）

#

415

我现在的想法是培养自己成为牧师。（615）我在很多个月中一直在向上帝祷告，祈求上帝继续帮助我，因为对我而言这一点早就清楚了，我不应该继续当作家了，当作家这件事我或者完全愿意或者根本不愿意。出于这个理由，我在看校样的时候没有开始做任何新的事，只是写了《两个时代》的短评，那个也完成了。（616）

1846 年 2 月 7 日

#

416

对于那个男人来说多可怕啊，他在孩提时代曾在日德兰石南荒地上牧羊，受尽折磨，忍饥挨

饿，筋疲力尽，他站在一座山坡上诅咒了上帝——这个男人在 82 岁的时候无法忘怀。（617）

#

417

教会不审判隐藏起来的东西　　参第 268 页 参本日记第 194、185、171 页（618）

我敢对罪过保持缄默吗？但我敢亲自将之公之于众吗？假如上帝愿意将其公开，他肯定会这样做，因此这种自我公开说到底就是在发挥天意。

今天，回忆带着指责从我身边经过。假设这指责公开了。我可以远行，远远地离开这里，在一个陌生的国度生活，一种新生活，远离回忆，远离每一种将之公之于众的可能性。我可以隐居起来——不，我必须待在原处，不带任何精明措施地做所有的事，把一切交给上帝。以这种方式待在原地，仅受可能性的培育，这会令一个人怎样可怕地发展啊。

[*a*] 这里还可以运用那个德语谚语：上帝在无人说话时审判（即：当所有人沉默的时候，当没有人想着去指控的时候，没有人梦想着去指控，或者当指控者死了的时候。）参《德国童话和传说》，I. W. 沃尔夫，莱比锡 1845 年，第 213 页。（619）

#

418

我认为这话是歌德在一个地方说的：

哎呀，当我走错路时，我有很多伙伴，

自我认识了真理，我几乎是孤独的。（620）

=

419

迄今为止，我一直以帮助假名作者成为作家的方式服务，要是我下定决心今后以评论的形式去从事我能够潜心为之的微小创作，结果会如何呢？那样我会俯就我不得不在评论中所说的话，评论出自我的思想在其中缠绕的一些作品，因此这些想法也能在作品中找到。（621）那样我至少会避免成为作家。

1846 年 2 月

420

确实是良心构成了人格，而人格是个体的规定性，它通过在良心的可能性当中为上帝所知而建构。因为良心可以沉睡，但是它的可能性却是建构性的。否则规定性就只是一个转瞬即逝的环节。甚至对于规定性的意识，自我意识，都不是建构性的，因为它只是规定性与自身建立的关系，而上帝的共知才是固定，是强化。

#

421

赛亚在看到尼尔森教授位于腓特烈斯贝的公寓时说，能够住在这里并且在闲适中学习，这对教授来说太好了。（622）尼尔森教授对赛亚说："不，（淡定，淡定,），赛亚，我现在不再读书了，现在我要死了。"（623）与赛亚主任无疑钦佩学习的想法相对立，老米凯尔的"读书"给人留下了令人赞叹的印象；整个故事是对尼尔森教授高贵的质朴性的最佳指示——现在是放弃：我只是要死了。

#

422

文学上的卑劣行径的概念可由下列谓词加以规定：它缺乏理念的合法性，尽管它有些才能，缺少人生观，懦弱，奴性，粗鲁，拜金；因此它在本质上应为匿名。（624）假如为了更好地看清差别，我们把希腊的瓦解与阿里斯托芬的喜剧相比较，那么阿里斯托芬因理念而自我主宰，因天分而出类拔萃，因个人的勇气而高尚。（625）表现蛊惑民心的政客克里翁的确需要勇气，当没有演员敢去表演的时候，他亲自接下了戏里的角色。（626）但是，正如古代根本无法达到现代瓦解的抽象程度，同样，即使在腐败时期，古代也没有堪与那种懦弱的可怜状态相类比的情况，而后者是匿名所欲鼓励的。苏格拉底在《申辩》篇中说得好，真正指控他的那些人已经指控他很多年了，这些人就像无人能抓住的影子。（627）但是即使市井闲谈和推心置腹的谈话像影子，它们仍然是真人以某种方式所为，而凭匿名的方式，单凭一个人就能施展魔法变出一营影子。（628）

#

423

在我们这个时代，每个人都能就任何东西写出一篇像样的论文；但是却没有人愿意或者说能够忍受彻底思考唯一的一种思想至其全部最为精细的后果的那种艰苦劳作。相应的，正是在我们这个时代，写作小玩意是被欣赏的，而写作大厚书的人则几乎成为笑柄。（629）在过去，人们阅读大厚书，如果人们读的是小册子和期刊杂志，他们是不愿让人知道的：而现在呢，每个人都感到自己有责任去阅读期刊杂志和小册子里的东西，但却羞于从头到尾读一本大厚书，害怕会被视为蠢材。（630）

#

424
明谷的伯纳德说："因他事分心的灵魂，是无法满足上帝的到访的。"（631）

#

425
最终结局会是这样：就像形而上学已经取代了神学，同样，物理学将取代道德学说。所有对道德的现代统计学考量对此做出了贡献。（632）

#

426
每一次看到新的一期"娱乐"期刊出版的时候，我都会忧郁地想：我的天啊，现在又来了一位要跳海的人，但此人事先已冒了极度风险尝试在风趣幽默的、讽刺的领域中当一名报刊写手。（633）

#

427
我们这个时代不可能在政治方面有新的发展，因为政治在一代人与个体的关系问题上是辩证性的，借助代表性的个体；但是在我们这个时代，每个个体都已经处于过度反思的状态，结果他们无法满足于仅仅被代表。（634）

#

428
如今的丹麦文学界，即使知名作家稿费收入都非常少，相反，那些雇佣文人的小费收入则相当可观。（635）如今一个文人越令人鄙视，他的收入就越高。

#

429

人们认为一个人拥有错误观念是喜剧性的，当这错误观念被说出时，我们会笑话它。甚至连贺伯格都运用这种喜剧效果，尽管实际上它并不真实，并且只是偶然的。例如，住在山里的人相信地球是平的。（636）哎呀，如今这并不是多可怕的事，喜剧性很快就转到另一边去了，有些人会对知道地球是圆的而洋洋自得。如果拥有关于某事的不正确的观念就是喜剧性的，那么我们所有人或多或少都是滑稽可笑的，那么就等着在我们身上发现这样那样使我们显得滑稽可笑的东西吧。但是，如前所述，这种喜剧性是次等的，而喜剧感和对喜剧的理解力很不充分，结果它几乎总是被采用，我们很少看到纯粹的喜剧性。

纯粹的喜剧性是说，一个人知道何为正确之事，但却表现出他并不知道。这里有着那种本质性的矛盾。一个人知道上帝是存在的——而他却说：鬼才知道。他知道万物皆不确定，但是"经验教导他"要抓住"确定的东西"，那个确定的东西恰恰是不确定的。（637）

#

430

团体或社会辩证法如下：

1）在关系中，相互关联的个体都低于关系。

以此方式，在身体有机组织中，个体要低；

在太阳系中具体的天体要低。

2）在关系中，相互关联的个体都与关系平等。

以此方式，在尘世之爱当中，每一方都为自己而在，但双方对关系的渴求是相同的。

3）在关系中，相互关联的个体都高于关系。

因此在宗教中，这是最高的形式。单一者首先与上帝建立关系，然后才是社区；但是，第一种关系是至上的，只要他不拒绝第二种的话。

还可参《最后的附言》第 327 页。
任务不是从个体出发到族类，而是从个体出发，经过族类而企及个体。(638)

参贝耶尔博士的论文《伦理共同体的概念》（在费希特的期刊第 13 卷，1844 年，第 80 页）。
他的三部分是：关联，关系，统一。（参第 80 页和 81 页）。(639)

431

教会不审判隐藏起来的东西

参第 256 页，194 页，185 页，171 页。

我们可以在这里插入一个不幸的恋爱中的女子的受难故事，让它们在日期上彼此呼应，除此之外没有任何瓜葛。(640)

编辑以某种奇特的方式拥有两个部分。

#

432

当一个濒临沉沦的误入歧途者将要毁灭之际，

这是他最后的对白和标记：我身上某种好的东西最终要毁灭了。同样的，溺水的人会吐出泡泡，这是标记——然后他沉下去了。就像自我封闭能够成就一个人的毁灭，因其不愿道出隐藏的东西，说出那些话也是一样：毁灭。因为开口说话所表达的恰恰是他本人已变得非常客观化，结果他竟然敢于谈论他自己的毁灭，就好像谈论某种已经决定了的东西似的，这东西甚至能在心理学的意义上引起第三方的兴趣。那个他身上毕竟还有些好的东西的希望，原本可以在沉默中用于他自身的拯救，而现在这希望被说出来了，作为他为自己所做的墓前演说的一个部分。（641）

#

433

算术题

假如我是一个牧师，我的演说能够令一个人从教堂回到家后，只想着下次去听我的演说，同时他赞扬我，为我欢呼；——另一方面，假如我注意到了这个人，通过研究他的个性，我知道如何去影响他，我推开他，结果他最后几乎生我气了，他走进屋，并上门，向上帝祷告：在哪种情况下我使他更受益呢？（642）在一种情况下，正是我的欺骗帮助他达到了真理；在另一种情况下，我对真理的支持恰恰成了欺骗；在一种情况下，他终于真理而始于欺骗，在另一种情况下，他终于欺骗而始于真理。

但是，人们无论如何都需要这样一个人，即使不是在其他的意义上，也是在斯多葛主义者所说的话的意义上：智慧的人什么都不需要，但有很多东西是他必需的。——尽管智慧的人自我充足，但朋友对他是必需的，他要的不是一个能坐在他病床边上的人，而是一个他能亲自照顾的人，一个他能为之死的人。(643)

摘自贝耶尔博士发表在费希特编辑的学报上的小论文，第 13 卷，1844 年，第 86 页。——(644)

#

434

《贝林时报》在文学和批评方面（因为就其主要任务政治而言是另外一回事）堪与午餐面包纸相媲美；人们边吃边看，真的，我甚至看到有位先生没有餐巾，就拿报纸擦手。（645）但环境真的对于所有的事都有重大意义；因此它所希望的是让读者尽可能严肃一点，但又不用高端到所有人都无法明白的地步：不应该以那种方式阅读。因此，我不希望阅读印在这份报纸上的东西。我不要我写的东西因登上这份报纸而获得广泛的传播，我宁可希望拥有一个唯一的读者。(646) ——

[*a*] 这种缺乏自信是且一直是毁灭，一切都跟钱有关；倘若有人付钱，我肯定会找到人出版一本专供在茅房阅读的期刊。

#

#

435

人们指责我，因为我紧紧抓着明斯特，而且还高兴地接受了他表达认可的几句话。（647）这难道跟我 1845 年在《祖国报》上说的不是一回事吗，当时我请《贝林时报》不要赞扬我，这难道跟我一直以来所说的不是一回事吗，从我的第一本书到最后一本。(648) ——

现在看《最后的附言》的“前言”。1）书出自约翰尼斯·克利马克斯之手，而且这里真正关键的仍然是，在书的结尾有言曰，假名作者不是我，假名作者所持有的漫不经心是我既不能、亦不愿拥有的。(649) 2）这里所讨论的是何种赞同和指责呢？是与乌合之众的欢呼和“让他去死”的类比。(650) 那么，就因为他鄙视和拒绝所有这类大众化的认可，他因此也要拒绝真正杰出的个体吗？(651) 多么愚蠢。假如像《海盗船》这样的报纸不是完全没有自知之明，它会轻易明白我为什么不愿被它认可；假如它多少有点自知之明，它也会洞悉为什么我甚至宁愿挨它的骂，其令人鄙视之处只有它自己看不见。

#

436

根据我的概念，胜利并不意味着*我*胜利了，而是说理念因我而胜利，哪怕我牺牲了。

#

437

人们完全忽视了使科学研究变得极其困难的东西。人们认为，每个人、因此包括研究者都知道，他（在伦理的意义上）要在世界上做什么——然后他献身于科学研究。但是，首先要管的正是伦理考量——不然或许所有的科学研究都会搁浅。研究者个人生活与科学研究的范畴完全不同，但恰恰前者才是最重要的。比如说，研究者要祷告——如今他全部的努力是忙着证明上帝的存在。但是，当他的存在分裂成这种自相矛盾的状态的时候，他何以能真挚地祷告呢？假如他的确是在真挚地祷告，那么问题便在于，他如何

[*a*] 因此，斯宾诺莎以极自然、极质朴的方式开始了一篇小论文（《知性改进论》，第495页）。(652)

从祷告过渡到埋头从事科学研究呢？作为研究者，他如何理解自己祷告的行为，作为祷告者，他如何理解自己研究者的身份呢？

438

如果一个人有意竭尽所能地去工作，但又不断补充说，他并不坚持有所成就，那么他会被视为自我中心主义者；如果他用一半能力去工作，但一直确信他非常想有所成就等等，那么他会因其同情心而被赞扬，何故？因为这种事之序包含了一种对大众的让步，大众因为此人忙于与他们打交道而受到了恭维。这以多种方式指向颠倒了的作家与公众的关系。作家把自己置于次于公众的地位上，请求来自公众的温和评判，等等，委曲逢迎，最终作家变得就像一个打工仔，而每一个小贩都成了公众。

#

439

斯宾诺莎拒绝接受生存的目的论观点，并且指出（在《伦理学》第一部的结尾），目的论的观点只能靠转向无知的避难所才站得住脚——人们对于致动因一无所知，于是制造出了目的论。(653)——在《伦理学》第二部，他为内在性进行辩护，指出它是遍在的，只是人们并非普遍地知道哪个为致动因。(654) 不过斯宾诺莎在这里实际上逃向了无知的避难所。目的论的捍卫者们推论：我们不知道它，因此它不存在。斯宾诺莎推论：我们不知道它，因此它是存在的。

这意味着什么呢，意味着无知是两条道路不可见的统一点。因为无知是人们可以企及的，而

那就是在《最后的附言》中所称之为的“道路分岔”（参《最后的附言》第二册、第二章“主体性即真理”。）（655）

440

如果最坏的事发生（因为最好的事是说，隐居者活得惬意），那么较好的情况从来就在于，平均化的人更喜欢清除而非崇拜一个东西；因为平均化的人在本质上都一样，不管他做什么事，都会变得一样迟钝，一样愚蠢；不过，如果人们做前者，情况却不似后者那么疯狂。（656）人们不理解真理——所以人们将之清除；这至少还有道理。但是，人们不理解真理——然后便崇拜之。这是疯狂。

#

441

除非突然剪掉人类的一千年，把这座桥砍断，以便教会人类就以生活和生存的难题为开端，否则一切都将混为一谈。人们混淆了生存难题本身与在世世代代的学者意识当中对这难题的反思。就每个生存难题而言，关键是它对我的意义，其次才能看我是否适合去讨论学问。

#

442

我们应该像古代那样，重新以人的方式开始那个问题，即我是否要成为科学家，而不要所有关于科学开端的故弄玄虚之辞。（657）

于是，我们将从一个纯粹的伦理考量开始，或许最好应该以柏拉图对话的形式进行，以便让这一切尽可能地单纯。

于是，推动人们开始的东西再次成为惊异，就像古希腊人一样。（658）为此目的我们还可以利用笛卡尔在其论激情的著作中所注意到的观点，即惊异没有对立面；斯宾诺莎在《伦理学》第三部分也注意到了“惊异”[a]，他没有将之归入所有情绪由之推出的三种情感之中（欲望，快乐，痛苦）。（1）（659）——作为次要问题，这里可以考虑以怀疑作为开端的观点。（660）

a 参第 369 页。

推动人们开始的是惊异，而人们所由之开始的是决心。（661）

（1）评论：在说到“过渡”时，他明显是采用了希腊概念“运动”，在界定“快乐”和“痛苦”时他指出，这是“向圆满的过渡”，而非“圆满”本身。第 368 页。（662）

443

现在我通读了斯宾诺莎的《伦理学》。不过奇怪的是，把伦理学构筑在一个无疑正确、但却又非常不确定的原则“保持其存在”之上，并且保持了如此的模棱两可性，结果它既可以意味着身体的爱、自我中心的爱，又可以意味着理智之爱当中最高的断念。（663）

但这里肯定是有矛盾的，即处理如何、以何种媒介通达那种统辖诸情感的完美，通达那种完美的道路（参第 430 页结尾），然后佯装成一种内在性理论；因为这道路实际上正是目的论的辩证法。（664）我走这条那条道路，做这事那事——为了，但正是这个“为了”区分了道路和目标。

#

444

今天《地址报》上发了公告，说一个八岁的小男孩死了，公告的结尾是这样的：“我们极度悲伤地告知他的小友们。”（665）好极了，小男孩们被认定要去读报，看看他们的小友当中是否有人死了。

#

445

报刊批评要逐渐扩展至人们很少想到的对象之上。有一天，在一份地方报纸上说，一个男人被刽子手 N. N 执行了死刑，刽子手干得极精准；另一个刽子手 F. F 在场执行鞭刑，干得令人满意。(666)

#

446

追逐瞬间的认可就像是追逐自己的影子。影子躲避追逐它的人。我想到了一本灵修书上的图画：一个孩子跑着去追他自己的影子，影子当然跟着他一起跑。(667)

#

447

斯宾诺莎《神学政治学论》前言。

第 88 页

……对于其他人［也就是说那些不是哲学家的人］，我并不试图推荐这篇论文，因为我没有任何理由去希望，这篇论文能以任何方式迎合他们的趣味；我的确清楚地知道，这些偏见深深地根植于人格之中，在虔敬的外表之下它们被视为是思想；我还知道，从百姓身上去除迷信和恐惧同样是不可能的；最终我知道，民众身上牢固的特性是抵抗，这种抵抗不由理性掌控，而由一种突然要去赞扬或批评的冲动所掌控。因此，我不求百姓以及所有那些受情感支配的人们读我的书，我宁可他们远离此书，他们自己未曾受益，而且会以其通常的全面错误理解去制造麻烦并且损害其他的同时代者。(668)

最后一点包含了一种提前的致歉。

#

448

在墓园里，有位寡妇为其亡夫刻下如下碑文：

人啊！你已经战斗过了

但是，以这种方式强调的“人”意味着一位英雄，而非一位丈夫（因为只有在低级的形式之下才这样说：男人，我丈夫，她丈夫），甚至连殡葬承办人都不如。唉，逝者恰好是殡葬承办人。(669)

#

449

……嫉妒的人是殉道者，但却是魔鬼的殉道者。

参《圣克拉拉的亚伯拉罕全集》第十卷，第 392 页。(670)

#

450

《希伯来书》

10：39：我们却不是退后入沉沦的那等人。(671)

#

451

在一本古老的灵修书中（阿伦特的《真基督教书》），对《圣经》中“神会擦干我们的眼泪”做了极美的评论——也就是说，他补充了一个绝妙的教义问题：但是，上帝何以能擦干你的眼泪，假如你根本就没有流泪呢？(672)——这种单纯性中具有何等的真理啊；动听的言辞多么感人。

#

452

应该是阿那克萨戈拉说的：感觉是有限的，精神是脆弱的，生命是短暂的。

这些话肯定出自西塞罗的《学术问题》第1册，第12章。(673)

#

453

良心是上帝拥有权力之处。即使一个人拥有全世界的权力，上帝仍然是那强者。而知道自己拥有权力的强者定会这样对没有权力的人说：去做你想做的事吧，让人们以为你就是那强者，这一切如何处之将是你我之间的秘密。

#

454

出自一则情境演说

……森林不愿与孤独者为伍，因而它把孤独者所说的话原封不动地、不动声色地返还给他，森林的回声就像一个“不”，尽管它要响好几声，但它只是一个重复的“不”；如果森林愿意与他说话，那么它就会好好地答话；如果森林愿意加入他，那么森林定会把他说的话保存起来，藏起来保持不变。——（674）

455

恩培多克勒认为有两种类型的疯狂：一种的根源在于身体的疾病，另一种在于灵魂的净化。

参瑞特尔第1卷，第571页（675）

他在一则注释中引用：塞利乌斯·奥勒利安努斯：《论慢性病》第1章、第5节：恩培多克勒学派认为，疯狂的一种形式源于灵魂的净化，另一种是精神虚弱的结果，它归因于身体疾病或者错乱。（676）

#

456

就建构观念而言，瑞特尔做了非常出色的评论（第一卷导论），即建构整个世界的历史比建构地球和人类的历史更合适，建构人类的历史比建构哲学的历史更合适——还有，幸运的是没有人产生要建构一个个体的历史的念头。（677）——这相当具有讽刺性且真实。建构的理念是想象的，因此碰到具体事物就会陷入困境。 ［a］第23页。

同样的，宏大的整体研究也会掩盖一个人的无知（这就是那些半吊子在此方面格外出色的原因），一个微小的具体事物就会使之昭然若揭。

#

#

457

文学上的卑劣行径在本质上是匿名的，为了使之完整，甚至订阅者都是匿名的；这种卑劣行径由雇佣文人来代表，为了使之完整，订阅者甚至允许农民来代表自己。(678)

#

458

随着启蒙和教育的逐渐增进，要求变得越来越高，哲学家满足时代的要求自然也就变得越来越难。在古代对人的要求是：精神的能力，心的自由和思想的激情。与现代相比，如今人们要求的是，在哥本哈根，一个哲学家还应该有双粗壮的或者有型的腿，并且穿着时尚。（679）越来越难了，除非人们只满足于后一种要求，认为每一位有着粗壮或者有型的双腿并且穿着时尚的人就是哲学家。

#

459

最终，一切都头脚倒置了。写作不是为让人从中学到东西；噢，老天，这是何等的不礼貌啊，读者世界万事皆知。不是读者需要作家（就像病人需要医生），不，现在是作家需要读者。因此，简言之，一名作家就是一个陷入经济困窘之中的人；于是他才写作，这是在参加考试，而万事皆知的读者世界就是考官。一个写作但不赚钱的人不是作家；这也就是人们不把那些在《地址报》上写作的人称为作家的原因，因为那是要花钱的。——在艺术领域亦然。一位演员不是一个了解了欺骗性艺术的奥秘想要指导性地去欺骗观众的人。噢，老天，公众自己就能出色地表演喜剧。不是公众需要演员，而是演员需要公众。一位演员就是一个陷入经济困窘之中的人，当他表演的时候，他是在参加考试。——

#

460

……当他在富足的日子里收集了全世界的财富，或者说当全世界的财富向他涌来的时候，他比最贫穷的人富有吗？或者，全世界藏在贪婪之中的金子，比穷人节省下来的小钱填充得更满或者至少一样满吗？(680)

#

461

空中响雷时，如果我们看水面和孤树，这一切就跟拨动镜面产生声音图形时一样。(681)图形甚至还有些颤动。

#

462

所有的问题最终都是共产主义式的。(682)《哥本哈根邮报》上刊登了一篇来自日德兰半岛的文章，重印了几个德国人对麦德维《拉丁语语法》一书的不利评语。(683) 于是，人们写下了关于麦德维的《拉丁语语法》（一个不为人所知的巨大的量）和几个德国教授的评语（一个极其含糊的量）——为酒馆老板之类的人而写。最终一个酒馆老板会这样想：我为什么就不能评论拉丁语和希腊语呢？（684）这类东西不过是中世纪和等级制的残余。（685）难道我没有为儿子上高级中学支付昂贵的学费吗？难道我不该懂点拉丁语和希腊语，或至少对它发表点意见吗？（686）

#

463

正如每个房客都有一个擦鞋工，每位大作家都有一两个半吊子为他呈上责备，通常是每当这位作家写了点东西的时候，他们就会在报刊上宣扬，这是最恶毒的胡说八道，云云。因此，麦德维有巴登，而 P. L. 缪勒也是这样的一个半吊子。（687）一个这样的半吊子就跟市场门卫一样；每当农民来到市场的时候，门卫就会在他们的车上挑选他认为有利可图的东西，同样，一个半吊子也在作家身上挑选有利可图的东西，只要这作家的名字会保证公众去阅读——关于他的坏话。——

#

#

464

直接性的人相信并且幻想，主要的问题是在他祷告的时候，这是他格外着力之处，上帝会听到**他**所祷告的内容。但是在真正的永恒的意义上情况恰好相反：并不是说，当上帝听到他祷告的内容的时候，真正的祷告者的关系才出现，而是说正在祷告的人持续地祷告，直到他就是那倾听者，他听到了上帝的意愿。直接性的人说了很多话，因此他祷告的时候实际上是在提要求；真正的祷告者只是在专注地倾听。(688)

#

#

465

令人惊叹！在城外有一处死者的园地——一小块土地，仅跟一个小农场主的土地那么大，但这里却容纳了全部生命的内容。（689）这是对现实的概括描绘，一个简洁的概要，一部口袋书。

#

466

“孩童将评判你们”，一位古老的预言家这样说，宣布这是对不听话的以色列的最重的惩罚。（690）这话适用于我们这个时代——孩童们在报刊上写文章，等等。它也适用于苏格拉底在柏拉图《理想国》中所说的，最终父母害怕孩子，出于对他们的害怕，他们必须要嬉戏和开玩笑——以孩子们愿意的方式。(691)

#

467

有一些事情可归为生活中的不愉快，尽管没意义，它们会相当令人厌烦。在这方面我清点出：穿堂风，抽烟，臭虫，还有闲谈。

#

468

一则东方谚语是这样说的：“赞扬一个人，然后再中伤之，这就撒两次谎了。”

出自《一千零一夜》，第829夜。（我的大开本藏书）（692）

#

469

对于存在着一个公正政府的最佳证明是说：“不管发生什么，我都愿意相信”。所有的证明都是耍花招，是两面三刀，它想沿着两条道路（客观的和主观的）在同一时间抵达同一个东西。信仰者自言自语说：“万事万物中最可恶的就是，你竟然允许自己在某种隐蔽的思想中侮辱上帝，认为他行了不公正之事。因此，不管有人愿意写本大厚书去证明上帝的正当性或是指控上帝，这与我何干呢，我愿意相信。对我来说，在我能够理解之处，我愿意去相信，因为相信是更有福的；只要我们人类活在这个世界上，理解就很容易成为一种幻想，一种志同道合的再三要求；而在我无法理解之处，是的，去相信就是有福的。

#

470

唉，一旦一个政府要在报刊上证明自己的正当性，事情看上去就不对头了，但上帝与世界的关系并不像尘世间政府之间的关系，归根到底上帝拥有创世者的权利要求被造物的信仰和顺从，此外每一个被造物在内心都只应去想那些令上帝感到愉悦的事。（693）上帝毕竟不是选举产生的国王，他有可能被下一届地方议会赶下台，假如他没有令人满意地证明自己的话。（694）事情相当简单。惩罚措施是充满爱意的父亲为违规行为发明的。但是，就像在一个有很多孩子的大家庭里，无辜的孩子有时会受到牵连，同样的，在一个有着数百万人的大家庭里（695）……不，事情并非如此，其根源在于，在有很多孩子的大家庭中，父亲和教师都只是凡人，但上帝却能洞察秋毫，上帝连人的头发都数过了，他不会茫然不知所措。（696）因此，无辜者不会受惩罚，但他必须背负一些苦难。一旦无辜者在苦难之中转向上帝，询问这是否是一种惩罚，他立刻就会得到这样的回答："不，我亲爱的孩子，这根本不是惩罚，这一点你当然是知道的。"

#

471

谢林在《斯蒂芬斯遗著》的前言中正确地指出："一旦大众成为真理的裁判者的情形出现，那么，离开始用拳头决胜负的时候就不远了。"（697）

#

472

一个栖身于多数人当中的反讽者，正因为如此是一个平庸的反讽者。栖身于多数人当中是一个直接性的愿望，反讽对一切表示怀疑。因此，一名真正的反讽者从不待在多数人中间。那是弄臣所为。

#

473

人们相信并且闲扯并且为之激动的是，苏格拉底是很受欢迎的。啊呸！所有那些说他四处跟鞋匠、皮匠之类的人对话的事，都是针对"博学的哲学家”的反讽性的斗争，因而使他感到开心，他们看似是在一起谈话（他和鞋匠），因为他们使用同样的语词——但是，苏格拉底所理解的是完全别样的东西。(698)

#

474

作为善辩者，H. 赫尔兹给我留下的印象就像是一名军官，他作为志愿军在海外服务，旁观了一场战役，然后回家，在公共用地上组织了一场被认为是战役的军事演习：赫尔兹在一切结束之后组织了一场战役。(699)

#

475

公众最想让一个经营头绳的犹太人成为作家，因为那人是人们可以极其刻薄地对待的。人们能够居高临下地花几块钱买到精神的礼物，然后踢上犹太人一脚，这一点以极优雅的方式令公众感到开心和满足。(700) 自然了，只有作家才能提供这样的条件，在某种意义上，他就像沿街叫卖的小贩，巴结地站在他的售货亭里——只要他赚到钱。

#

476

个体的能力是可以由在他所理解的和他所意愿的东西之间的距离来衡量的。凡是一个人所能理解的，他也应该能够强迫自己去意愿。在理解和意愿之间的是借口和逃避。

#

477

苏格拉底为什么要自比牛虻？（701）

因为他只想拥有伦理意义。他不想成为一个远离他人的受人崇拜的天才，因而在根本上使他人的生活变得容易，因为那些人会说：是啊，他很容易做到，他是天才。不然，他所做的只是任何一个人都能做的，他所理解的是任何一个人都理解的。警句性就在这里。他死叮着一个单一者，不断地用通常的事务强迫他、戏弄他。因此他就是一只牛虻，刺激着单一者的激情，不让对方平庸地、虚弱地去崇拜再崇拜，而是要求对方的自我出来。当一个人拥有伦理力量的时候，民众乐于使其成为天才，只是为了摆脱他；因为他的生命中包含了一种要求。

#

478

柏拉图《理想国》的出色之处就在于，他没有令国家高于个体，完全没有在黑格尔式的胡说八道的意义上。（702）为了描绘个体，他描绘了国家；他要描绘一个民主派人士，为此他描绘了民主政体；他为个体建构了一个国家，认识了一个，就认识了所有——这是人的本分的理想；否则，我们就会把众人因身为众人而制造出来的东西与每个独立个体制造的东西混为一谈。（703）

#

#

479

青少年教养院不通往永恒。（704）

#

480

如果一个人没有成为他所能理解的样子，那么他就没有理解之。只有地米斯托克利理解米利蒂亚德，因此他也成为了那个样子。(705)

#

481

或许使基督教与古代形成最为明确分野的概念是善的概念。希腊人无法在不思考美（方向向外）的情况下思考善。（706）在基督教中，对善的本质性表达是苦难（方向向内；因为苦难恰恰在于向外的方向遭到了否定——世界之罪。)。

#

482

很多柏拉图对话在结束时没有得出结论，其根源比我之前想的要深刻。（707）这其实就是苏格拉底助产术的再现，它使读者或听众自身活跃起来，因而没有止于结论，而是止于激浪。这是对现代背诵法的绝妙戏仿，后者要一次性地道出一切，越快越好。它无法激起任何自我的主动性，而只是使读者去背诵。

#

#

483

这一刻必将到来，其时人们将发现，传达结论（这是当今时代所要求的和狂呼乱叫的）就跟以前为道德故事写作实际应用一样愚蠢无聊。

(708) 那不借助道路的帮助自己就能找到结论的人，他并没有找到，他只是幻想自己找到罢了。

#

484

轰动在所有范畴中最平庸。假如我们想象一位虔诚的妇人真正地以虔诚的真挚情感唱一首赞美诗，或许唱得很清楚，每个字都听得到，但她丝毫没有提高声音，而是用近乎死亡的弃绝那般谦卑、颤抖的痛苦或者喑哑的声音：结果我们不得不安静地聆听——但轰动却像一个吼叫的夜警要让所有人都听到他，但却没有丝毫的真挚情感。(709) 因为是否拥有美丽的声音与真挚情感没有任何关系。

#

485

世上有出版商，有些人全部的本质性生存所表达的就是书籍是一种商品，而作家是一名商人——这完全是非道德的状况。因为在精神关系中（像当一名作家）财务介入了——他赚到了钱，拿到了稿费，等等，结果为精神关系负责的人在本质上还应自己负责赚钱，他自己接管了财务，绝不是为了某种可能的更丰厚的金钱收益，噢，远非如此，他只是为了能够保持一点体面。(710) 如果金钱事务成了其他人的职业，那么这事很容易就变得厚颜无耻。关于出版商的厚颜无耻我们已有足够的例子了；那种厚颜无耻没有丝毫保留，其极端表现是把精神产品视为商品。于是，公众通过金钱拥有了对出版商的权力，出版商因金钱关系拥有了对作家的权力，因此或许一个作家（在金钱方面他或许就像一个姑娘出卖自己的美德时那样羞涩和庄重）有时会坐在那里红着脸，感觉受到了侵犯，但却无力取胜。

让我们假设这是个习俗，有位牧师有个管家替他收钱、收什一捐赠和捐款等，对此提不出任何异议，只要管家为牧师服务。（711）但是让我们假设，这样的管家成了一个独立的职业，他从牧师那里赚取自己应得的份额，现在管家本人沉思起来，他对牧师要与教众搞好关系这一点只有财务兴趣。然后呢？是的，接下来，牧师每周六晚写完布道词后要找管家看，这成了习俗。然后管家会说："如果尊敬的牧师您用这种方式讲话，那就没有人进教堂了，而我也就赚不到那该死的教堂进账了；那样我无法保证年度收入，那可是您自己的利益。（712）不，您必须要稍微恭维一下教众；我会告诉您怎么做。我肯定是写不出布道词的，但我清楚地知道时代和教众的要求。"（713）

我想象牧师尴尬地红着脸说："难道我被任命为教师就是为了恭维教众，并且为了让您赚到钱吗？"但管家这样回答："这过于兴奋了啊云云，我压根就没有这样的高尚情怀。每个人都是他谋生之道中的窃贼，而我的谋生之道就是，让尊敬的牧师您去满足时代的要求。"（714）

牧师和管家之间就是这样的：管钱的人令人厌恶地在布道词中嗅来嗅去，判断是否有利有图，这是够讨厌的。但是养活管家的方式难道跟出版商有所不同吗，后者的金钱观可是得到了所有日报雇工的认可的。（715）

但是，没有体面，就不会有真正的精神关系；不过，作家所可能有的体面如何使读者受益呢，当其不得不经过厚颜无耻这个媒介的时候——钱，钱，钱，时代的要求，钱，钱。

#

486

明斯特主教在其布道词中（它是：“今天就给我们今天的口粮”；以及论奇迹）讲到罪的宽宥时所说的总有一天（即永远）的确是一个狡猾的字眼，它本该冲着那于悔悟中谦卑地相信“你的罪被宽宥了”的人而说出。(716) 总有一天，即永远；但对罪的宽宥的关键恰恰在于，要让它在时间中有效。这人是新造的人；牧师的确在忏悔时说：“我向你保证你的罪得到仁慈的宽宥”，这种保证不过是将来时。(717) 这里又一次使用了内在性（这一次）而非超越性。

#

487

对基督如何遭到误解的最可怕的表述甚至不是说，他完全不被注意，而是说他成了那些轻率群众的好奇心的对象，结果永恒真理在生活中流传，街头顽童追着他跑，女仆跑上街头——只为盯着他看——但是没有人，没有人想到，他曾经是什么，或者对他留有印象。(718)

#

488

思辨的困难将随着人们把所思辨的东西运用于生存的程度而增加。那个怀着被压垮的良心，每时每刻都能运用缓和措施以相信罪的宽宥的人，当他进行思辨之际，事情就悬了。但是在通常情况下，哲学家（黑格尔和所有其他哲学家）和绝大多数人一样，在根本上，他们在日常生活中使用的是与他们从事思辨时完全不同的范畴，他们从完全不同于他们郑重谈论的东西当中获到慰藉。科学中所有的谎言和混淆由此产生。

#

489

在《以赛亚书》46 节中，可以找到对偶像和真正的上帝的差别的深刻表达。耶和华对以色列人说：他扛着他的人民，而偶像崇拜者必须扛着他的偶像。(719)

#

490

大多数体系制造者与体系的关系，就像是一个人建造了一座巨大的城堡，但本人却住在旁边的谷仓里：他们本人并没有居于巨大的体系建筑中。但是就精神而言，这一点却是且持续是一个决定性的反对意见。在精神的意义上，一个人的思想就应该是他居于其中的那座建筑——不然就乱套了。

#

491

真令人难以置信，一位像京果这样的赞美诗作者竟会心生一念写出这样的赞美诗，这诗是对福音书的历史性毁灭，与福音书自身简洁、单纯的陈述方式相比，诗的节奏显现出了某种尴尬的笨拙。(720)

#

492

一切都取决于对量的辩证法和质的辩证法的绝对区分。整个逻辑学就是量的辩证法或者模态辩证法，因为万物存在，而且万物归一且相同。(721) 质的辩证法隶属于生存。

#

493

像我这样从孩提时代起就对整个生存持有一种斗争观的人，近来一度受到了《海盗船》的头等照顾，这样的人在与时代的关系方面堪称拥有良好的资质。(722) 诸如此类的东西是值很多钱的。

#

494

生活在乡村确有其优势，每人大约拥有十头牛，十五只羊，两头猪，一群麻雀——由此我们可以看出，一个人是有些重要性的。在首都，每一百个人拥有一头牛，由此我们可以看出一头牛是有些重要性的。(723) 但尽管在首都流通的大众都是有问题的钱，看起来没有人操心要去成为人，相反，大多数人都是结婚狂，并且各类婚姻都在忙碌——为的是能够变出更多的人。(724)

#

#

495

当一个人急切地要在上帝面前指控另一个人的时候，当他把案子提交给上帝审判之时，其情形就像与他同时代的一个哥本哈根小偷。（725）他与另一个小偷联手做了一桩大案，除了分到手的其他东西外，他还得到了三张百元钞票。他拿着其中的一张去找销赃犯，想要兑换。销赃犯拿了钞票，走进另一个房间——假装去换钱。随后他走出房间，道了声日安，装着什么都没有发生。事情是秘密进行的，且采取了所有的法律防范措施，因此销赃犯是足够安全的。小偷本人或许洞察到了这一点。他对这种卑鄙行径感到十分愤怒，结果他跑去向警察报了案。一个活跃而热情的警察自然会尽一切可能帮助无辜者获得公正，或者获得那一百元钱，但是他不会片面地看这案子，而是从一个更高的视角出发——因此他恰如其分地询问被骗者，他本人是从哪里得到那张百元钞票的。唉，那个可怜的被骗者，他最终甚至因那同一张百元钞票被逮捕了。

#

#

496

一个人到了这样的年纪后到乡下游玩就是令人愉悦的，即房东和房东太太只希望你能照管好自己，并且只注意你别造成损害。

#

497

“装腔作势”最好译成丹麦语的“由撒谎而通达”。（726）装腔作势的人并没有撒谎，但他本人通过撒谎有所得，或者是直接地，或者是以正好相反的方式，或者以什么都不做的方式。

#

498

很遗憾我必须要说：我的生命被浪费了。假如我生活在其他地方而不是哥本哈根，人们或许会认为毁了我青春时代最好年华的是轻率，是令人困惑的学习，也许是放荡。唉，不，事情正相反。我恰恰有所成就——因此才说我的生命浪费在哥本哈根了，在这里人们其实是可以幸福地、极其愉快地生活的，只要他们一无所是，在哥本哈根，对于每一个有所成就的人，人们不说他们的好话，只说坏话，由此显然可以得出，那些一无所是的人可以自豪地说：没人说我任何坏话。如果某君在哥本哈根是个大学生，研究生但仅此而已，皇家机构的办公室文员，商店店员，艺术学院学生但仅此而已，那么，在气温很高的时候，尽管有违习俗，他却可以自由地、若无其事地打着遮阳伞散步——但是，假如，比方说是我大胆地这样做了，那么这就是高傲。（727）嫉妒的刻耳柏洛斯将盯着每一个有所成就的人的每一步，为的是能够将其解读为傲慢和自大。（728）

#

499

这绝对是一个大问题，在何种程度上以纯粹个人的方式运作是被允许的，比如我们说人是以一种奇妙的方式得救的。（729）无论在何种情况下，我们都应避免制造一种奇幻的效果。我们应该精准且确定地说，一个人的错误和罪是由什么构成的，否则我们很容易令无辜者由于对恶的可怕描绘而焦虑。——顺便说一句，相反的情况有时也是危险的，如果一个人对自己的生活完全保持沉默，但却在描绘时加上了这样一种色调，结果人们本能地就其个人生活得出了结论。一个人是能够亲身了解恶的可怕性的，如果比方说要针对他进行布道，这种描绘可以被采用而不会有害处，但也会因这些描绘而令人焦虑。一个人能够在良好意图之下把恶描绘得令人发抖，并且恰恰由此诱使忧惧进入一颗年轻的灵魂。

#

500

这一点无疑是正确的，为《非此即彼》的成功做出贡献的部分原因在于，这是第一部作品，人们会认为这是多年工作的结果——然后得出结论，认为它的风格是优秀的、精心打造的。整部书花了 11 个月写成。至多只有一页（出自“间奏曲”）是事先写好的。（730）就此而言，我在后来的书中花了更多的时间。《非此即彼》的大部分内容我只誊写了两遍（另外，我当然在散步时进行彻底思考，不过情况一直如此）；现在我要誊写三遍。(731)

#

501

所有的自然现象都使人平静，对此人们看的或听的越久，效果越显著。所有的艺术作品激起的是不耐烦。燃放烟花的法规最终成为，它应该在五分钟内燃尽，越短越好。但是，风的叹息，浪的对唱，以及草的低语等等，每多听五分钟，收获越多

#

#

502

关于好撒玛利亚人的福音故事的布道词可以这样写：

那三个人，他们走上“同一条道路”——
但各人走各人的路。

这个“同一条道路”是《圣经》中的话。(732)

#

503

西门外最近有全景画展；策展人或者揽客者说：“这里还展出新的幸运之星，人们可以知道其寿几何，还有未来的新郎或新娘。”(733) 我的天啊，每个人肯定知道自己的年纪，这无需任何隐秘艺术——但是未来的新娘，是了，这一点肯定是值得知道的。——顺便说一句，绝妙的是，这叫卖声包含了入场观众会得到的信息，这是有着质的差别的陈述。

#

504

当我们说，在某事某事发生之时，还发生了其他的事，人们总认为前者持续时间更长，因而它可以用来表示，后者只是与前者同时发生过程中的一个瞬间。我们说，西塞罗任执政官的时候，发生了什么什么；当皮特是内阁大臣的时候，等等。(734) 因此，不久前在报上读到关于斯卡姆林岸节日的消息时，一种绝妙的戏仿效果产生了——就在格伦德威演讲时，菲茵岛的居民来了。(735) 菲茵岛居民自然是无关紧要的，但绝妙风趣的是人们对格伦德威牧师演讲的奇幻长度的看法——就在他演讲的时候（就在西塞罗任执政官的时候）。人们可以说，例如：就在格伦德威演讲的时候，一支法国舰队入海，征服了阿尔及尔。(736)

505 1842 年 5 月

四分五裂的肉体（737）

506

……如果苦难之杯传到了我手上，那么我定要祷告，假如可能的话，把它从我手上拿开，但假如不可能，那么我会怀着无惧的勇气抓住它，而且我不会盯着那杯，而会盯着那传给我的人，并且我不会把目光投向杯底，看它是否快要空了，而是会观察那传给我杯的人，当我自信地举杯时，我不会冲任何其他人说：祝你健康，在我亲口品尝杯中美味之时，我会说：祝我健康，并且饮尽那苦涩之杯，祝我健康，因为我知道这一点并且确信，我饮尽杯中之物是为我的健康，当我一滴不剩时是为了我的健康。（738）

#

507

……这是他眼中的快乐以及心底的欲望。他伸出双臂去抓它，但却抓不住；这东西提供给了他，但他却无法拥有——唉，这是他眼中的快乐以及心底的欲望。他的灵魂几近绝望；但他却想要更大的痛苦，丢掉它并且放弃它，而不想要那用不正确的方法拥有的更小的痛苦；或者更准确地说，我们在这神圣之地应该这样自我表达，即他选择去忽略较小的痛苦，为了在灵魂的不安中拥有更大的痛苦……而且奇妙的是，这一点被证明对他来说是最好的。（739）

#

508

……我要遭受应得的惩罚，这当然不可怕，因为我做错了事，但可怕的是，我或者其他人做错事却无人惩罚；我怀着忧惧和恐惧从内心的迷惑中醒来，这当然不可怕，可怕的毋宁是，我或者其他人迷惑自己的内心，结果不再有任何力量能够将之唤醒（740）……不过我想做在这一刻我认为是最好的事，但当我向你，噢上帝，祷告的时候，如果我做错了事，你的评判不要给予我安宁，直到我深刻认识到了自己的错误；因为对我来说重要的不是我应该逃避你的评判，而是真理应该发生。我不会掩盖自身，或者为我自己掩盖我自己的行为；我知道并且愿意知道我所做过的事，即使半夜醒来，我也能够确切地说出我曾经做过的事，而且我不愿欺骗自己，我想明白无误地知道，不管将来它对我来说是耻辱，真的，是恐怖，还是快乐和慰藉。

#

509

有些人怀着某种自豪说，我不欠任何人任何东西，我是自我教养而成的。另外有些人说，那个伟大的思想家是我的老师，那个杰出的将军，我为作他的学生、在他眼皮底下作战而感到光荣——但是你怎么看，如果有人这样说：在天的上帝是我的老师，我为作他的学生感到光荣，是他养育了我。

#

510

于是，我的声音高昂地欣喜，比妇人生产时发出的声音更高，比天使因罪人转变而发出的欢喜之声更高，比鸟儿清晨的鸣叫更喜悦；因为我找到了我一直在寻找的，假如人们剥夺了我的一切，假如他们把我逐出社会，我仍然会保持这份喜乐；假如一切都从我身边拿走，我仍然会继续保持着最好的东西——对上帝无边的爱和他的命令所含智慧的有福的惊奇。(741)

#

511

如今人们常常处理原罪的本质，但却缺少了一个主要范畴——这就是忧惧，这是关于原罪的真正的规定性；也就是说，忧惧是对人们所害怕的东西的欲望，一种共感式的反感；忧惧是一种抓住个体的陌生力量，但人们却无法摆脱它，且不愿摆脱，因为人们害怕，但却对害怕的东西有所欲求。现在，忧惧使个体变得软弱无力，而最初的罪总是发生在软弱之间；因此忧惧明显缺乏了正常的理智，但这种匮乏就是真正的魅惑之所在。

[*a*] 女人比男人更忧惧；因此蛇才选中去攻击女人，用她的忧惧欺骗她。(742)

[*b*] 哈曼在他的著作第 6 卷第 194 页中做过一个评论，我是能够利用的，尽管他既没有如我所希望的那样去理解它，又没有做出更多的阐发：不过世上的这种忧惧是我们的异质性的唯一证明。因为假如我们感到什么都不缺，我们就不会比异教徒和先验哲学家们做得更好，他们对上帝一无所知，却像傻瓜一样热爱自然，乡愁不会向我们突然袭来。这粗鲁的不安，这神圣的忧心忡忡……(743)

#

512

你对自己说过这话吗，当你欢喜时，你能够轻松地独自一人走过人生，你对自己说过这话吗，当你悲伤忧郁的时候，仿佛在天的上帝甚至都无法帮助你。

#

#

513

……或许你是用更孩子气的方式表达自己，或许你会说："上帝当然是全能的，对他来说是件极容易之事，对我来说非常重要的是我的愿望被满足；我的未来，我的欢喜，一切都依靠它。"这很可爱，尽管遭到苦难的威胁，你并没有丧失自己的天真；你在哄骗我们——不过，难道不是吗，你无法希望以此方式去哄骗上帝；因为即使你得到了所希望的东西，你定是像孩子一样得到它，你无法尽心爱上帝，你没有尽全部的激情去爱他——毕竟只有这种爱对人来说才是恰当的，只有这种爱才会使人幸福。(744)

#

514

……当一切都丧失之时，当你最心爱的东西被拒绝之时，当对让灵魂保持呼吸没有丝毫怀疑之时，在灵魂要沉入死亡和精疲力竭之际，“因为它没有更多可做的了”……绝对什么都没有了吗？但我知道还有一个，尽管你还活着，但如果你在躺下等死之前问自己：我还像旧时那样爱上帝吗。看，如果你必须承认，你没有做到，那么你的灵魂就没有时间安息，它有很多事要做；而如果你感觉自己做到了，那么你会变得非常欢喜，结果你感到自己比任何时候都鲜活。

#

515

……人们不能、且不总是根据尖叫和噪声来评判苦难和痛苦的大小。

#

516

……而且发现了，这是一个比在人心中涌现的任何思想更深刻的谜，即上帝憎恨所有的仪式，人们敢于直接地（无准备地）与他谈话，在没有宣告等等的情况下，在生活的欲望间，在忧伤的夜晚；人们总是有机会去感谢他，当我们忘记之时，他有足够的爱意去提醒我们这样做。(745）我思考的是，上帝跟人有多平等；因为对他来说，更困难的是爱一个人，结果此人不会被上帝的爱所压垮，更困难的是，他令自己如此渺小，结果我们才能真正地爱他。

如果一个人找不到任何一个知音，那么他会愿意倾听，能比所有人记得更清楚，甚至比他本人更清楚。如果一个人的思想陷入困惑之中，结果智穷计尽，但他却对人们请求他记住的东西没有丝毫遗忘；假如事情并非如此，那么一切都无关紧要了，不管人们自己是否能够记得。

#

517

……当你真的对世界感到厌倦之时，当你想用一个词宣泄你的激情之时，你或许会说：这世界和其上的情欲都要过去。（746）但就在那一瞬，你的灵魂得到了提示，这是一个古老的字句，而你本能地要去重复那近乎童年的记忆：上帝之道是永存的。(747）最初你只是漠不关心地说说；但最后它变成了你的一切。

题解

日记 JJ 是一个八开硬皮本，空白页可见“JJ”的字样。日记最初由 180 张、360 页组成，但目前日记前半部中有 30 张丢失。在多数情况下，丢失的日记文本在巴福出版的《索伦·克尔凯郭尔遗稿》（*Af Søren Kierkegaards Efterladte Papirer*，简称 *EP*）中有间接反映。但有 6 则日记的内容完全不可知，仅留有开头的几个字，它们是 JJ：51，JJ：52，JJ：94，JJ：134，JJ：177，JJ：178。

JJ 共有 517 则日记，其中 504 则从前开始书写，13 则从后开始书写（JJ：505－517）。仅有 10 则日记标有日期，它们是 JJ：1，JJ：11，JJ：12，JJ：109，JJ：115，JJ：327，JJ：354，JJ：415，JJ：419 和 JJ：505。第一则日记时间标记为 1842 年 5

月，最后一则时间为1846年2月。据日记内容所指涉的报纸刊期断定，JJ的写作结束于1846年9月。从1846年3月9日起，克尔凯郭尔即开始日记NB的写作。与JJ同时开启的还有13号笔记本，其写作跨度为1842年12月2日至1846年3月。

从1843年至1846年这段时间正是克尔凯郭尔假名写作的高峰期。按时间顺序，1843年克尔凯郭尔出版《非此即彼》《重复》《畏惧与颤栗》，1844年出版《哲学片断》《前言》《恐惧的概念》，1845年出版《人生道路诸阶段》，1846年出版《最后的、非科学性的附言》。与此同时，克尔凯郭尔还以真名S. Kierkegaard出版于1843年出版《两则建设性演说》《三则建设性演说》，1844年出版《两则建设性演说》《三则建设性演说》《四则建设性演说》，1845年出版《三则想象情境下的演说》，1846年出版《文学评论》。在这个意义上，日记JJ完整记录了克尔凯郭尔假名写作时期从《非此即彼》到《最后的、非科学性的附言》的思路历程。此外，JJ中有约100条日记为克尔凯郭尔在这段时间所出版书籍的素材。因此，日记JJ还可被视为克尔凯郭尔的写作素材本。

JJ还有一个重要的内容，JJ：107，JJ：115，JJ：140和JJ：145，克尔凯郭尔记录了他与雷吉娜·奥尔森的婚约事件，共占约5页半的篇幅。JJ：115被克尔凯郭尔用整齐的圆圈仔细地删除，借助显微镜，被删除的文字得以恢复。

注释

（1）①1842年3月6日，克尔凯郭尔结束了为期4个半月的柏林之行；4月14日，他完成了《非此即彼》中“诱惑者日记”的写作。5月5日，克尔凯郭尔年满29岁。

②标有“►◄”的日记1—3则的内容，位于日记本JJ中第1页，已遗失，现有文字根据汉斯·巴福整理出版的《索伦·克尔凯郭尔遗稿》（*Af Søren Kierkegaards Efterladte Papirer*，简称*EP I—II*），第324页。

（2）克尔凯郭尔在这里引用的是1740年丹麦文版《旧约》。《犹迪斯书》（The Book of Judith）收入《七十子希腊文本圣经》（Septuagint）、天主教和东正教《旧约》，但被犹太教排除在外，被新教列为伪书。该书包含多处历史年代错误，因此有学者认为它不是史书，而是一则寓言或历史小说。

（3）“感化院住客”原文为Ladegaardslem。Ladegaarden是住于哥本哈根一条名为Ladegaardsvej的街道上的机构，街名现为Åboulevard。1822年起，该机构为收容穷人的劳动救济所（arbejdsanstalt/work house）；1833年起，则成为收容罪犯和流浪汉的感化院（tvangsarbejdsanstalt/house of correction）。

（4）“伊丽莎白女王处死埃塞克斯”指英国女王伊丽莎白一世（1558—1603）于1601年出于政治考虑，被迫处死宠臣、年轻的埃塞克斯伯爵（Earl of Essex）。埃塞克斯1599年被爱尔兰叛军打败，屈膝求和，女王撤销了他的职务。1601年，埃塞克斯因谋反失败入狱。女王等待埃塞克斯请求她的原谅，但最终女王没有听从内心的情感，处死了埃塞克斯。据说女王曾经送给埃塞克斯一枚戒指，在他陷入困境时可以送给女王。女王后来得知，埃塞克斯在狱中试图把戒指送给女王，但被他的敌人阻止。女王因此非常绝望，于十天后离世。此处的陈述参《贝克尔世界史》（*Karl Friedrich Beckers Verdenshistorie*, *omarbeidet af Johan Gottfried Woltmann*，简称 *Beckers Verdenshistorie*），译者 J. Riise，12 卷，1822—1829 在哥本哈根首次出版。

（5）“勃鲁托斯处死自己的儿子”指罗马共和国第一任执政官勃鲁托斯于公元前 510 年，处死参与反对共和国阴谋的亲生儿子提斯图（Titus）和提勃瑞乌斯（Tiberius）的事。处决执行前，两人悔过，且有民众求情，但勃鲁托斯没有动摇。参《贝克尔世界史》。

（6）莱辛（Lessing, 1729—1781）是德国作家、戏剧家、文艺批判家和哲学家，克尔凯郭尔在《最后的、非科学性的附言》中对莱辛提出的命题做过专门讨论。诗作取自《莱辛全集》（*Lessing's sämmtliche Schriften*），第 17 卷，1827 年，第 281 页，该诗曾作为《非此即彼》上卷“剪影”的题记出现。小诗原文如此：

Lied aus dem Spanischen

Gestern liebt ich, / Heute leid' ich, / Morgen sterb' ich, / Dennoch denk' ich, / Heut' und morgen, / Gern an gestern.

（7）“雨迟迟不下”指 1842 年 4 月和 5 月天气持续干燥炎热，至 6 月，在暴风雨后天气变冷。当时哥本哈根的报纸热衷于对异常天气的报道。

（8）研究者未查出“狂野之人杀死父母”的出处。

（9）赫尔德（Johann Gottfried von Herder, 1744—1803），德国博学大师、神学家、文学批评家和语言学家。这里引用的是《赫尔德全集》（*Johann Gottfried von Herder's sämmtliche Werke*）中第 16 卷《通往美的文学和艺术》（*Zur schönen Litteratur und Kunst*），克尔凯郭尔藏有该书，在日记中书名被简写为 zur Litteratur und Kunst。所引原文为：“Schreibe” sprach jene Stimme und der Prophet antwortete “für wen?” —Die Stimme sprach: für die Todten, für die, die Du in der Vorwelt lieb hast.” — “Werden sie mich lesen.” — “Ja, denne sie kommen zurück als Nachwelt.”

（10）赫尔德在《通往美的文学和艺术》一书中提到西尼乌斯主教（Synesius, 373—414）的诗时曾做过这样的注解：“西尼乌斯于公元 410 年成为托勒密主教。他明确表示，他不能抛弃他的妻子，而且他无法相信肉体的复活。他的赞美诗和其他作品是基督教和亚历山大哲学的混合物，希帕提娅（Hypatia）是其导师。”

（11）伊丽西娅（Ilithyia）是罗马神话体系中女神狄安娜的别名，即希腊神话体系中的阿耳忒弥斯。她是狩猎女神、贞洁女神、魔术女神和生育女神。奥维德《变形记》第 9 部、第 299 行中说，当赫拉克勒斯出生的时候，司生育女神狄安娜受朱诺指使，坐在门前的神坛边不动，右腿搭在左腿上，双手合拢，口中还念咒，阻止胎儿出世。

（12）“我的安提戈涅”指克尔凯郭尔在《古代悲剧元素在现代悲剧内容中的反映》一文中对索福克勒斯悲剧《安提戈涅》的解读，参《非此即彼》上卷，京不特译，中国社会科学出版社 2009 年，第 165—205 页。克尔凯郭尔拥有两卷本索福克勒斯希腊文悲剧集（编辑 C. H. Weise，莱比锡 1841 年），以及一卷本德译本（译者 J. J. Donner，海德堡 1839 年）。

（13）从 19 世纪 20 年代起，短篇小说成为丹麦文学中受欢迎的形式，知名作家有 Carl Bernhard（真名为 A. de Saint—Aubain），St. St. Blicher 和“Forfattern til ‘En Hverdags—Historie’”（即“日常故事作家”，真名为 Thomasine Gyllembourg，丹麦作家、文学批评家、黑格尔主义者海贝尔的母亲）。Carl Bernhard 和“日常故事作家”在写作中都采用哥本哈根市民的生活场景和人物类型，而 Thomasine Gyllembourg 更是通过给那些“虚构的名字”以一种现实感的方式，有意挑逗读者的好奇心。在她的系列故事中，她让一位“基督徒”在她儿子海贝尔编辑出版的《哥本哈根邮报 · 临时页》（*Kjøbenhavens flyvende Post. Interimsblade*）上发表了一封信，信中以不赞成的态度描绘了一个名叫 Mathilde F. 的讨厌的、爱算计的哥本哈根姑娘（见《哥本哈根邮报》第 25—26 期，1834 年 9 月 21、26 日）。

（14）①埃斯库罗斯（前 525—456）是古希腊悲剧作家，90 出悲剧中（一说 70 部）仅有 7 部留存，其中《奥瑞斯忒亚》为唯一流传至今的古代悲剧三部曲之一。

②“那些奥秘”指希腊埃琉西斯（Elusis）流行的崇拜德米特女神的一种秘密宗教，其季节变换、丰歉生死的奥秘只对入会者和见证仪式的人开显。

（15）参亚里士多德《尼各马可伦理学》第 3 部、第 2 章，即 1111a 8—10。亚里士多德说：“他也显然不可能不知道谁在做事情。一个人怎么会不知道自己呢。但是，他可能不知道他在做什么。例如，人们会像埃斯库罗斯在说到那些秘密时所说的，‘话从他们嘴边溜了出来’，或者‘他们不知道那不能说。’”参《尼各马可伦理学》，廖申白译注，商务印书馆 2019 年，第 66 页。

（16）日记 JJ：13 原文为拉丁文：Inter accidentia sola，non autem inter for < m > as substantiales individuorum ejusdem speciei，plus et minus reperitur，引自笛卡尔《谈谈方法》（*Dissertatio de methodo*）。

（17）“六个关于第一哲学的沉思”指笛卡尔《第一哲学沉思集》（*Meditationes de prima philosophia*），作品分为六大沉思。

（18）根据希罗多德的叙述，富有而强大的吕底亚国王克鲁索斯曾经问来自雅典的智慧的梭伦，富有和权势可否使他成为幸福的人。梭伦回答说：“直到他死，你最好别称其为幸福，只称其为幸运。”参《希罗多德历史》，第 1 部、第 32 章。

（19）“对立的事物在并置时更清晰”原文为拉丁文 opposita juxta se posita magis illucescunt。

（20）赫拉克利特（约公元前 540—480），希腊哲学家，仅有著作残篇留存，以关于“矛盾”的学说著称。恩培多克勒（约公元前490—430），阐述其宇宙论的著作《论自然》仅留有残篇。

（21）在《尼各马可伦理学》第8部、第2章（1155a 32—1156a 5）中，亚里士多德讨论了成为朋友是因为气质相同还是相异的问题。“但是，关于友爱本身的性质，人们有许多不同意见。有的人认为，友爱在于相似。他们说，我们爱的是与我们本身相似的朋友，所以谚语说，‘同类与同类是朋友’，‘寒鸦临寒鸦而栖’，如此等等。另一方面，有的人则说，‘相似的人就如陶工和陶工是冤家’。在这方面，有人想出更高的、更合乎自然的道理来。欧里庇德斯写道，‘大地干涸时渴望雨露，天空充满雨水时渴望大地。’赫拉克利特说，‘对立物相互结合’，‘最优美的和谐来自不一致’，‘万物由斗争而生成。’”参《尼各马可伦理学》，廖申白译注，商务印书馆2019年，第250—251页。

（22）“自然”原文为拉丁文 in natura。

（23）①菲罗斯特拉图斯（Flavius Philostratus，约170—245），希腊哲学家，罗马皇帝塞维鲁斯（Septimus Severus）当政时期在罗马宫廷，并在那里写有《蒂亚那的阿波罗尼乌斯的生平》和《英雄史》等著作，克尔凯郭尔拥有这两部书的德译本。蒂亚那的阿波罗尼乌斯（Apollonius von Tyana，公元1世纪）是希腊哲学家，新毕达戈拉斯学派成员。

②罗马历史学家苏伊图尼乌斯（Gajus Tran quillus Suetonius，约公元70年出生）著有《皇帝传》（*De vita Caesarum*），记述从恺撒到多米提安共12位皇帝的生平。日记所引为该书所记罗马皇帝尼禄（Tiberius Claudius Nero，54—68年在位）的生平。

（24）“亚里士多德的《政治学》”指的是亚里士多德《政治学》第5部、第4章（1303b 37—1304a 4），克尔凯郭尔参考的是他所收藏的德文版《亚里士多德的政治学》（*Die Politik des Aristoteles*），德译者为克里斯蒂安·加夫（Christian Garve，1742—1798），德国哲学家、散文作家和翻译家，出版时间为1799—1802年。汉译本可参吴寿彭译《政治学》，商务印书馆2019年，第247页。

（25）“占卜者”原文为 Augurierne，他们根据鸟的鸣叫声、飞行和捕食方式，来预言神的意志和未来发生的重大事件。

（26）克尔凯郭尔引述错误，不是亚里士多德的《伦理学》，而是《政治学》，参德文版《亚里士多德的政治学》。

（27）①狄翁（Dion，公元前409年出生）是叙拉古政治家，以实现柏拉图式的政治理念的实践著称。公元前366年被狄奥尼修斯二世放逐，但公元前357年，他率领数量不多的雇佣军重新登陆叙拉古，武力推翻了狄奥尼修斯二世。

②狄奥尼修斯二世（Dionysios II），公元前367—356年叙拉古僭主，被狄翁推翻后，于公元前346—343年再次为叙拉古僭主。

（28）“加夫的译本”指克尔凯郭尔收藏的亚里士多德著作德文版《亚里士多德

的政治学》（*Die Politik des Aristoteles*）。

（29）《神正论》在日记中简写为 Theodiceen，完整标题应为《关于神恩、人的自由意志和恶的起源的神正论》（*Essais de Théodicée sur la Bonté de Dieu*，*la Liberté de l'Homme et l'Origine du Mal*）。

（30）文中第一次出现的“懒惰的理性”原文为丹麦文 den dovne Fornuft，第二次出现时原文为法文 la raison paresseuse。语出埃尔德曼（J. E. Erdmann）编辑出版的莱布尼茨《哲学论集》（*Opera philosophica*），柏林 1839—1840 年。

（31）克吕西波（Chrysippos，约前 281—208），古希腊斯多噶派哲学家，古代伟大的逻辑学家。德国哲学家邓尼曼（Wilhelm Gottlieb Tennemann，1761—1819）在其《哲学史》（*Geschichte der Philosophie*，bd. 1—11，Leipzig 1798—1819）中，用 faulen Vernunft 对应希腊语 argós lógos，后者意为“无效论证”，因为命运已经使之不可更改。

（32）这里第一个“懒惰诡辩论”对应于法文 le sophisme paresseux，语出莱布尼茨《神正论》第 55 节；括号内为希腊文 argós lógos，即“无效论证”；最后一个“懒惰诡辩论”对应于拉丁文 sophisma pigrum，《神正论》的德译者以该拉丁短语对应于莱布尼茨所用的 le sophisme paresseux。

（33）高卢的罗马执政官文戴克斯（Julius Vindex，约 25—68）于公元 67—68 年间起兵反对罗马皇帝尼禄。

（34）狄欧·卡修斯（Dio Cassius，约 150—235）是来自希腊的罗马政治家，著有《罗马史》（*Historia Romana*）。

（35）①瑞米尼的格列高利（Gregor of Rimini，约 1300—1358），天主教托钵修会之一的奥古斯丁修会（Augustinian Order）的领袖，曾在巴黎任教，自 1351 年起在瑞米尼任教。他主张未受洗礼的儿童被罚入地狱，但根据通常的天主教义，未受洗的儿童将进入介于天堂与地狱之间的中间地带，那里既无痛苦，亦无喜乐。

②“儿童刽子手”原文为拉丁文 tortor infantum。

（36）①约翰·大卫（Johann David，1546—1613）是比利时神学家，1581 年加入耶稣会。1601 年在安特卫普出版《真基督徒》（*Veridicus Christianus*，*seu de fidei christianœ capitibus*，即《真基督徒，或关于基督教信仰的本质问题》），该书在日记中仅简写为 Veridicus Christianus。

②“圣经占卜书”（Bibliomantie，英 bibliomancy），尤指用《圣经》来占卜的书。

（37）①“格麦鲁斯主义者”指荷兰宗教改革时期神学家格麦鲁斯（Frans Gomarus，1563—1641）的追随者。格麦鲁斯是加尔文预定论的激进拥护者，主张上帝的恩典是人获救的唯一决定性因素。格麦鲁斯主义者甚至提出，与他们在教义上有分歧的阿明尼乌派（阿明尼乌，Jacobus Arminius，1560—1609，荷兰基督教新教神学家）应该被驱逐出新教教会。

②《命中注定的贼》原标题为拉丁文 Fur prædestinatus，作者可能是英国大主教 William Sancroft，1651 年出版于伦敦。

③这里参考的是《神正论》第 2 部、第 167 节，但日记中未写明出自《神正论》第 2 部。

（38）①在《神正论》中第 2 部、第 173 节中，莱布尼茨讨论了斯宾诺莎的决定论观点，指出他不认为一个斯宾诺莎主义者会认为，一个想象出来的虚构故事在宇宙的某个地方必然成为现实，或者已经成为现实，或者将要成为现实。但是人们并不否认，德·斯古德里小姐小说里的故事是可能的。

②德·斯古德里小姐（Mademoiselle de Scudéry，1607—1701），法国女作家，出版多部小说，有些一度流行。她的小说以其过度的感性描写和多愁善感被诟病。

③在霍夫曼一篇有名的短篇小说《德·斯古德里小姐：路易十四时代的故事》（*Das Fräulein von Scuderi. Erzählung aus dem Zeitalter Ludwig des Vierzehnten*）中，德·斯古德里小姐侦破了一桩神秘的犯罪案件。

（39）①奥古斯都大帝，罗马皇帝，公元前 23 年—公元 14 年在位。

②“喝彩”原文为拉丁文 plaudite。古罗马喜剧在演出结束时，要求观众鼓掌喝彩。

（40）诗句原文希腊文。克尔凯郭尔引用时忽略了重音，但他确是引自莱布尼茨《神正论》第 3 部、第 261 节，而莱布尼茨引自苏伊图尼乌斯的《皇帝传》。

（41）指非罗斯特拉图斯所著《蒂亚那的阿波罗尼乌斯的生平》的第 6 卷、第 11 章。

（42）①有“晦涩哲学家”之称的赫拉克利特曾说：“人不能两次踏进同一条河流。”而提出“人甚至踏进一次都不可能”的是赫拉克利特学派的后人克拉底鲁（Cratylus）。

②爱利亚派因位于南意大利西海岸的希腊殖民地爱利亚得名，代表人物有塞诺芬尼（Xenophanes）、巴门尼德（Parmenides）及其弟子芝诺（Zeno）和麦利梭（Melissus）。

（43）“极北人阿巴瑞斯”（*Hyperboræeren Abaris*）出自古希腊神话。“极北族人”（*Hyperboræerne*）是古希腊人想象的生活在色雷斯以北的极北民族。阿巴瑞斯是阿波罗的祭司，他借助阿波罗赐予的一支神箭，从斯基泰飞到了雅典。

（44）诗引自莱布尼茨《预定和谐论作者所著人类理解新论》（*Nouveaux Essais sur l'Entendement Humain, par l'Autuer du Système de l'Harmonie Préétablie*，1703），原文为拉丁文：Cantantur hæc，laudantur hæc，/ Dicuntur，audiuntur. / Scribuntur hæc，leguntur hæc/ Et lecta negliguntur.

（45）《艾拉斯姆斯·蒙苔努斯》（*Erasmus Montanus eller Rasmus Berg*）是贺伯格写于 1731 年的喜剧。克尔凯郭尔在《最后的、非科学性的附言》中至少两次引用该剧，包括艾拉斯姆斯说的“地球像煎饼一样圆”的话。

（46）古力摩·金（Guilielmo King）的著作《论恶的起源》（*De Origine Mali*），布莱梅1704年，克尔凯郭尔在这里参考的是莱布尼茨著作《关于金的〈论恶的起源〉的讨论》（*Remarques sur le Livre de l'Origine du Mal*，*publié depuis peu en Angleterre*），见埃尔德曼（J. E. Erdmann）编辑出版的莱布尼茨《哲学论集》（*Opera philosophica*），柏林1839—1840年。

（47）①古希腊神话中半人半羊的森林之神名为萨蒂尔（Satyr）。

②西班牙铭文原为：mas perdido y menos arrepentido。在日记中，紧随西班牙铭文之后的，还有与之对应的拉丁文plus perdu et moins repentant。

（48）莱布尼茨的故事出自莱布尼茨著作《关于金的〈论恶的起源〉的讨论》（*Remarques sur le Livre de l'Origine du Mal*，*publié depuis peu en Angleterre*）。

（49）“野生树木的花香，人工栽培树木的果香”在菲罗斯特拉图斯的《英雄史》（*Heldengeschichten*）的德文本中是这样的：An wilden Bäumen sind die Blüthen wohlriechend；an zahmen，die Früchte.

（50）关于爱神（Amor）和塞琪（Psyche）的故事，取自罗马作家卢修斯·阿普琉斯（Lucius Apuleius，约公元125年出生）的讽刺小说《变形记》。克尔凯郭尔拥有阿普琉斯关于这个故事的拉丁文本（*Apuleii Fabula de Psyche et Cupidine*）及德译本。

（51）①忒瑞西阿斯（Tiresias）是希腊盲预言者，最早出现在《奥德赛》中，奥德修斯将他从冥界唤醒，以预言自己的未来。日记中的诗句出自贺拉斯《讽刺诗》（*Satirer*），拉丁原文为：... quidquid dicam，aut erit aut non：/ Divinare etenim magnus mihi donat Apollo.

②培尔（Pierre Bayle，1647—1706），争取精神和宗教自由的法国哲学家和批评家，1695—1697年间出版《历史与批判辞典》（*Dictionnaire historique et critique*），克尔凯郭尔拥有该书1741—1744年出版的德文译本。

（52）原文为希腊文，克尔凯郭尔在引用时忽略了重音。语出公元2世纪末和3世纪初的希腊智者朗古斯（Longos）的《牧歌》（*Pastoralia*），其中的《达芙妮斯和克洛埃》（英译为*The Pastoral Armours of Daphnis and Chloe*：*A Novel*）是一部情色小说。

（53）①阿伯拉尔（Pierre Abélard，1079—1142），中世纪法国哲学家和神学家，唯名论代表人物之一。他在巴黎遇到年轻而有才华的爱洛伊丝（Héloise，约1101—1164），为其倾倒，经爱洛伊丝叔父及监护人福尔伯特的同意，成为爱洛伊丝的家族教师。两人堕入爱河，爱洛伊丝很快怀孕，两人逃跑。为了与福尔伯特和解，阿伯拉尔与爱洛伊丝成婚，但这桩婚姻是保密的。阿伯拉尔把爱洛伊丝安置在一家女修道院里，福尔伯特认为阿伯拉尔是在报复，于是雇人对阿伯拉尔实施了宫刑。最终，阿伯拉尔当了一家修道院的院长，并且创建了一座女修道院，爱洛伊丝后成为院长。

②博什维（Jacques Bénigne Bossuet，1627—1704），法国主教、神学家、历史学家

和法学家，以其布道词闻名。著有《论普遍历史》（*Discours sur l'histoire universelle*, 1681），认为我们应从上帝的意志中寻求历史事件的原因。这部书被很多天主教徒视为是奥古斯丁《上帝之城》的续篇。

（54）鹿特丹的伊拉斯谟斯（Erasmus Rotterodamus, 1467 或 1469—1536）是荷兰语言学家、哲学家，人文主义的先驱，著有《愚人颂》（*Stultitia loquitur*）。日记所引原文为拉丁文：neque enim sum nescia quam male audiat stultitia etiam apud stultissimos。

（55）①根据克里斯钦五世（Christian V）颁布的《丹麦法》（*Kong Christian den Femtes Danske Lov af det Iuridiske Fakultet giennemset*, 简称 *Danske Lov*, 1683 年——此处引用的是 1797 年版），重罪犯将被处以分尸极刑；一般杀人罪则处以死刑。但根据 1767 年 12 月 18 日颁布的法令，如果发现有人杀人是想借被判死刑而自取性命，该犯将免于死刑，改判其他徒刑。

②克尔凯郭尔在这里颠倒了向国王发起请求的内容。根据《丹麦法》，国王有权特赦死刑犯，或者发布死刑缓刑令。

（56）①根据《丹麦法》，没有人能够在不遵守“法律和裁决”（Lov og Dom）的情况下被判罪，虽然国王偶尔会指派没有上诉权的法庭，同样国王保留有向强制执法的法庭求情的权利，尽管后者很罕见。

②丹麦有三级法院，第一级权力最小，第三级法院权力最大。自 1771 年起，哥本哈根地区仅有两级法院。

（57）引文原为拉丁文。希罗尼米·卡尔达诺（Hieronymi Cardano, 1501—1576）是意大利数学家、医生和哲学家，著有 17 册的《论自然的多样性》（*De Rerum Varietate*）。

（58）引号内关于地震分类的内容原为拉丁文。四种地震的类型分别写为 Chasmatichus（裂隙型），Brasmatichus（突起型），Clitimachus（房屋倒塌型），Micematichus（巨大声响型），因其原本就是令人费解的术语，此处翻译是在丹麦文译解基础上所做的意译。

（59）此处的数字 1、奇数、偶数原为希腊文，此说参邓尼曼《哲学史》第 1 卷第 105 页。邓尼曼写道：Die Elemente der Zahlen sind das Ungerade, und Gerade, weil nehmlich alle Zahlen unter die zwei Klassen, gerade und ungerade, gebraucht werden können. Eins enthält beide Elemente, und daher ist sie gleichsam der Stamm, aus welchem alle Zahlen（wahrscheinlich durch Addition）entsrpingen. Die Eins selbst ist keine Zahl, denn jede Zahl ist eine Mehrheit von Einheiten.

（60）①哈曼（Johann Georg Hamann, 1730—1788），生活在柯尼斯堡的德国作家、哲学家。

②萨莫萨塔的琉善（Lucian from Samosata, 约 125—180），古希腊作家，以讽刺性对话闻名。

③德莫纳克斯（Demonax），公元2世纪的希腊作家，犬儒学派，他的贡献更多在学派的道德实践，而非苦行主义。

（61）“埃琉西斯的奥秘”参注（14）中②。

（62）日记第50则显然没有写完。

（63）①“►►◄◄”之间的内容，即日记51、52则，原载日记JJ的第16页，内容已遗失（为6则确知遗失日记中的两则），汉斯·巴福曾看到过，目前所见内容出自他所整理的《克尔凯郭尔遗稿目录登记》（*H. P. Barfords fortegnelse*，简称*B—fort*）第368页。

②灿德伦堡（Friedrich Adolph Trendlenburg，1802—1872），德国哲学家、逻辑学家。克尔凯郭尔于1843年2月13日，从P. G. Philipsen处购得灿德伦堡的两本著作《亚里士多德逻辑学要素（修订扩充版）》（*Elementa logices Aristotelicae. Editio altera recognita et aucta*，*Berlin* 1842）和《亚里士多德逻辑学要素注解》（*Erläuterungen zu den Elementen der aristotelischen Logik*，Berlin 1842）。

（64）《非此即彼》结尾即指下卷威廉法官所写的“最后的话”（Ultimatum），克尔凯郭尔引用时略有出入。在《非此即彼》中说的是“kun den Sandhed，der opbygger，er Sandhed for dig”，日记中所说的是“er Sandhed for En”。

（65）邓尼曼在《哲学史》中指出，古希腊哲学家在真理标准的问题上存在巨大分歧。他认为，像塞诺芬尼（Xenophanes）、阿纳卡西斯（Anacharsis）、普罗泰戈拉（Protagoras）、高尔吉亚（Gorgias）、梅特罗多洛（Metrodorus）、阿那克萨库（Anaxarchus）等，他们认为不存在真理的标准。而其他人以“理性”（die Vernunft）、“知觉”（der Sinn）或“感觉”（das Gefühl）等作为真理标准。

（66）阿尔西巴德（Alcibiades，约公元前450—404年），希腊政治家，出现在柏拉图对话《会饮篇》中，才华和相貌出众。“才华横溢，但在世上过着狂野的生活”（lykkeligt begavet... foer vild）的说法可能是对《旧约·箴言》21：16的戏仿：“迷离通达道路，必住在阴魂的会中。”（Et Menneske，som farer vild fra Klogskabs Vei，skal hvile i Dødningers Forsamling）

（67）“►◄”之间的内容，即日记53、54则，原载日记JJ第17页，已遗失，目前所见内容出自汉斯·巴福编辑出版的《索伦·克尔凯郭尔遗稿》（*EP I–II*）第360—361页。

（68）“倾向于激情”原为希腊文eukataphoría eis páthos。

（69）“经验使人明智”（Erfaringen gjør et Msk. klog）应出自丹麦语谚语Erfaring er den bedste Lære-Mester（经验是最好的老师）。

（70）埃瓦尔德（Johannes Ewald，1743—1781），丹麦诗人，《谨防自杀》（Advarsel mod Selv-mord）是简称，原标题为《一首灵歌：和解者耶稣基督充满爱意的警告那些受到恶意和不幸思想诱惑而想自取性命的人》，取自4卷本《约翰尼斯·埃瓦尔德全集》(*Johannes Ewalds samtlige Skrifter*) 第1卷。

(71) 注释者未能找到“先有树木，还是先有种子”的“古老问题”的出处。

(72) 在莎士比亚悲剧《麦克白斯》第5幕、第1场，麦克白斯夫人的侍女向医生讲述夫人的症状，然后麦克白斯夫人在梦游中出场，不停地洗手，抱怨手上有血腥气。

(73) 古希腊哲学视“运动”为从可能性向现实性的过渡，“现代哲学”即指黑格尔哲学，黑格尔逻辑学中把运动视为是矛盾的调和。

(74) ①“范畴表” (Categorie-Tavle) 指亚里士多德的“十范畴”，以及康德《纯粹理性批判》中的“范畴表”。

②“调和”在日记中写为 Mediation，这是丹麦的黑格尔主义者为黑格尔概念 Vermittlung 所找到的对应。

(75) 日记第66则是对邓尼曼《哲学史》第1卷、第101页的简化的翻译，后面几则日记中涉及邓尼曼《哲学史》时亦然。邓尼曼原文写道：Daher konnte Pythagoras mit Recht sagen：der weiseste Mann dünke ihm der zu seyn，der den Dingen ihren Nahmen gegeben，und die Zahlen erfunden habe.

(76) “1根本不是一个数字”参邓尼曼《哲学史》第1卷、第105页，注(59)。

(77) 引号内原为希腊文 mēden tōn óntōn estí to hen。在邓尼曼《哲学史》中，此说最早归诸希腊哲学家辛普里丘 (Simplicius，卒于547年)，他著有《<物理学>注释》。

(78) 赫拉克利特出身高贵，据说是伊奥尼亚地区繁荣程度仅次于米利都的港口安菲斯的创立人后裔，本是王位继承人，但他将王位让给弟弟。此逸事出自邓尼曼《哲学史》第1卷、第210页。

(79) “七智者”指公元前7至6世纪希腊的七位政治家，不同史料所记人名不统一。日记提及的是斯基泰出生的哲学家阿纳卡西斯 (Anacharsis)，狄欧根尼·拉尔修在其《古代贤哲言行录》(丹麦文题为 *Diogen Laêrtses filosofiske Historie*，中译依从英文本标题 *Lives of the Ancient Philosophers*) 第1册、第8章中记有他说的话：“奇怪的是，在希腊，有艺术经验的人争夺奖项，没有艺术经验的人当裁判。”(Underligt er det，at hos Grækerne stride kunsterfarne Mænd om Prisen，men uerfarne Mennesker ere Dommere.) 日记所引七智者之一的话是对狄欧根尼所言的改写。

(80) 用产钳从母体中取出的婴儿，对母亲所遭受的痛苦有短暂(而非持续)的记忆。此说可参萨克斯托夫 (M. Saxtorph) 1828年在哥本哈根出版的《最新产科文摘：助产士手册》(*Nyeste Udtog af Fødsels-Videnskaben，til Brug for Jordemøderene*)。

(81) 庞图皮丹 (Erik Pontoppidan，1698—1764)，丹麦—挪威作家，挪威国教会路德宗主教，历史学家，其教义说对丹麦和挪威教会的思想和实践产生深远影响。日记说的《释义书》(*Pontoppidans Forklaring*) 是简称，作于1738年，该书是对路德所做的《小教理问答》（*Liden Catechismo*）的解释。

（82）留基伯（Leucippus）是公元前5世纪希腊哲学家，原子论的提出者，论著《大宇宙系统》（*Megas Diakosmos*）仅有残篇流传。

（83）“没有枕头的地方”语出《马太福音》8：20：“狐狸有洞，天空的飞鸟有窝，人子却没有枕头的地方。”相同的话还可见《路加福音》9：58。

（84）“天空的飞鸟和田野的花朵”语出《马太福音》6：24—34中的第26节：“你们看天上的飞鸟，也不种、也不收、也不积蓄在仓里，你们的天父尚且养活他，你们不比飞鸟贵重得多么？”第28节：“何必为衣裳忧虑呢？你想野地里的百合花怎么长起来，他也不劳苦、也不纺线；”以及第34节：“所以，不要为明天忧虑；因为明天自有明天的忧虑，一天的难处一天当就够了。”

（85）①基督教告诫人们要勤勉于自己的天职，既要屈从于上帝厘定的道德秩序，又要确保日常生活的进行。参巴利（N. E. Balle）、巴斯特霍尔姆（C. B. Bastholm）所著《丹麦学校所用基督教路德宗读本》（*Lærebog i den Evangelish-christelige Religion, indrettet til Brug i de danske Skoler*），首版1791年。

②日记原文戛然而止，没有标点。

（86）①“称我那一丁点智慧为诡辩”（*kalde min Smule Viisdom Sophistik*）可能指海贝尔和哥尔德施密特对《非此即彼》发表的评论。海贝尔在1843年3月1日的《智识杂志》（*Intelligensblade*）上发表评论，称赞《非此即彼》的作者拥有“超乎寻常的机智、学识和形式技巧”。哥尔德施密特（M. A. Goldschmidt）在1843年3月10日的《海盗船》（*Corsaren*）上发表评论，说作者是“一个强大的精神，他是一个精神贵族（Aandsaristocrat），他嘲笑了整个人类，揭示出其可悲之处，因此作者设立了一种荣誉，他自费出书而不考虑是否有人会买书。”

②希腊智者靠诡辩论谋生，但克尔凯郭尔自费出版《非此即彼》时，他为纸张和印刷支付了640元（rigsdaler）46斯基令（skilling），售出100本后，于1843年5月7日从瑞兹（C. A. Reitzel）获得395元80斯基令，说明《非此即彼》首次印刷时克尔凯郭尔未能收回本钱。

（87）泰阿泰德此言原文为希腊文，出自《泰阿泰德》148e，是苏格拉底针对泰阿泰德说自己不能停止思考而言。译文见《泰阿泰德》，詹文杰译注，商务印书馆2015年，第18页。

（88）克尔凯郭尔拥有多种文本的柏拉图对话集。①希腊文和拉丁文的《柏拉图著作》（*Platonis opera, quae exstant*，简称 *Platonis opera*），由F. Ast编辑出版，11卷，莱比锡1819—1832年；②施莱尔马赫（*F. Schleiermacher*）在1804—1828年出版的6卷本德译 *Platons Werke* 中的前3卷；③海斯（C. J. Heise）于1831—1859年间出版的8卷本丹麦文译本《柏拉图对话选》（*Udvalgte Dialoger af Platon*）。

（89）根据《丹麦法》（*Danske Lov*），卖淫是违法的，但因在实际上很难禁止而被容忍。为防止性病传播，如果妓女主动向警方报告病情，警方将保证隐去其姓名，并提供免费治疗。

（90）如果有妓女（或者未婚女子）生子，她们可以匿名进入位于哥本哈根阿美丽街（Amaliegade）的丹麦皇家育婴堂及孤儿院（Den kongelig Fødsels-og Plejestiftelse）。如果她们支付每年 50 元的非婚生婴儿抚养费，孩子可以由孤儿院或由收养家庭照管。但实际上只有很少人能够支付这笔钱，因此如果这些人不愿放弃匿名的话，她们必须把孩子带走自己照管。

（91）“给予比收取要好”（Det er bedre at give end at tage）语出《使徒行传》20：35，保罗引耶稣的话：“施比受更为有福”（Det er sagligere at give end at få）。

（92）此处引用的是法国诗人兼批评家布瓦洛（Nicolas Boileau-Despréaux，1636—1711）的诗句：Un sot trouve toujours un plus sot，qui l'admire，出自 1674 年《诗艺》（*L'art poétique*）一书。

（93）“受诺言的约束”原文为拉丁文 reus voti，语出维吉尔的诗作。

（94）日记中所说的获得了“神学学位”（theologisk Attestats），即指通过“神学学位考试”（theologisk embedseksamen），时间是 1840 年 7 月 3 日。1841 年 9 月 29 日，克尔凯郭尔以《论反讽概念》（*Om Begrebet Ironi*）通过答辩，获得哲学博士学位。《非此即彼》的写作很可能始于 1841 年 10 月，结束于 1842 年 9 月。

（95）明斯特（Jacob Peter Mynster，1775—1854），丹麦神学家，1834 年起任西兰岛大主教，丹麦国教会的领导人，他是克尔凯郭尔父亲的座上宾。曾出版多卷册的《年度礼拜日和节日布道书》（*Prædikener paa alle Søn-og Hellig-Dag i Aaret*）及《布道词集》（*Prædikener*）。

（96）“基督向他的门徒掩盖了一些东西，因为他们无法承受”指《约翰福音》16：12：“我还有好些事要告诉你们，但你们现在担当不了。”

（97）“我在上帝面前一无所是”（mod Gud har jeg altid Uret）语出《非此即彼》下卷结尾处“最后的话”，所不同之处是，后者是说 mod Gud har vi altid Uret，说的是“我们—vi”而非“我—jeg”。

（98）在《贝克尔世界史》（*Beckers Verdenhistorie*）第 11 卷（1827 年）中这样写道：“基督教会的破坏者发明了理性崇拜（*Fornuftens Cultus*），1793 年 11 月 10 日，他们在巴黎圣母院首次庆祝了它。一个臭名昭著的妓女变身为理性女神，她半裸着坐在战车上，驶向祭坛，人们用赞歌和焚香来表达敬意。”但书中并未提到该妇人的下场。

（99）本则日记实际上是克尔凯郭尔对邓尼曼所引普罗塔克《论心灵宁静》（*De tranquillitate animi*）中的话的翻译。泰奥多罗斯（Theodoros）生于公元前 4 世纪，伊壁鸠鲁派哲学家，“无神论者”（原文为希腊文 átheos）是其诨名。

（100）①亚伯拉罕的故事见《创世记》22：1—19。耶和华令亚伯拉罕带着爱子以撒到摩利亚山上，把以撒献为燔祭。到了第三日，父子二人才动身前往摩利亚。当亚伯拉罕准备好了燔祭的柴，手拿火与刀的时候，以撒问父亲，燔祭的羊羔在哪里，亚伯拉罕回答他："神必自己预备作燔祭的羊羔。"（22：8）于是二人继续前行，到了神指定的地方。正当亚伯拉罕举刀砍向以撒的时候，天使降临，让亚伯拉罕刀下留人，燔祭的公羊现身。耶和华知道亚伯拉罕是敬神的，就对他说："论福，我必赐大福给你；论子孙，我必叫你的子孙多起来，如同天上的星，海边的沙。你子孙必得着仇敌的城门。并且地上万国都必因你的后裔得福，因为你听从了我的话。"（22：17—18）

②克尔凯郭尔拥有《古兰经》的德文译本 *Der Koran*（trans. by Ullmann, Crefeld 1840）。但克尔凯郭尔可能没有找对地方。日记所说《古兰经》没有公布关于摩利亚之行的意图，那是指不在题名为"易卜拉欣"的章节中，而是在第 37 章"列班者"（Die sich Ordnenden）中。这里，接受考验的不是 Isak，中译"易司哈各"，而是他的兄弟 Ismael，中译"易司马仪"，而且他事先知道易卜拉欣要将他作为牺牲。经中这样写道："现在，他到了理智的年纪了，于是亚伯拉罕对他说：噢我的儿子，我梦到我要把你作为牺牲，现在想想吧，你怎么看。可他回答说：做吧，我的父亲，做你被要求的事，而且有真主的意愿，你会发现我是非常有耐性的。"此处的内容根据克尔凯郭尔所拥有《古兰经》德译本第 386 页译出。

（101）"像复仇神那样立在他的头上"指古希腊神话中的复仇女神（Furies）的蛇发。

（102）日记 87 则中"▶◀"之间的内容，原载日记 JJ 第 30—31 页，已遗失，现有内容根据《索伦·克尔凯郭尔遗稿》（*EP I – II*）第 406—407 页。本则日记可与克尔凯郭尔假名著作《畏惧与颤栗》中"心境"开篇内容互读。参《畏惧与颤栗 恐惧的概念 致死的病症》，京不特译，中国社会科学出版社 2013 年，第 2—3 页。

（103）①《地址报》（*Adresseavisen*）创建于 1759 年，是哥本哈根重要的广告阵地。在 1843 年 4 月 10 日（no. 85）的《地址报》上确有一则出售黑色重磅真丝面料的广告，所不同是长度写为 14 丹尺（"丹尺"即 Alen，是丹麦的长度单位，1 Alen = 0. 504 米），而且还有一条精美法式披肩，低于原价出售，附有联系人地址。

②《地址报》的"多样广告"栏目（Blandede Bekjendtgørelser）中，采用 Formedelst anden Bestemmelse（计划有变）是固定用法。

（104）①克尔凯郭尔的时代，很多神学毕业生在完成结业考试后，会给富人和官员子女充当家庭教师。

②克尔凯郭尔于 1840 年 7 月 3 日通过神学学位毕业考试，同年 9 月 8 日与雷吉娜·奥尔森订婚。日记中所说"以成为灵魂导师终"（endte med at være sjælesørger）或许是指，他在 1841 年 10 月 11 日解除了与雷吉娜的婚约之后，在雷吉娜父亲的要求下，于当晚和第二天试图去安慰雷吉娜。另外，还可能指献给雷吉娜的《两则建设性演讲》（*To opbyggelige Taler*），其中用"那个个体"（hinn Enkelte/ that individual）

指雷吉娜。

（105）根据 1709 年颁布的《国王法》（*Kongsloven*）和 1797 年的《丹麦法》（*Danske Lov*），臣民要称国王为 Deres Majestæt（陛下）。在《丹麦法》第 1 册、第 1 章、第 1 节中，命令国民要“认可和尊重国王，作为尘世间高于所有法律之上的至高的领袖。国王不承认除上帝之外的任何领袖或法官在他之上，不管是教会还是尘世事务。”

（106）①“秃鹫林”在丹麦文中写为 Gribskov，位于哥本哈根北部，至今仍是丹麦西兰岛最大的森林，其中不允许放牧的保留林（fredskov）42 平方千米，相邻森林 55 平方千米。

②“八路汇聚口”在丹麦文中写为 Ottoveiskrogen，命名反映了 17 世纪丹麦的公路和道路规划管理办法。“八路汇聚口”位于秃鹫林南端，1913 年此处为克尔凯郭尔树立了堆石纪念标。

（107）①日记中所说的“《两则布道词》（*To Prædikener*）”当指克尔凯郭尔 1843 年出版的《两则建设性演讲》（*To opbyggelige Taler*）。“序言”的写作日期标为 1843 年 5 月 5 日，克尔凯郭尔 30 岁生日，但这个日期很可能是提前写的，因为书于 5 月 6 日印刷完毕，由此推测书稿可能在 4 月中旬即送交印刷厂。

②在《两则建设性演讲》的序言中克尔凯郭尔专门提到，“这本书被叫做‘演讲’（Taler）而非布道词（Prædikener），这是因为作者并无布道（prædike）的权威。”

（108）①“那个个体”（den‘Enkelte’）出现在克尔凯郭尔《两则建设性演讲》的“序言”中。他这样写道：“那个个体（hinn Enkelte），就是我怀着喜悦和感激所称之为的我的读者，……”。研究者未能确认日记所说的排字工是何许人。

②《两则建设性演讲》应该印刷了 500 册。

（109）日记 93 则中“►◄”之间的内容在日记 JJ 第 34 页，已遗失，现有内容根据《索伦·克尔凯郭尔遗稿》（*EP I – II*）第 410 页。

（110）“►►◄◄”之间的内容在日记 JJ 第 34 页，已遗失，目前所见内容出自《克尔凯郭尔遗稿目录登记》（*B-fort*）第 368 页。

（111）研究者无法确定，日记中所说的“把那则解释了这事的秘密注释移开”是事实还是虚构。

（112）“耶稣的话”指《马太福音》6：17—18，耶稣说：“你禁食的时候，要梳头洗脸，不叫人看出你禁食来，只叫你暗中的父看见；你父在暗中察看，必然报答你。”

（113）“宗教团体以及为教众观念而生活”可能指格伦德威（N. F. S. Grundtvig）提出的以教众的团结合作作为基督教基础的主张。

（114）“权威性”（Myndighed）尤指已受圣职的牧师的权威，克尔凯郭尔不具备这种权威性，这是他把自己的“布道词—Prædikener”改为“演讲—Taler”的原因。

（115）“巴兰的驴子”参《旧约·民数记》22：21—30。故事中，耶和华使巴兰的驴开口说话，也使巴兰眼睛明亮，看到了耶和华的使者，最终认识到自己犯下的罪。

（116）克尔凯郭尔著作的注释者没有在《地址报》上找到日记所描述的园丁做自我推荐的图文，但却在1843年2月6号、11号、16号出版的《贝林时报》（*Berlingske Tidende*）中“休闲服务”（Ledige Tjenester）栏目中，看到一个寻找园丁的广告，配图是一名园丁用喷壶给花木浇水。

（117）“我不干……该死的一切”（Det vil jeg ei，det vil jeg ei，det vil jeg ei，nei，nei，F— i Vold med det Hele）取自欧沃斯寇（Th. Overskou）翻译的斯克里布（E. Scribe）歌剧《泰瑞西那的酒吧》（*Fra Diavolo eller Værtshuset i Terracina*）。这是剧中人洛克博罗爵士的唱段，他是英国人，因此唱词中有一句“No，no，no，no，no，Goddam!”克尔凯郭尔在写作时有意回避骂人话，因此他将Fanden i Vold简写为F—i Vold（Goddam）。1831年5月19日至1842年2月21日，这部歌剧在皇家剧院共上演53场。

（118）“不买，不读，不评论，凡此等等”可能是对海贝尔就《非此即彼》（*Enten—Eller*）所撰写的评论的戏仿。评论中说：“人们想：‘我有时间读这样一本书吗？有什么保证我的付出有所回报呢？’人们奇妙地感到自己被这题目本身所吸引，他们将之运用到自己与这本书的关系之上，并且自问：‘我是要读它，还是不读它’？（Skal jeg enten læse den，eller lade det være?）”。（下划线为译者所加，以突出这个问题与克尔凯郭尔书名之间的对应关系。）

（119）“放在黑暗的坑中”（sat ned i det mørke Hul）语出《旧约·诗篇》88：2—9，尤其是6—9行。“你把我放在极深的坑里，/在黑暗地方，在深处。/你的忿怒重压我身；/你用一切的波浪困住我。/你把我所认识的隔在远处，/使我为他们所憎恶。/我被拘困，不得出来；/我的眼睛因困苦而干瘪。”

（120）“蝗虫”的典故可能指古罗马神话中，提瑟努斯（Tithonus）与司清晨女神奥罗拉（Aurora，即希腊神系中的Eos）结婚，奥罗拉为提瑟努斯获得了永生，但却忘记把青春包含在内。提瑟努斯老了，丧失了他俊美的外貌，还有奥罗拉的爱情。他请求变回有死的人类，但没有成功。最后，奥罗拉把他变成了一只蟋蟀或者蝗虫。克尔凯郭尔还可能指《旧约·诗篇》109：23：“我如日影渐渐偏斜而去；/我如蝗虫被抖出来。”

（121）“坚忍不拔地工作”是对spændt i Selerne的意译，直译指给马或牛套上轭，由此衍生的成语lægge i Selen意为“坚忍不拔地工作”。

（122）“牛犊”的典故出自《旧约·耶利米书》31：18：“我听见以法莲为自己悲叹，说：/‘你责罚我，我便受责罚，/像不惯负轭的牛犊一样。/求你使我回转，我便回转，/因为你是耶和华我的神。”

（123）“让伦理见鬼去吧”原文写为 det Sk—t med det Ethiske，克尔凯郭尔再一次有意隐去了忌讳的骂人话 Skidt。

（124）道博（Karl Daub，1765—1836），德国神学家，日记中所引的话出自他与德国哲学家罗森克朗兹（Karl Rosenkranz，1805—1879）的对话，见《追忆卡尔·道博》（*Erinnerungen an Karl Daub*，*Berlin* 1837）。

（125）研究者未能查明此处所言苦修者的身份。

（126）“忧惧与战兢”（den Angst og Bævelse）可能指《约伯记》4：13—14：“在思念夜中异象之间，世人沉睡的时候，/恐惧、战兢临到我身，（da kom Frygt og Bævelse paa mig）/使我百骨打战。”

（127）博那维尔（August Bournonville，1805—1879），丹麦舞蹈家、编舞、芭蕾大师，1830 年起受聘于皇家剧院。1832 年他创作芭蕾舞剧《浮士德》，从 1832 年 4 月 25 日至 1843 年 3 月 13 日，该剧在皇家剧院上演 32 场。自 1842 年 6 月 10 日起，博那维尔出演梅菲斯特菲勒斯，而之前他扮演的是浮士德。

（128）温斯洛（Carl Winsløv，1796—1834），丹麦演员，自 1819 起受聘于皇家剧院，一直到逝世。在丹麦诗人亚当·欧伦施莱格尔（Adam Oehlenschlæger）的作品《卡尔大帝》（*Karl den Store*）1829—1830 年的演出季中，温斯洛出演剧中人卡尔大帝的私生子皮平。事实上，皮平并没有“耐心”（Taalmodighed）的台词，克尔凯郭尔可能指的是皮平第一场的独白，他想治愈自己气质性的急躁，以便能骗过他的父亲。在海贝尔 1827 年的音乐喜剧《不分手》（*De Uadskillelige*）当中，温斯洛扮演克里斯特尔（Klister，意为“胶水”）的角色，他总是发脾气，并且不停地指责心上人艾美丽，但这两个人在“胡言乱语和厌倦”之中并不分手。

（129）彼得拉克（Francesco Petrarca，1304—1374），意大利诗人、语言学家和哲学家，人文主义者。诗作《爱神的胜利》原文为 Trionfo dell' Amore，德译为 Triumph Armors。

（130）①《丹麦人在巴黎》（*De Danske i Paris. Vaudeville i to Acter*）海贝尔创作的两幕音乐喜剧。自 1833 年 1 月 29 日至 1842 年 5 月 19 日，该剧在皇家剧院上演 41 场。

②“音乐喜剧”原文为法文 Vaudeville，本意为“民歌”、“通俗歌曲”，作为戏剧表现形式则为包含民歌在内的音乐剧，为市民所喜闻乐见，剧中的歌曲曲调简单，通俗易学。受德国和巴黎剧院的影响，海贝尔于 1825 年将此种艺术形式引入皇家剧院。Vaudeville 在英语中表示包含有歌舞、杂耍等的综艺节目，故根据上下文还可译为“杂耍剧”。

（131）“▶◀”之间的内容，即从日记第 95 则“在我死后”始，至日记第 106 则上，原有内容在日记 JJ 第 34—39 页，已遗失，现有内容根据《索伦·克尔凯郭尔遗稿》（*EP I—II*）第 416—419 页。

（132）贺伯格（Ludvig Holberg，1684—1754），丹麦—挪威作家、学者，1717 年起任哥本哈根大学教授。“贺伯格的尤利西斯”指贺伯格 1725 年创作的喜剧《伊塔卡的尤利西斯或一出德国喜剧》（*Ulysses von Ithaca eller En tydsk Comoedie*）。自 1835 年后，该剧不再在皇家剧院上演。

（133）①1843 年“复活节首日”是 4 月 16 日，根据《地址报》1843 年 4 月 15 日的预告，明斯特主教在“圣母大教堂”（Vor Frue Kirke）主持晚祷式。

②“她冲我点头示意”指雷吉娜·奥尔森（1822—1904），1840 年 9 月 8 日至 1841 年 10 月 11 日期间她与克尔凯郭尔订婚。1843 年与约翰·施莱格尔（Johan Frederik Schlegel）订婚，并于 1847 年 11 月 3 日与之永结百年之好。

（134）“一年半的痛苦折磨”暗指克尔凯郭尔 1841 年 10 月 11 日与雷吉娜·奥尔森解除婚约后至 1843 年 4 月 16 日（复活节首日）这段时间。为了使雷吉娜解脱，克尔凯郭尔故意给她留下一个印象，即婚约是一个骗局，而非出自对她的爱。

（135）日记显然没有写完，没有标点。根据《克尔凯郭尔遗稿目录登记》（*B-fort*），有两页日记（第 42—43 页）在此处被撕掉。

（136）“雷吉娜的骄傲和克尔凯郭尔的谦卑”具体所指不明。

（137）“当她勇敢地反对我的时候”可能指 1841 年 8 月 11 日，克尔凯郭尔用退还订婚戒指的方法试图解除与雷吉娜的婚约。根据克尔凯郭尔 1849 年 9 月 1 日的札记（NB:12）《我与她的关系》（Mit Forhold til hende）中的陈述，雷吉娜立刻回信拒绝，她在信中请求克尔凯郭尔“看在耶稣基督和对我已故父亲的回忆的份上不要抛弃她”。

（138）“后来”可能指从 1841 年 8 月 11 日克尔凯郭尔试图解除婚约，至 10 月 11 日正式解除婚约这两个月时间。根据《我与她的关系》，这两个月是“欺骗的两个月”，“为了摆脱她……因此必须残忍”。

（139）“第二则布道词”指克尔凯郭尔 1843 年出版的《两则建设性演讲》中的第二则，在前言中，克尔凯郭尔坚持称之为“演讲”（Taler）而非“布道词”（Prædiken）。这则演讲的标题 Al god og al fuldkommen Gave er ovenfra，直接取自《雅各书》1：17：“各样美善和各样全备的赏赐，都是从上头来的，（……）”。

（140）“你们这些不好的人”原文写为：vide I da som ere onde at give Eders Børn gode Gaver, hvor meget mere skulde da Gud ikke vide det。这段话当取自《马太福音》7：11，但略去了“天上的父”的字样：Dersom da I, som ere onde, vide to give Eders Børn gode Gaver, hvor meget mere skal Eders Fader, som er i Himlene, give dem gode Gaver, som ham bede.（你们虽然不好，尚且知道拿好东西给儿女，何况你们天上的父，岂不更把好东西给求他的人么？）

（141）日记中所说的《福音书》指《马太福音》16：2—4，法利赛人和撒都该人来试探耶稣，让其行神迹。“耶稣回答说：‘晚上天发红，你们就说：天必要晴。早晨天发红，又发黑，你们就说：今日必有风雨。你们知道分辨天上的气色，倒不能分辨这时候的神迹。一个邪恶淫乱的世代求神迹，除了约拿的神迹以外，再没有神迹给他看。’耶稣就离开他们去了。”

（142）从克尔凯郭尔专门把《约伯记》28 章第 12 行的内容独立标记的方式，可揣想这句是重点：“然而智有何处可寻？/聪明之处有哪里呢？”

（143）克尔凯郭尔 1843 年 5 月 8 日从哥本哈根乘邮船“伊丽莎白女王号”（Droning Elisabeth）抵达德国的施特尔松德（Stralsund），其时的《地址报》上有报道。在施特尔松德留宿一夜后，乘马车前往什切青（Stettin，历史上曾被多国统治，第二次世界大战后归波兰），当时火车已通车，从什切青到柏林只需 9～10 小时，若乘马车从施特尔松德到柏林则需要 30 小时。5 月 30 日，克尔凯郭尔乘坐“瑞典雄狮号”（Svenska Lejonet）从施特尔松德返回哥本哈根。

（144）“韦伯最后的圆舞曲”可参《卡尔·玛里亚·韦伯最后的圆舞曲：最新和受喜爱的钢琴舞曲选集》第 15 曲。韦伯（Carl Maria von Weber，1786—1826），德国作曲家，德国浪漫主义歌剧之父，创作有歌剧《自由射手》（*Der Freischütz*，1821），在 1822—1841 年间，该剧在皇家剧院演出 60 场。

（145）①“上一回在柏林”指 1841 年 10 月底至 1842 年 3 月初克尔凯郭尔在柏林的逗留，其间他聆听了谢林在柏林大学讲授的“启示哲学”。

②“动物园”（Thiergarten）是位于勃兰登堡门西边的公园。

（146）根据克尔凯郭尔 1843 年 5 月 15 日致友人埃弥尔·博伊森（Emil Boesen，1812—1881）的信，他两次在柏林住的是同一个地方，地址是 Jägerstrasse und Charlottenstrasse an der Ecke。只是 1841—1842 年，克尔凯郭尔租下整个公寓的第二层；1843 年，因房东——药剂师朗格（Lange）成家，克尔凯郭尔只能租下一个房间，他在信中说“因此我像隐士一样待在一个房间里，那里还有我的床”。房东从 1840 年起，在房子的第一层开设了一家药店“所罗门王药店”（König－Salomo Apotheke）。

（147）克尔凯郭尔抵达柏林时，下榻位于 Burgstrasse 20 的旅馆 Hôtel de Saxe（萨克森旅馆），在日记和致埃弥尔的信中，克尔凯郭尔称之为 Hotel Saxen。根据当时的资料，该旅馆属于“一流的小旅馆”（Gasthoefe erster Klasse）。旅馆毗邻斯普瑞河（Spree Fluss）。

（148）克尔凯郭尔从旅馆房间看到的作为背景的教堂是 Berliner Dom（柏林大教堂）。1841—1842 年克尔凯郭尔在柏林的时候，他先住在 Mittelstraße，这里不直接临水，但街上有教堂 Dorotheen Kirche；后来住在 Jägerstraße，也不直接临水，但附近有教堂 Französische Kirche，后称 Französische Dom（法国大教堂）。

（149）“上帝是持续不变的”（at Gud altid er den samme）的意思，参《雅各书》1：17：“各样美善和各样全备的赏赐，都是从上头来的，从众光之父那里降下来的；

在他并没有改变，也没有转动的影儿。"

（150）"绝对的悖谬"（den absolute Paradox）参克尔凯郭尔：《哲学片断》第三章，王齐译，中国社会科学出版社 2013 年，第 44—59 页。

（151）"四毛钱"对应于原文 4 ß，即 4 skilling（4 斯基令），实际价值相当于 1/24个 rigsdaler（丹麦国家银行币，1 rigsdaler = 96 skilling），作为固定用法表示很少的钱。克尔凯郭尔 1843 年出版的《两则建设性演讲》一书卖 32 skilling。

（152）"►◄"之间的内容，即从日记第 109 则（"柏林，1843 年 5 月 10 日"）始，至日记 111 则后半部，原有内容在 JJ 第 46—47 页，已遗失，现有内容根据《索伦·克尔凯郭尔遗稿》（*EP I—II*）第 412—413 页。

（153）"愚拙的人类理智"（daarlige msklige Forstand）可能语出《哥林多前书》1：21—24。"世人凭自己的智慧既不认识神，神就乐意用人所当作愚拙的道理拯救那些信的人；这就是神的智慧了。犹太人是要神迹，希利尼人是求智慧；我们却是传钉十字架的基督。在犹太人为绊脚石，在外邦人为愚拙（Daarlighed）；但在那蒙召的，无论是犹太人、希利尼人，基督总为神的能力，神的智慧。"

（154）①研究者未找出"老船长"究竟何人。但他很可能是为前往"东印度"（Ostindien，1492 年哥伦布到达美洲，误认为是印度，后欧洲殖民者称南、北美大陆间的群岛为"西印度"，称亚洲的印度和马来群岛为"东印度"）和中国的商船服务，尤其是在 1793—1799 年间因丹麦在拿破仑战争期间的中立立场而造就的商业繁荣时代。

②"迷你"（Mini）是一家位于哥本哈根国王新广场的咖啡馆，克尔凯郭尔自 30 年代中期喜欢去那里，咖啡馆还为克尔凯郭尔供应咖啡豆。

（155）①"上帝之名"（Guds Navn）语出《出埃及记》20：7："不可妄称耶和华你神的名，因为妄称耶和华名的，耶和华必不以他为无罪。"

②通常国王只在最高法院的开庭日、即每年 3 月的第一个星期四在最高法院现身，但最高法院的辩护律师有责任在辩护进程中以恭敬的语言指向国王。国王宝座旁有一个墨水池（Blækhuus，英译 inkwell，指旧时嵌入写字台的墨水瓶），它是国王之名的象征，因为最高法院法官在形式上代表的是国王的意志，也以国王之名签署最终的裁决。

（156）"《旧约》中被允许的称呼上帝的方式"指在祈祷中用第二人称，这是《旧约》的一个典型特征。参日记 JJ：90。

（157）1843 年 5 月 17 日，克尔凯郭尔仍在柏林。

（158）"用她的尖叫使我焦虑"指克尔凯郭尔在 1841 年 10 月 11 日与雷吉娜解除婚约时，雷吉娜曾尖叫着说，这是她的死期；克尔凯郭尔将之理解为，他良心上有桩命案，不管雷吉娜是否真的死亡。参 1847 年 5 月的札记 NB:210。

（159）"有罪，还是无罪？"（*Skyldig - Ikke Skyldig*）很可能指的是克尔凯郭尔与

《非此即彼》同时写作的故事，最初想起名为《不幸的爱情》（*Ulykkelig Kjærlighed*）。1843 年 5 月克尔凯郭尔在柏林时重返该主题，开始写一个新故事，题名为《有罪，还是无罪?》，手稿中仅有两个片断保存，其中的一个涉及与雷吉娜的关系。1845 年出版的《人生道路诸阶段》（*Stadier paa Livets Vei*）中就有同名作品。

（160）“如果有可能，她将成为我的妻子”可能指克尔凯郭尔 1843 年 5 月 30 日从柏林返回哥本哈根时，得知雷吉娜已与约翰·施莱格尔（*Johan Frederik Schlegel*, 1817—1896）订婚，因此他在考虑重拾旧爱。

（161）①在 1849 年 9 月 1 日的札记《我与她的关系》（NB:12）中，克尔凯郭尔这样写道：“她常常发出这样的议论：你永远都不会快乐，因此对你无论如何都没有关系，只要我获准跟你在一起。还有一次她说：她永远都不会询问我任何事情，只要她可以和我在一起。”

②在《我与她的关系》中，克尔凯郭尔写道，解除婚约的当天，他从雷吉娜家到剧院，与埃弥尔·博伊森会面。演出结束，雷吉娜的父亲找到克尔凯郭尔，要跟他谈话，两人相伴回到雷吉娜的家。“他说：这会使她死去，她非常绝望。我说：我一定会使她得到安宁；但事情无可更改。他说：我是一个骄傲的人；求人不容易；但是我请求您不要与她决裂。他真的了不起；我受到震动。但是我说话算话。”

（162）“羞羞答答”对应于原文 *knibsk*，指在性问题上的害羞，贬义时表示在性问题上的大惊小怪、故作忸怩、伪善。

（163）这句话在此处戛然而止，根据《克尔凯郭尔遗稿目录登记》（*B-fort*），克尔凯郭尔在这里撕掉了两页纸（第 52—53 页）。

（164）①此处所说的这些“可怕的事情”（forfærdelige Ting），尤其是克尔凯郭尔指的“各种欲望，越轨行为”（Lyster og Udskeielser）具体所指不明。这里说的“我和父亲的关系”指克尔凯郭尔与自己的父亲的关系。

②为保持克尔凯郭尔这段痛苦而隐晦的内心独白的原貌，译者完全遵从原文所有的标点符号。

（165）“神圣的迷狂”（日记中简写为 guddl. Vanvid，即 guddomlig Vanvid）的说法可参柏拉图对话《斐德罗》265b。苏格拉底将迷狂分为两类：一是因人的疾病产生，二是受到神的激励产生。后者又可分为四部分，分别与四位神灵相连，它们分别是：源于阿波罗的“预言的迷狂”；源于狄奥尼修斯的“秘仪的迷狂”；源于缪斯的“诗歌的迷狂”；源于阿佛洛狄忒和爱神的“爱的迷狂”，后者正是“最高的迷狂”。参《柏拉图全集》（增订版），上卷，王晓朝译，人民出版社 2018 年，第 676 页。

（166）即使在克尔凯郭尔生活的时代，麻风病仍被视为带有某种道德耻辱。

（167）新教教会非常重视悔悟，悔悟是对罪的忏悔的必要条件，因而也是相信罪的宽宥的条件。《非此即彼》下卷威廉法官对悔悟就有深刻的阐发。

（168）①“即使尽了最大努力，我还是有罪”指奥古斯丁的原罪观。克尔凯郭尔1833—1834年冬季学期和1834年夏季学期在哥本哈根大学听克劳森教授（H. N. Clausen）讲授基督教教义课时，在涉及奥古斯丁原罪观时在笔记上这样写道：“所有人通过亚当且与亚当一起犯罪，作为公正的惩罚，一个人在出生时即接受了被诅咒的自然本性，人有自由做恶。”

②“我就不能真正采取行动了，因为我要悔悟”可能暗指H. L. 马腾森在其《道德哲学体系纲要》（*Grundrids til Moralphilosophiens System*，1841）一书讲到的德国哲学家费希特（Johann Gottlieb Fichte，1762—1814）对悔悟的摒弃。费希特指出，因为已然采取的行动无可更改，人们不敢花时间去悔悟。

（169）①《阿格耐特和人鱼》（Agnete og Havmanden）是一首民歌，参《中世纪丹麦诗歌选》（*Udvalgte Danske Viser fra Middelalderen*，1812—1814），丹麦诗人延斯·巴格森（Jens Baggesen，1764—1826）1808年以此为基础重新创作了诗作《小岛园的阿格耐特》（Agnete fra Holmegaard）。

②“从未出现在任何一位诗人的头脑中”（ikke er opkommen i nogen Digters Hoved）语出《哥林多前书》2：9：“神为爱他的人所预备的，/是眼睛未曾看见，/耳朵未曾听见，/人心也未曾想到的（ikke er opkommet i noget Menneskes Hierte）。”

（170）JJ：120在很多细节上可与JJ：115互读。如JJ：120中所说的“因为那样他就必须与阿格耐特结婚，把她带入自己全部的悲惨生存样态之下”，可参照JJ：115中“假如我说明原因，我就不得不与她在可怕的事情当中结婚，我与父亲的关系……”。再比如，JJ：120中，“假如人鱼能够有所信，那么他的信仰或许能够使他转变成人”，可参照JJ：115所说的“假如我曾经有信仰，我就会和雷吉娜在一起。”

（171）克尔凯郭尔对“宗教”（det Religieuse）的解释，从“宗教”的拉丁语religio与动词religo相关联入手，后者意为“解除，松开”。

（172）“我的安提戈涅”参注（12）。

（173）所罗门和大卫是公元前10世纪以色列国王，所罗门是大卫王与妻子拔示巴所生的儿子，以智慧著称。日记中讲到的所罗门王与大卫王之间的关系，可参《列王纪上》11：1—6，所罗门王除娶法老女儿为妻外，还宠幸了许多耶和华告诫过的不可与之相通的外邦女子，所罗门爱恋这些妃嫔，她们确也诱惑他的心去随从别的神。所罗门没有效法他的父亲大卫王专心顺从耶和华。

（174）“如果大卫是神秘主义者”可参《非此即彼》中威廉法官对悔悟和神秘主义所做出的区分。参克尔凯郭尔：《非此即彼》下卷，京不特译，中国社会科学出版社2009年，第293—307页。

（175）《西拉书》是《旧约》外典（apocryphal），西拉（Jesus Sirak）是犹太作家和耶路撒冷上流社会的官员，《西拉书》约写于公元前180年。克尔凯郭尔日记中所引是其时官方《旧约》版本，但字句略有改动。在当今的丹麦语和英语《旧约》中，这句话被记为4：15。英文本中此句写为：Better are those who hide their folly than those who hide their wisdom.

（176）“通过悔悟能够保持与上帝的爱的关系”可参克尔凯郭尔：《非此即彼》下卷，京不特译，中国社会科学出版社 2009 年，第 268 页。

（177）在新教教义中，悔悟者本人并不能希望通过自身的悔悟而获得罪的宽宥。

（178）“保罗登船”可参《使徒行传》，尤其是 27：33—34。保罗在赴罗马的船上遇到了风浪，众人多日不进食。“天渐亮的时候，保罗劝众人都吃饭，说‘你们悬望忍饿不吃什么已经十四天了，所以我劝你们吃饭，这是关乎你们救命的事，因为你们各人连一根头发也不至于损坏。’”

（179）“可他是上帝的一个使徒”参《罗马书》1：1—2：“耶稣基督的仆人保罗，奉召为使徒，特派传神的福音。这福音是神从前藉众先知，在圣经上所应许的。”

（180）沙克·斯泰费尔德（Schack Staffeldt，1769—1826），丹麦诗人，引文出自他的传奇故事（Romance）《爱火》（*Elskovbaalet*）。

（181）①日记中所说回忆录的作者是尼布甲尼撒二世（Nebucadnezar，公元前 605—562），巴比伦国王，在《旧约·但以理书》第 2—4 章中，尼布甲尼撒为自己做的梦而心烦意乱，先知但以理为他解梦。在 4：32 中，但以理说：“你必被赶出离开世人，与野地的兽同居；吃草如牛，且要经过七期。等你知道至高者在人的国中掌权，要将国赐与谁，就赐与谁。”

②出版者尼古拉斯·诺特宾尼，原文为 Nicolaus Notabene，此为音译。Notabene 为拉丁语，意为“批评意见”或者“札记”（NB）。因作者名的首字母 N. N 还是拉丁语 nomen nescio 的简称，意为“无名氏”，故还可译为“无名氏”。

（182）①日记所引的书的完整标题应为：《C·西尔纽斯·麦锡纳斯：生平和著作的历史调查》（*C. Clinius Maecenas. Eine historische Untersuchung über dessen Leben und Wirken*），日记略去了 über dessen Leben und Wirken。

②盖乌斯·西尔纽斯·麦锡纳斯（Cajus Cilnius Mæcenas，公元前 8 世纪去世）是罗马贵族，奥古斯都大帝的密友和顾问，热爱文学艺术，资助维吉尔、贺拉斯等诗人，他的姓 Maecenas 衍生出的 mæcen（复数为 mæcener）在丹麦语中意为“文学艺术资助人”，在英文中写为 maecenate。

（183）“►◄”之间的内容，即从日记第 120 则“我一直想着从一个侧面改写阿格耐特和人鱼的故事”始，至 127 则，原有内容在 JJ 第 56—61 页，已遗失，现有内容根据《索伦·克尔凯郭尔遗稿》（*EP I – II*）第 421—423 页。

（184）哥本哈根并无真正意义上的希腊雕塑艺术馆，但皇家美术馆有一小部分希腊古物收藏。1838 年，丹麦雕塑家托瓦尔德森（Berthel Thorvaldsen，1770—1844）从罗马带回一大批希腊和罗马雕塑作品，这些作品并不对公众开放，直到 1848 年托瓦尔德森美术馆建成。托瓦尔德森自己创作的新古典主义作品在美术学院的年度作品展中展出。

（185）塔克文·苏佩布（Tarquinius Superbus）是罗马共和国建立之前最后一位国王，公元前534年至前510年在位。日记所引为德文：Was Tarquinius Superbus in seinem Garten mit den Mohnköpfen sprach，verstand der Sohn，aber nicht der Bote。故事的背景是，苏佩布的儿子塞克都斯（Sextus Tarquinius）竭力想使罗马附近的城市Gabii归父亲统治，他要手腕在这座城市担任要职，派信使向父亲询问，下一步该怎么做。老国王不信任信使，什么都没有说，而是用他的手杖击打花园里最高的罂粟花的头。儿子领悟到了父亲的意图，即清除城里有权势的人。

（186）“假如我尚未毁灭，那么我愿毁灭”原文为拉丁文 periissem nisi periissem。这句话为哈曼在1764年5月2日写给约翰尼斯·林德奈（Johannes Lindner）的信中所用。

（187）施莱尔马赫（Friedrich Schleiermacher，1768—1834），德国神学家、哲学家，1810年起任柏林大学神学教授。他于1807年翻译出版了近乎全集的《柏拉图著作》（*Platons Werke*），这是柏拉图著作的第一个德文译本。克尔凯郭尔在日记中引用的是《柏拉图著作》第2卷、第2部的第98页，而非104页。

（188）《畏惧与颤栗》（*Frygt og Bæven*）于1843年10月16日出版。此处的格言警句可能是克尔凯郭尔对赫尔德之言的翻译和改写。参日记JJ：7。

（189）“►►◄◄”之间的内容出自《克尔凯郭尔遗稿目录登记》（*B—fort*）第368页。日记仅有莎士比亚《皆大欢喜》的德译名“Ende gut，Alles gut”中的前半部分Ende gut。此处为阅读便利，写莎士比亚喜剧全名。

（190）《诱惑者日记》（*Forførerens Dagbog*）是《非此即彼》上卷的最后一篇。《交际花日记》原文写为 *Hetærens Dagbog*。*Hetæren* 出自希腊文 *hetaera*，一指古希腊有文化教养的高级妓女；二指靠情人供养为生的女性，故此处译为“交际花”。

（191）《诱惑者日记》的叙述者约翰尼斯就年轻女孩和已婚少妇的区别这样写到：“我总是在年轻女孩们当中寻找我的猎物，而不是在已婚少妇中。一个妇人所具有的自然天性要少一些，更多的是风情；与她的那种关系就不是美丽的，不是有趣的，它是刺激的，刺激总是最后的东西。”

（192）“伤残者荣军院”（*Pleiehuus for Krøblinger*），专指收容因战争伤残的病人的医院，克尔凯郭尔时代哥本哈根有三家这样的医院。

（193）“每一个都是母亲的肖像，都从父亲而出”中的“从父亲而出”原文为 *Faderens Lænders Kraft*，语出《创世记》35：11，神对雅各说：“我是全能的神，你要生养众多，将来有一族和多国的民从你而生，又有君王从你而出（*og Konger skull udkomme af dine Lænder*）。”

（194）“巡警日记”原文写为 *Blade af en Gadecommissairs Lommebog*，标题应是对英格曼（*B. S. Ingemann*）作品《耶路撒冷的鞋匠日记》（*Blade af Jerusalems Skomagers Lommebog*）的戏仿。“巡警”（Gadecommissair）主要负责巡视特定街区的卫生和治安

状况。为方便管理和收税，哥本哈根被划分为十二个区。

（195）“科尼波吊桥”（Knippelsbro）是一座吊桥，在日常生活中也被叫做 Christianshavns Bro。

（196）“▶◀”之间的内容，即从日记第 135 则至 139 则，原有内容在 JJ 第 64—65 页，已遗失，现有内容根据《索伦·克尔凯郭尔遗稿》（*EP I—II*）第 432—433 页。

（197）“在婚礼上我应该做出承诺”，指牧师在宣布新人永结同心之前，要逐一询问，他们是否与上帝、与自己的内心、与家人和朋友讨论过，愿意与对方结为夫妻。另外，根据教会仪式，婚礼前几日新郎、新娘要到牧师那里，出示有法律效力的证词和证明，说明不存在阻碍他们结婚的因素。

（198）“假如我不允许自己与她成婚，我会冒犯她”，但实际上，如果有人不愿继续保持婚约，他并没有在法律上冒犯对方，因为根据 1799 年 1 月 4 日颁布的法案，订立婚约的双方不再有义务在订婚后的第六个礼拜日之前结婚，而是可以按其心愿推迟婚礼。但是，即使是 19 世纪 40 年代的中产阶级，也会对订婚双方迟迟不举行婚礼而感到震惊。如果当事人想取消婚约，但对方不同意，这时他必须提请调解委员会，以争取对方的同意。

（199）“在火山上跳舞”（dandser paa en Vulkan）是成语，意为“显得格外轻松，无视巨大的危险”。

（200）1839 年，哥本哈根有 81 位时装设计师（modehandlere）。从账单上看，克尔凯郭尔曾在不同的几处订制服装。

（201）哥本哈根市民对女性进教堂参加圣事的着装有非常高的要求，在一定程度上，着装不得当者会被驱逐出教堂。

（202）①鲸鱼骨架裙（Fiskebeensskjørt）指多层衬裙或裙撑，在克尔凯郭尔的时代早已不再流行，但人们在皇家剧院上演的贺伯格喜剧中仍然能看到。

②“野蛮人的鼻环”（Ring i Næsen hos de Vilde），《旧约》中的妇女饰品，可参《以赛亚书》3：21 和《以西结书》16：12 中都提到鼻环。

③“那个高尚的天才”（hiin ophøiede Genius）可能指苏格拉底。

④“所有动物中最荒谬可笑的动物——人类”可能是对亚里士多德对人的定义“政治动物”（politikón zōon）的戏仿。

（203）①“布鲁塞尔花边”（Brüssler-Kniplinger）自 16 世纪起就以其高品质著称，在欧洲供不应求，价格也很昂贵。

②教养良好的阶层非常重视“品位”（Smag），海贝尔的妻子、名演员 Johanne Luise Heiberg（1812—1890），曾在 1843 年 11 月 1 日的《智识杂志》上发表匿名文章，对比巴黎时装店的服务，批评哥本哈根人不讲个性需求、只讲时髦却无品位的时尚消费。

（204）1843年丹麦尚无现代意义上的政党组织，但在国民议会中，已见出自由派和保守派的分野。持有不同政治立场的人是否着装有所不同，不得而知。但根据《海盗船》1843年6月2日（第141期）上的一篇题为《疯子手记：市民和农夫对抗传染性的造反和现代启蒙影响的谨慎着装指南，与时代的需求一致》（Af en Forrykts Papirer. Forsigtighedsregler for Borgeren og Landmanden mod Indflydelsen af Oprørssmitte og Nutidens Oplysning, overenstemmende med Tidens Trang）的讽刺文章，人们着装要小心，比如要穿紧小得无法正常行动的衣服，因为自由派被称做“行动党”（bevægelsespartiet）；不要穿上衣（Overfrakke），因Over是可疑的，法文中的ouver即暗含“自由”的意思。

（205）根据《克尔凯郭尔遗稿目录登记》（*B-fort*）第368页，“十字路口”原文写为Gjennemsnit-Sag，直译应为“十字路口—案例”，而《索伦·克尔凯郭尔遗稿》（*EP I-II*）中将其改为Gjennemsnits-Segmenter，即“十字路口—片段”。SKS恢复原样。

（206）①从周一至周六上午9点，通常是哥本哈根学童的到校时间。

②上午10点，女仆们要到哥本哈根的主要市场如旧市（Gammeltorv）、新市（Nytorv）购买谷物、肉蛋禽和水果，或者到鱼市（Fisketorv）买鱼。

③大约中午或下午，上流社会的绅士到俱乐部，或者与夫人在城中的滨海大道（Langelinie）或休闲绿地上散步；女士们还会去位于东大街（Østergade）的精品商店购物。

（207）彼得·克里斯坦森（Peter Vilhelm Christensen，1819—1863）是丹麦神学家。1838年，在经过克尔凯郭尔唯一健在的兄长P. C. 克尔凯郭尔的私人辅导后，进入哥本哈根大学神学系，1842年7月6日通过神学学位考试。1842—1843年间，他担任克尔凯郭尔的秘书。

（208）“在报纸和小册子上胡涂乱抹”可能指一本出版于1843年8月的匿名小册子，内容是针对神学家布律希纳（Hans Brøchner）针对马腾森《基督教洗礼》而写的作品，但克里斯坦森没有被认定为小册子的作者。在担任克尔凯郭尔秘书期间，他在《文学与艺术学报》（*Journal for Literatur og Konst*）1843年6月（第150期）发表过署名评论文章。

（209）克尔凯郭尔支付给秘书的薪水的具体数额并不确知。根据克尔凯郭尔后来的记述，他为《最后的、非科学性的附言》的校对支付了100元，与当时宫廷和法院的书记员年薪300～400元相比，这应该算是高薪了。

（210）克里斯坦森在1843年2月12日的《新文件夹》（*Ny Portefeuille*）第1卷、第7册上，发表匿名文章《文学水银或更高的疯狂》（*Litterært Qvægsølv eller Forsøg i det høiere Vanvid*）。该文是格言集锦，其中的反讽语气和观点可以说是对《非此即彼》上卷中“间奏曲”和“诱惑者日记”中约翰尼斯的观察的回响。同年2月20日，

《非此即彼》出版。

(211)"►◄"之间的内容，即从日记第142则结尾处"那是他亲手引入时尚界的，"开始至144则结束，原有内容在JJ第72—73页，已遗失，现有内容根据《索伦·克尔凯郭尔遗稿》(*EP I-II*) 第434—436页。

(212)"我与雷吉娜的关系的日记"指JJ：89，JJ：107，JJ：115，JJ：140。

(213) 关于信仰可参JJ：82，JJ：116。

(214)"我童年时代的悲剧"可参JJ：115结尾和JJ：121。在1837年的日记FF：35中，克尔凯郭尔写到了他对家庭关系的可怕预感，他将之与原罪相联；在约1838年的一张日记散页上，克尔凯郭尔还写到他本人的预感，父亲活过自己的孩子是上帝的惩罚，父亲活着的唯一目的就是用宗教安慰孩子们。

(215) ①"更好的时光"可参JJ：82。

②"解脱的时刻"(Befrielses Time) 在基督教语境中指最后的时光，即死亡。

(216)"没有一个天才不带着某种程度的疯狂"原文为拉丁文Nullum exstitit magnum ingenium sine aliqua dementia，此句应是对古罗马哲学家兼作家塞涅卡在《论心灵平静》(*De tranquillitate animi*) 中的名句nullem magnum ingenium fuit sine mixtura dementiae fuit的改写。克尔凯郭尔在《畏惧与颤栗》中引用并评论了这句话。参《畏惧与颤栗 恐惧的概念 致死的病症》，京不特译，中国社会科学出版社2013年，第104页。

(217)"从怀疑开始以便进入哲学的方法"始自笛卡尔。在《哲学原理》中，笛卡尔把怀疑一切作为第一原理。他说："凡寻找真理的人，应该在其一生中有那么一次，尽可能地怀疑一切"(Veritatem inquirenti, semel in vita de omnibus, quantum fieri potest, esse dubitandum)。

(218) 这则故事之前曾出现在一则未被采用的日记中，克尔凯郭尔曾想将之用到《非此即彼》上卷A的文稿当中，很可能是"间奏曲"，其写作时间可能为1841年或1842年。

(219)"2马克8斯基令"即2 mark 8 skilling，在1844年这是一本新出版的《新约》的价格。

(220) 克尔凯郭尔的《重复》(*Gjentagelsen. Et Forsøg i den experimenterende Psychologi af Constantin Constantius*) 于1843年10月7日印刷完成，10月16日问世。

(221)"因为他欠那女孩很多"很可能是一个虚构的引用。

(222)"人们认为它会通过自由而被消除"(det kunde hæves ved Frihed)，可参JJ：152，其中提到，人性的力量和意志自由可以抵制疯狂。从这个角度说，英译本中it could be freely removed恐是误译。

(223)"►◄"之间的内容，即从日记第156则上部"他爱上了一个年轻女孩"始，至日记158末尾"一只家鸽"终，原有内容在JJ第82—83页，已遗失，现有内容根据《索伦·克尔凯郭尔遗稿》（*EP I-II*）第438—439页。

（224）“完整的”原文为拉丁文 integer。

（225）“事物之所以成是者”原文写为 Das - Was - war - seyn，这是德国哲学家、自然科学家、作家马巴赫（Gotthard Oswald Marbach，1810—1890）对亚里士多德《形而上学》983a 27f 中相关句子的翻译，此处翻译采用吴寿彭所译亚里士多德《形而上学》，商务印书馆1991年，第6页，注释③。正文中将该术语译为“本体亦即怎是”。

（226）“中世纪哲学史”（*Geschichte der Philosophie des Mittelalters*）是马巴赫所著两卷本《哲学教程》（*Lehrbuch der Geschichte der Philosophie*）第二卷，莱比锡：1838—1841；“希腊哲学史”（*Geschichte der Griechischen Philosophie*）是第一卷。

（227）亚里士多德所说的“神使万物运动，自身不动”，出自《形而上学》1072a 中关于“第一动因”的阐述，参吴寿彭译本，第246页。同时可见《物理学》258b，参张竹明译本，“第一推动者是不能运动的”，商务印书馆1991年，第241页。日记中的“不动”原写为希腊文 akínētos。

（228）克尔凯郭尔聆听过谢林1841—1842年在柏林大学开设的启示哲学讲座的一部分，在他的笔记中记有关于亚里士多德“第一因或者原理”的内容。

（229）“理性主义”（Rationalisme）在这里指启蒙时期的神学思潮，在1750—1800年间格外兴盛。理性主义神学主张，所有宗教信条应建基于理性基础之上，超出人类理性理解力的信念应予以摒弃。在克尔凯郭尔的时代，理性主义神学仍然在神学教师和牧师当中有广泛影响，它有时也在弱的意义上被当作反虔敬主义的信条。

（230）斯蒂芬斯（Henrich Steffens，1773—1845）是挪威—丹麦—德国哲学家、矿物学家、小说作家，受谢林和德国浪漫派影响，1802—1803年间曾在丹麦做过系列演讲而为人所知。日记所述逸事取自他的自传《我的经历》（*Was ich erlebte*）。

（231）①“艺术、宗教、哲学的三分法”指黑格尔在《哲学百科全书》中对精神发展阶段的划分。海贝尔将其发展为“美”（Det Skjønne）、“善”（Det Gode）、“真”（Det Sande）。

②柏拉图和普罗提诺提出的“音乐、爱情、哲学三分法”参马巴赫的“中世纪哲学史”。

（232）“把才能转化为天职”是基督教新教的伦理信条，源头可追溯至路德的“工作即天职”的思想。歌德在小说《威廉·迈斯特的学习时代》（*Wilhelm Meisters Lehrjahre*）和《威廉·迈斯特的漫游》（*Wilhelm Meisters Wanderjahre oder die Entsagenden*）中，亦把这一条当作教育任务。

（233）“成为一名警官”或可参克尔凯郭尔日记 AA：12 中提到的“投身于法学”、“建构起一个小偷生活的有机体”的说法。

（234）海贝尔于1834年3月1日在《智识杂志》上评论《非此即彼》时说：

“人们会遇到很多刺激性的反思，其中有些或许甚至是深刻的，我们不能确知。”

（235）“海贝尔教授及其同伙”指丹麦的黑格尔主义者，包括神学家马腾森（H. L. Martensen）、阿德勒（A. P. Adler），哲学家拉斯姆斯·尼尔森（Rasmus Nielsen）。

（236）“生活应该向后理解”出处不明，但很可能指卡尔·道博（Karl Daub）的观点，克尔凯郭尔在其1838年的《尚存者手记》（*Af en endnu Levendes Papirer*）中提到，生活中应该“……出现这样的瞬间，如道博所言，生活要通过理念向后理解”。

（237）①日记中所说的《德国神学》全称应为《德国神学，一本针对所有基督徒的古老而重要的书，由马丁·路德博士和前教区总监约翰·阿伦德做序》（*Die deutsche Theologie, eine sehr alte, für jeden Christen äußerst wichtige Schrift, mit einer Vorrede von Dr. Martin Luther und dem gewesenen Generalsuperintendenten Johann Arnd*），编辑为F. C. Krüger，1822年。

②引号内的句子是对《德国神学》第10章、第41页中撷取的一段话的意译。原句为：（Wir wollen stets geistlich reich seyn, so, daß wir in uns großen Geschmack, Süßigkeit und Lust befinden. So wäre uns wohl und wir hätten Gott lieb.）Wenn uns aber das entfällt; so ist uns weh; so vergessen wir Gottes und rühmen, wir seyn erlohren.

③括号中的“称颂”原为德文rühmen。

（238）“《初恋》中的艾美丽”指斯可里布（A. E. Scribe）的独幕喜剧《初恋》（*Den første Kjærlighed*）中第一场，《非此即彼》上卷有专文讨论此剧。

（239）“身心结实”是对være godt bygget（英译being well constructed）的意译，考虑到前文所述要抵制住“呼喊和尖叫”，则需强大的身心。

（240）“新年祝福”（Nytaarsgratulationer）是一个主要流行于哥本哈根的古老习俗。新年将至时，警察和其他公务员在他们活动的街区向人们祝福新年，以期获得一个斯基令（skilling）。克尔凯郭尔的时代，无论是自由派还是保守派报刊，都对此习俗进行了批判。

（241）康斯坦丁·康斯坦丁乌斯（Constantin Constantius）是克尔凯郭尔假名作品《重复》中的人物。

（242）“有趣的”（det Interessante）是1830年前后的时髦词，取自德国唯心主义艺术理论，用来描述“不美但却有吸引力的”东西，同时还可描述“令人兴奋的、紧张的、不和谐的、刺激的、轰动的”事物，以及“精细的反思性的形式和令人兴奋的素材和安排上的新鲜感”。在丹麦语境中，海贝尔1842年11月15日发表的针对欧伦施莱格尔的《狄娜》（*Dina*）的剧评中，阐释了“有趣的”这个概念，指出古代悲剧并不知道“有趣的”，这是“一个现代概念，传统语言中并无对应的表达”。

（243）①关于“喜爱变化”，克尔凯郭尔在《非此即彼》上卷中的“轮作”（Vexel-Driften. Forsøg til en social Klogskabslære）一文中进行了讨论。

②“自我满足”原文写为Selbstgenugsamkeit，德文应为Selbstgenügsamkeit。

③“年轻人”（det unge Menneske）是《重复》中的另一个人物。

（244）“酒中有真言”原文为拉丁文 In vino veritas。原为古希腊谚语，为谚语收集者 Zenobios（约公元 100 年）所注意，最有名的引用是在柏拉图对话《会饮》当中。谚语的拉丁形式可能出自鹿特丹的伊拉斯谟斯。日记中描绘的宴饮场景出现在《人生道路诸阶段》当中。

（245）“爱洛斯”（Eros）是古希腊神话中的爱神，柏拉图《会饮》中每个人都在赞颂爱情。

（246）参加宴饮的都是克尔凯郭尔假名著作中的人物：维克多·艾莱弥塔（Victor Eremita）是《非此即彼》的出版人；“诱惑者约翰尼斯”（Johannes med Tilnavn Forføreren）和“回忆的不幸恋人”（Erindringens ulykkelige Elsker）分别是《非此即彼》上卷“诱惑者日记”和“不幸的人”的主人公；康斯坦丁·康斯坦丁乌斯（Constantin Constantius）和“年轻人”（det unge Menneske）是《重复》中的人物。

（247）亨利希·考讷琉斯·阿格瑞帕（Heinrich Cornelius Agrippa，1486—1535），德国哲学家、神学家，一位有争议的神秘人物，以士兵、医生和老师的身份在欧洲活动。他命运多舛，既为王公服务，又当过阶下囚和被通缉的异端。代表作《论神秘哲学》（*De occulta philosophia*，1533），提出魔法是与物理学、数学和神学等效的科学。日记中的论文写为 De nobilitate et præcellentia foeminæi sexus（1529），收入阿格瑞帕的《论艺术与科学的虚荣和不确定性》（*De incertitudine et vanitate scientiarum atque atrium declamatio*，1526）。克尔凯郭尔的私人图书馆收藏本书的 1622 年版。

（248）“宴会音乐”指莫扎特歌剧《唐璜》第 2 幕、第 13 场中的室内乐。克尔凯郭尔在《非此即彼》上卷讨论过这部歌剧。

（249）“美酒满杯，歌声愉快”（Mit fulde Glad og Sangens raske Toner）出自歌集《丹麦晚会歌曲选；兼瑞典和德国歌曲》（*Visebog indeholdende udvalgte danske Selskabssange；med Tillæg af nogle svenske og tydske*）中的第 132 首，编辑 A. Seidelin，1814 年哥本哈根。

（250）“晚会上的饮酒歌”指 18 世纪末开明上流阶层在俱乐部和协会聚会时，参加者偏爱作家 J. H. Wessel，K. L. Rahbek，P. A. Heiberg，Jens Baggesen 创作的饮酒歌（Drikkevise）。随后饮酒歌在中产阶级当中流行，至世纪之交，出版商热衷于出版流行的饮酒歌集。

（251）“祈祷常常播种的是朽坏的，但收获的却是不朽坏的”（Bønnen saaer vel ofte i Forkrænkelighed，men den høster dog i Uforkrænkelighed）是对《哥林多前书》15：42 的戏仿：Saaledes er og de Dødes Opstandelse：det saaes i Forkrænkelighed，det opstaaer i Uforkrænkelighed，中译为“死人的复活也是这样。所种的是必朽坏的，复活的是不朽坏的。”

（252）日记所说的场景见莎士比亚《尤利乌斯·恺撒》第 3 幕、第 2 场。

（253）“▶◀”之间的内容，即从日记第162则开始，至176则结束，原有内容在JJ第86—95页，已遗失，现有内容根据《索伦·克尔凯郭尔遗稿》（*EP I-II*）第440—444页。

（254）①“▶▶◀◀”之间的内容在日记JJ第95页，已遗失，目前所见内容出自《克尔凯郭尔遗稿目录登记》（*B-fort*）第368页。

②“大阿尔伯特”在日记中原写为Albertus Magnus，即Albert the Great，原名Albert von Bollstädt（1193—1280），德国经院哲学家、科学家，著有《被造物大全》（*Summa de Creaturis*，又称《巴黎大全》），还有未完成的《神学大全》（*Summa Theologica*）。这段日记或许是作为《忧惧的概念》的草稿中的一个段落。在发表的《忧惧的概念》第四章中，假名作者这样写道：“当大阿尔伯特自负地以其思辨反对神的时候，他突然变傻了。”（...hvad der hændte Albertus Magnus，da han overmodig trodsede paa sin Speculation imod Guddommen，at han pludselig blev dum.）

③“巴黎的马修”原写为Mathæus Parisiensis，即Mattew of Paris（约1200—1259），英国修士、历史学家，著述颇丰。

（255）这是对康德论文《一个视灵者的梦》（Träume eines Geistersehers，erlaütert durch Träume der Metaphysik，1766）中的一段话的抄录，克尔凯郭尔参考的是《康德文选》（*Immanuel Kant's vermischte Schriften*），编辑J. H. Tieftrunk，vols. 1—3，Halle 1799。第4卷于1807年在柯尼斯堡出版。原文写为：Denn wovon man frühzeitig als Kind sehr viel weiß，davon ist man sicher，später hin und im Alter nichts zu wissen，und der Mann der Gründlichkeit wird zuletzt höchstens der Sophiste seines Jugendwahns.

（256）克尔凯郭尔引自同一本书，只是他把德文中的kann一词，写成了丹麦文的kan。日记中所抄文字如下：Welcher Philosoph hat nicht einmal，zwischen den Betheurungen eines vernünftigen und festüberredeten Augenzeugen，und der innern Gegenwehr eines unüberwindlichen Zweifels，die einfältigste Figur gemacht，die man sich vorstellen kan?

（257）①“阿伯拉尔在教会权威与他的知识之间的冲突”，指的是阿伯拉尔拒绝相信他不能用智识加以理解的信条。1121年在法国苏瓦松（Soissons）召开的教会会议上，阿伯拉尔的学说遭到谴责，他被要求当着教皇使节的面，亲手把自己的一本书投入火中。1140年，他在另一次教会会议中被谴责，而他向教皇的上诉无效。

②“阿伯拉尔希望维持教会秩序的同情心”，指阿伯拉尔支持的教会不允许他在受宫刑后继续保持与爱洛伊丝的婚姻关系。

（258）“参本日记第13页”，指日记JJ的第13页，该页开端所记JJ：42，讲的正是阿伯拉尔和爱洛伊丝的故事。

（259）“康斯坦丁·康斯坦丁乌斯的柏林之行”的情节出自《重复》。日记中所说的“闹剧”（Possen）接近讽刺剧，其戏剧元素包括：夸张而不可能的笑话，但不失其善意的健康理性，有地方色彩，采用方言，穿插有音乐和歌曲。“闹剧”于

1830—1840 年间在柏林流行。

（260）①“生活中挣日薪的人”（Daglønnerne i Livet）指《马太福音》20：1—16 中“葡萄园工人的比喻”（Arbejderne i vingården）。这则福音书是 1844 年 2 月 4 日、即四旬斋前的第三个礼拜日（Septuagesima Sunday）的福音书内容。

②“工厂工人”（Fabrik - Arbeidere）中的“工厂”是 1840 年左右新兴的行会之外的工厂，厂主可以根据自由的市场条件决定工人的报酬。

（261）“好心没好报”原文为 Lønnen begynder at blive Utak，这是丹麦语谚语 Han fik Utak til Løn for beviist Tieneste 的变形。

（262）“诱惑者日记”是《非此即彼》上卷中最后一篇作品，作者为 Johannes（约翰尼斯）。克尔凯郭尔把“诱惑者日记”第二部的作者写为 Johannes Mephistopheles，梅菲斯托菲勒斯是歌德《浮士德》中诱惑浮士德的魔鬼的名字，而浮士德的名字为 Johan Faust，Johan 为 Johannes 的简称。在《非此即彼》的“诱惑者日记”中，诱惑者约翰尼斯曾思索，他是否可与梅菲斯托菲勒斯相比较，最后得出结论，他绝非梅菲斯托菲勒斯。

（263）“因可怕的东西而眩晕”（svimle for det Rædsomme）指《诱惑者日记》在知识界和公众引发的震惊和义愤。海贝尔在针对《非此即彼》的评论中这样写道：“人们厌恶，恶心，被惹毛了。人们自问的不是一个人是否可能成为这样的诱惑者，而是问一个作家是否可能是这样构成的，结果他乐于置身于这样的角色之中，并且在平静的思想当中追求之。”（《智识杂志》1843 年 3 月 1 日）另外，在哈根（J. F. Hagen）的评论中有这样的话，诱惑者的实践可以被理解为“一种魔鬼般的思想试验；因为人归根到底——感谢上帝——是与那些高于自身的东西紧紧相联的，以至于他不会想要这样的方法，更别提去实践它了。”（《祖国》1843 年 5 月 7 日至 21 日）

（264）维克多·艾莱弥塔（Victor Eremita）是《非此即彼》的编辑和出版者。他在书的“前言”中称《诱惑者日记》是一部小说，而非真实事件。这或许是日记的指向。

（265）《诱惑者日记》详细描写了约翰尼斯对考黛丽娅的有步骤的诱惑。考黛丽娅其时有恋人爱德瓦尔德，故事中还有考黛丽娅的姑妈，整个故事发生在姑妈家中。

（266）“女性观”（Qvindelighedens Idee）指《非此即彼》草稿中，克尔凯郭尔让上卷文稿的作者 A 写了一段关于《诱惑者日记》的文字，但后来他又用黑色墨水将之删除。被删除的句子是这样的：“当我把日记翻转过来时，我发现，在另一面上也有日记。它包含了一个论文标题：从女性范畴出发的考察。”

（267）在《非此即彼》上卷中，A 认为唐璜和浮士德分别代表感性诱惑原则和精神性诱惑原则。

（268）“►◄”之间的内容，即日记 183 则，原有内容在 JJ 第 98—99 页，已遗失，现有内容根据《索伦·克尔凯郭尔遗稿》（*EP I - II*）第 445—446 页。

（269）根据日记的注释者，本则日记可能指棕枝主日（1844 年 3 月 31 日）经文，即《腓立比书》2：5—11，“你们当以基督耶稣的心为心：/他本有神的形象，/不以自己与神同等为强夺的，/反倒虚己，/取了奴仆的形象，/成为人的样式；/既有人的样子，/就自己卑微、/存在顺服以至于死，且死在十字架上！/所以，神将他升为至高，/又赐给他那超乎万名之上的名，/叫一切在天上的、地上的，和地底下的，/因耶稣的名，无不屈膝、/无不口称耶稣基督为主，/使荣耀归于父神。”同时译者认为，本则日记表达的就是《哲学片断》的主旨。

（270）“帕提亚之箭”（den parthiske Skydte，英 parthian shot），古代帕提亚骑兵佯作退却时返身发射的回马箭，也可译为“回马箭”。

（271）日记中所说的谢林带到世间的“无限的史诗”（det uendelige Epos）并未在谢林著作中找到对应，注释者推测可能是指“das große Epos”，克尔凯郭尔是从卡尔·罗森克朗兹（Karl Rosenkranz）注释的谢林著作《1842 年夏柯尼斯堡大学演讲录》（*Vorlesungen*, *gehalten im Sommer* 1842 *an der Universität zu Königsberg*, *Danzig* 1843）中看到的。罗森克朗兹评论说，谢林要“把哲学与诗融合起来”的奇思异想，误导他提出了关于神话的精彩却模糊的看法，也误导他提出“诗的目标是置于大史诗之下”（*das Ziel der Poesie in das große Epos*）的看法。

（272）日记原文为 den Dag idag er en Fugl i Haanden, der vil flyve, og den Dag imorgen er en Fugle paa Taget，暗合丹麦谚语 Bedre en fugl i hånden end to på taget，即“二鸟在林，不如一鸟在手”。句式还可能是对《马太福音》6：34 的戏仿：“所以，不要为明天忧虑；因为明天自有明天的忧虑，一天的难处一天当就够了。”（Så være da ikke bekymrede for dagen i morgen; dagen i morgen skal bekymre sig for det, der hører den til. Hver dag har nok i sin plage.）

（273）①JJ：189 和 JJ：190 与克尔凯郭尔 1844 年出版的《两则建设性演说》（*To opbyggelige Taler*）当中的演说“在耐心中保持你的灵魂”有关联，且有些许变化。书稿于 1844 年 2 月 13 日送交印刷厂，但研究者无法确定日记是否先于“建设性演说”。

②“因为当我在时，死亡不在，当死亡在时，我不在”语出伊壁鸠鲁（公元前 341—270）。参狄欧根尼·拉尔修：《古代贤哲言行录》（*Diogen Laërtses filosofiske Historie*）第 1 卷。

（274）“他总是保持自己的权利，哪怕皇帝丢掉了他自己的”原文为…der altid beholder Ret, selv naar Keiseren har tabt sin，这是对丹麦语谚语“Hvor intet er, har kejseren tabt sin ret”（一无所有时，皇帝就丢掉了他的权利）的戏仿。

（275）“一个哪怕有人购买也无法出售的影子”典出查米索（Adelbert von Chamisso）的《彼得·施莱弥尔的奇妙故事》（*Peter Schlemihl's wundersame Geschichte*, *Nürnberg* 1835）。故事说，有个自称为魔鬼的男人诱惑彼得出卖自己的影子，以换取用之不尽的福袋。

（276）“不动的飞矢”指爱利亚学派哲人芝诺（Zeno，前5世纪）的四悖论之一。

（277）①斯宾诺莎（1632—1677）通过对自然科学和哲学的研习逐渐远离犹太信仰，1656年他被逐出犹太教会。

②在《神学—政治学论文》（*Tractatus theologico-politicus*）中斯宾诺莎这样写道："但是，这里需要格外注意的是，犹太人从不讨论中间诸因或者特殊原因，对此亦不感兴趣，他们总是根据自己的宗教和虔诚、或者（如人们常说的）忠诚而诉诸上帝。"（Sed hic apprime notandum, quod Judaei nunquam causarum mediarum sive particularium faciunt mentionem, nec eas curant, sed religionis ac pietatis, sive (ut vulgo dici solet) devotionis causa ad Deum semper recurrunt.）

（278）①"使诸阶段趋于统一"原文中写为 gjør Studier til Eenheden，克尔凯郭尔虽然为它们加了引号，但研究者并未在黑格尔著作中找到此言，只是此言确也符合黑格尔关于体系哲学的主张。

②"目的"原为希腊文 télos；"充足理由"原文拉丁文 causa sufficiens。

（279）"总和"原为拉丁文 summa summarum。

（280）以"沉默的约翰尼斯"（Johannes de silentio）（日记中简写为 Joh. d. s.）为作者的克尔凯郭尔假名著作《畏惧与颤栗》出版后，有一则匿名书评发表在1844年《神学期刊》（*Theologisk Tidsskrift*）第8期上，期刊编辑为沙林（C. E. Scharling）和英格尔斯托夫特（C. T. Engelstoft）。书评作者为神学家约翰·哈根（Johan Frederik Hagen，1817—1859），之前他还写过《非此即彼》的书评，发表于《祖国报》（*Fædrelandet*），参注（263）。

（281）①哈根在书评中对《畏惧与颤栗》的思想发展进行了总结后，试图解决假名作者"沉默的约翰尼斯"提出的关于信仰与理性的关系的疑难问题。针对假名作者所提出的"因荒谬而信仰"的主张，哈根指出，信仰者借助的是信仰所包含的、且构成其神秘的"更高的智慧"，因此问题的关键是分清荒谬与神秘，等等。

②"欢乐的丹麦"原文为 Glæde over Danmark，这是哲学家保罗·马丁·穆勒（Poul Martin Møller）的诗作的标题。穆勒于1819—1821年云浮东方时写下《玫瑰已在丹麦的花园开放》的诗作，该诗后来发表时改名为《欢乐的丹麦》。克尔凯郭尔在大学时听过穆勒的希腊道德哲学、形而上学和亚里士多德的《论灵魂》的课程，并受到穆勒格言警句式写作风格的影响。克尔凯郭尔把《忧惧的概念》题献给穆勒，使后者成为除克尔凯郭尔父亲外唯一在作品献词中提到的人。

③"荣耀归于作者，喜悦归于期刊"原文为 Ære over Forfatteren, Velbehagelighed i Tidsskriftet，这是对《路加福音》2：14的戏仿："在至高之处荣耀归于神！/在地上平安归与他所喜悦的人！"（Ære være Gud i det Høieste! og Fred paa Jorden! og i Mennesker en Velbehagelighed.）

（282）保罗在《提摩太后书》1：12 中实际上说的是“我知道我所信的是谁”（jeg veed，hvem jeg haver troet），而非克尔凯郭尔此处所写的“什么”——jeg veed，havd jeg har troet。

（283）“信仰为了理解”原文为拉丁文 credo ut intelligam，语出安瑟伦《独白》（Proslogion）第 1 章：Neque enim quaero intelligere，ut credam，sed credo，ut intelligam. Nam et hoc credo，quia nisi credidero，non intelligam.（我寻求的不是理解为了信仰，而是信仰为了理解）

（284）“信仰即直接性”（Troen er det umiddelbare）可能指黑格尔主义者的观点，如德国神学家菲利普·马海因克（Philipp Marheineke，1780—1846）就认为，信仰一方面是直接性，或者说是关于上帝的直接性的知识；另一方面又能够、且应该在高于信仰的思辨知识当中被扬弃。参其著作《作为科学的基督教义原理》（*Grundlehren der christlichen Dogmatik als Wissenschaft*，1827）。克尔凯郭尔在假名作品《畏惧与颤栗》、《论忧惧的概念》当中对此观点提出了批判。

（285）“官方职责”（Embedsforretninger）指有实权的官职和仅有头衔的顾问之间的差别，后者有名无实。“闲下来”原文为拉丁文 otium。

（286）这则日记以逗号止，似没有写完。日记所说的“抱怨”针对国王的官员一人身兼数职的现象，比如哥本哈根的警察局长（Politidirektøren）同时为警察首领和警察法庭的法官，集执法权和审判权于一身，受到当时《哥本哈根邮报》的批评。1845 年 7 月 1 日终止。

（287）由于卷入拿破仑战争，丹麦政府为重振金融，责令货币银行发行了过量的缺乏安全保证的纸币，直接导致了 1813 年国家的破产。克尔凯郭尔即出生于 1813 年 5 月 5 日。

（288）“东大街”（Østergade）位于哥本哈根城中心。根据 1841 年出版的哥本哈根城市统计和地理描述资料，东大街因其 150 家商店而成为商业街和漫步街。

（289）克尔凯郭尔在假名著作《哲学片断》第三章“绝对的悖谬”中，批判了对上帝存在的证明，思路与 JJ：202 相同。

（290）“良好的意愿通往地狱”（de gode Forsætter føre til Helvede）指丹麦语谚语 Vejen til Helvede er brolagt（eller belagt）med gode forsætter，意为“通往地狱的路铺满良好的意愿。”

（291）“▶◀”之间的内容，即从日记 198 则起，至 205 则上部，原有内容在 JJ 第 106—107 页，已遗失，现有内容根据《索伦·克尔凯郭尔遗稿》（*EP I – II*）第 449—451 页。

（292）“必要条件”原文为拉丁文 conditio sine qua non。

（293）“自然化基督教”指神学家马腾森（Hans Lassen Martensen，1808—1884）的《从洗礼问题看基督教洗礼》（*Den christelige Daab betragtet med Hensyn paa det bap-*

tistiske Spørgsmaal，1843）。马腾森指出，基督教初次步入世界时与教会已在世界扎根的情况不同，如今，“上帝的天国可谓是成为了自然”（Guds Rige ligesom er blevet Natur）。马腾森这部著作在 1843 年至 1844 年间在丹麦和德国得到了广泛的评论，如沙林和恩格尔斯托夫特编辑的《神学期刊》（1844 第 7 期）。

（294）“年轻的神学系毕业生”也许尤指青年格伦德威（Grundtvig）。

（295）JJ：207 可能是克尔凯郭尔为《忧惧的概念》草稿所准备的、但未最终采用的附言的回应。克尔凯郭尔评述自己这部“匆忙”写就的小书是对“现代哲学”“所涂抹出来的真理及其因沉醉于不健康的诺言而生的全部空洞的、膨胀的本质所做的可怕评判和戏剧化警句”。

（296）费尔巴哈（Ludwig Feuerbach，1804—1872）在《基督教的本质》（*Das Wesen des Christenthums*，Leipzig，1843）一书中指出，人在本质上是由性别差别所规定的，由此他批判基督教悬搁此问题。克尔凯郭尔于 1844 年 3 月 20 日从书店 Philipsen 购得此书。

（297）参亚里士多德《论动物的繁衍》（*De generatione animalium*）第 4 卷、第 6 章（775a 15—16）。

（298）参柏拉图对话《蒂迈欧篇》90e— 91a。“按照我们可能的解释，来到这个世上的男人如果是懦夫，或者过着一种不正义的生活，那么可以合理地认为他在下一次出生时就会变成女人。”参《柏拉图全集》（增订版），中卷，王晓朝译，人民出版社 2018 年，第 823 页。

（299）“基督教的观点”参《加拉太书》3：28，保罗说：“并不分犹太人、希利尼人；自主的、为奴的；或男或女；因为你们在基督耶稣里都成为一了。”

（300）“尽管他比整个世界都要强大，但他却强不过自身”或许指《路加福音》9：25：“人若赚得全世界，却丧了自己，赔上自己，有什么益处呢？”

（301）“基督教是绝对的宗教”出自黑格尔《宗教哲学演讲录》（*Vorlesungen über die Philosophie der Religion*）第 2 卷、第 3 部“绝对宗教”（Die absolute Religion）。

（302）斯邦（Peter Johannes Spang，1796—1846），丹麦牧师，1840 年 5 月 3 日起任圣灵教堂（Helliggeistes Kirke）的常驻牧师。克尔凯郭尔跟斯邦认识，1841—1842 年在柏林期间，他曾给斯邦写过信。

（303）1844 年 5 月 12 日礼拜日，斯邦就《约翰福音》16：23—38 的内容在晨祷式上布道，日记或许即指这则布道词。

（304）“如果没有把神的殿视为祷告的殿，至少也是视为哭泣的殿”指《马太福音》21：13，耶稣说：“经上记着说：‘我的殿必称为祷告的殿’（Bedehus），你们倒使他成为‘贼窝’了。”

（305）根据 1797 年版的《丹麦法》（*Danske Lov*）第 6 卷、第 3 章、第 2 节，雇主应命令农工和家仆上教堂，并且不得阻止他们这样做。在礼拜日和圣日，只做必要的、不可避免的工作，不得影响上教堂参加圣事。

（306）腓特烈斯贝公园（Frederiksberg Have）位于今天的哥本哈根西门外 3 千米处。克尔凯郭尔生活的时代，不仅是礼拜日，而且主要在夏天，市民们喜欢在公园散步。

（307）“讲整个世界历史的牧师”尤指格伦德威。

（308）《马可福音》16：14—20 讲到耶稣升天，尤其是第 14 行：“后来十一个门徒坐席的时候，耶稣向他们显现，责备他们不信，心里刚硬，因为他们不信那些在他复活以来看见他的人。”类似的记载可参《使徒行传》1：1—11。1844 年 5 月 16 日（星期四）是耶稣升天日，根据《地址报》的预告，当天有很多牧师在教堂布道，包括 JJ：210 中提到的斯邦。

（309）①泰拉兰德（Charles - Maurice de Talleyrand，1754—1838），法国主教和政治家，“人类拥有语言是为了掩盖思想”（La parole a été donnée à l'homme pour déguiser sa pensée）出自他之口。

②扬（Edward Young，1681—1765），英国诗人、牧师，1742—1745 年间出版诗集《关于生命、死亡和不朽的哀怨或夜思》（*The Complaint or Night - Thoughts on Life, Death, and Immortality*）。

（310）“降伏理智”原文为 tage Forstanden fangen，这是对《哥林多后书》10：5 中“tage al Tanke til Fangen under Christi Lydighed”（“又将人所有的心意夺回，使他都顺服基督”）的戏仿。

（311）①皮埃尔·拉米（Pierre de la Ramée，1515—1572），日记中用拉丁写法 Petrus Ramus，法国人文主义者、数学家，“皇家学院”修辞学、哲学教授，1561 年因批评亚里士多德和经院哲学并同情宗教改革受到谴责，并出于同样理由于 1572 年 8 月 24 日“圣巴多罗买日”（Massacre of St. Bartholomew，巴多罗买是耶稣十二门徒之一）惨遭杀害。

②“他用哲学的雄辩对抗教规”原文为德文 daß er gegen die Observants mit der Philosophie Beredsamkeit verbinde，但克尔凯郭尔把德文系动词 ist 写成了丹麦文的 er。

③雅各比（Friedrich Heinrich Jacobi，1743—1819），德国哲学家，深受哈曼影响，与同时代人康德、费希特和谢林进行过讨论，发展出以情感和信仰为核心的“生活哲学”。

（312）“尼哥底母夜晚来访”指《约翰福音》3：1—15 所记载的，犹太人尼哥底母夜见耶稣的故事，耶稣讲了“人若不重生，就不能见神的国”等训诫。

（313）“在死人当中寻找复活者”（søge den Opstandne blandt de Døde）是对《路加福音》24：5—6 的戏仿。“妇女们惊怕，将脸伏地，那两个人就对他们说：‘为什么在死人中找活人呢？他不在这里，已经复活了！’（hvilede I efter den Levende iblandt de Døde? Han er ikke her, men han er opstanden.）”

（314）“向人类证明基督教的正确性”或许指神学家、助教汉森（H. P. Kofoed－Hansen，1813—1893）对《非此即彼》所做评论中的观点，评论发表在《文学与批评》1843 年 10 月 16 日。汉森在评论中这样写道：“教会甚至尚未抓住更多有教养的人士……因此，那些所谓开明的、神圣的人士可以说他们想说的，但是，当今时代有教养的人不再满足于传统的教会和旧的信条，而是要求它呈现出新颖的形式，只有哲学的洗礼才有能力使之产生。”马腾森反驳了汉森的论点，二人随后在《智识杂志》和《祖国》上展开笔战。

（315）根据 1791 年 7 月 14 日的警方公告，为水上交通安全之故，禁止在海关和运河里游泳，尤其在哥本哈根的三个地点：科尼波桥（Knippelsbro），小岛桥（Holmensbro），高桥（Højbro）。

（316）“惊异”（Forundering）可能指《福音书》中出现多次的人们对耶稣训诫或奇迹的反应。如《马太福音》7：28，《马可福音》7：37，中译为“希奇”。

（317）研究者并未找到“异教的德国人走进大森林”的确切出处，但这里表现的是浪漫主义时期的异教观念。

（318）“引进基督教”（indført Christendommen）很可能出自 C. F. 艾伦（C. F. Allen）所著《国史手册》（*Haandbog i Fædrelandets Historie*），“基督教之完全引进丹麦要归功于国王大克努（Knud den Store/ Canute the Great）”，他于 1019—1035 年在位。他还引进了包括世俗和神职人员在内的英国移民，他们带来了提高农业生产的知识和其他新工艺、艺术。

（319）①“婚礼演说”是《教会仪式》（*Kirke－Ritualet*）所要求的。在宣布成婚时，牧师会走上前，在新人面前就婚姻做一个简短演说，内容可取自《圣经》，最后以简短祝福结束。

②“我的建设性演说”指克尔凯郭尔 1844 年 6 月 8 日以真名出版的《三则建设性演说》（*Tre opbyggelige Taler*）。

（320）苔斯德蒙娜是莎士比亚悲剧《奥塞罗》中的女主人公。

（321）“思辨的处女之子”原文为德文 die Jungfraukinder der Speculation。但注释者未在哈曼著作中找到此说。

（322）“►◄”之间的内容，即从 JJ：209 三分之一处起，至 JJ：222 结束，原有内容在 JJ 第 110—119 页，已遗失，现有内容根据《索伦·克尔凯郭尔遗稿》（*EP I－II*）第 452—456 页。

（323）日记引用的是英国哲学家、政治家弗朗西斯·培根（Francis Bacon，1561—1626）在《学问的进步》（*De augmentis scientiarum*）中的话，原文为拉丁文：tempus siquidem simile est fluvio，qui levia atque inflata ad nos devehit，solida autem et pondus habentia submergit.

（324）“信仰者依靠权威”中的“权威”指《圣经》的权威性。

（325）“平静的绝望”原文为 Den stille Fortvivlelse。克尔凯郭尔在 1839 年 7 月 20 日所写的日记 EE：117 中，讲到了各种形式的迟钝和虚弱，在空白处他写道：“这就是我父亲所称之为的‘平静的绝望’。”1841 年 1 月 12 日，在神学院的实习布道词中，克尔凯郭尔也讲到了“平静的绝望”，他说：“难道没有这样的时刻，你发现你无人可以依靠，那时平静的绝望的黑暗使你的灵魂闷闷不乐，但你却没有勇气放弃它，你宁愿抓紧它，而且你本人又去为你的绝望而闷闷不乐？”

（326）“一篇小说”原文为 En Fortælling，这个词既有 story，又有 novel、novella 的意思。在中文语境中，“故事”可真可假，其“诗化”即虚构性不及“小说”。为突出克尔凯郭尔日记写作中的“诗化”特点，故选择将其译为“小说”。

（327）①斯威夫特（Jonathan Swift，1667—1745），英国讽刺作家，都柏林圣公会主任牧师（rural dean，乡间主管若干教堂的牧师）。斯威夫特常年害怕自己会丧失理智。在 1731 年撰写、1739 年出版的《斯威夫特博士之死》（*Verses on the Death of Dr. Swift*）当中，他提到死后要捐一部分财产，修建一座精神病院。1733 年，他出版了著作《为不可治愈者修建医院的严肃且实用的计划》（*A Serious and Useful Scheme, to Make an Hospital for Incurables*），书中提到他本人患有不可治愈的写作症，自己就该住进这医院。斯威夫特晚年受抑郁症困扰，精神失常，临终前完全呆傻。遗嘱中，他把三分之一的财产用于在都柏林建一座精神病院。

②斯威夫特住进了自己年轻时所建精神病院的事，只是一个混有多重因素的故事。克尔凯郭尔所言是对歌德自传《诗与真》（*Dichtung und Wahrheit*）中的句子的戏仿：Was man in der Jugend wünscht, hat man im Alter die Fülle（一个人在青年时代的愿望，在老年时实现）。

③克尔凯郭尔所记斯威夫特对镜自言自语的逸事，取自哈曼《云：苏格拉底式重要事件之余波》（*Wolken. Ein Nachspiel Sokratischer Denkwürdigkeiten*，1761），哈曼写道：“斯威夫特在儿童时期曾冲着一位老者耸肩，那不是别人，就是他自己的影子。”

（328）《忧惧的概念》（*Begrebet Angest*）与《前言》（*Forord*）于 1844 年 5 月 18 日同时送交印刷厂，并同时于 6 月 17 日正式出版。

（329）克尔凯郭尔最初想以真名出版《忧惧的概念》，但在把书稿交付印刷厂时改变主意，决定采用假名 Vigilius Haufniensis，拉丁语，意为“哥本哈根的守望者”。

（330）《忧惧的概念》中的人物包括纯洁的年轻人，审美感性的和宗教的天才，疯狂的忏悔者，魔鬼式的个体，狠心肠的罪犯，自闭者，伪君子等。

（331）克劳狄乌斯（Mathias Claudius，1740—1815），德国作家，以“Asmus den Wandsbecker Boten”（旺德斯贝克尔的信使阿斯慕斯）之名发表作品。雅各比在其书中引用了克劳狄乌斯对基督所做的索引式的描绘。

（332）“亚伯的血向天堂呼喊的声音”典出《创世记》4：10—11，该隐杀了兄弟亚伯后，“耶和华说：‘你作了什么事呢？你兄弟的血，有声音从地里向我哀告。地开了口，从你手里接受你兄弟的血。现在你必从这里受诅咒。”

(333)“圣灵教堂地下室有些带铁条的小窗”指哥本哈根圣灵教堂（Helliggeistes Kirke）的地下室，旧时曾作为墓穴。墓主无从察考，因为地下室于1878年被清除，为采暖室腾空间。

(334)一直到18世纪中叶，用骷髅装饰墓志铭、墓碑和棺材都是普遍的，该习俗在新古典主义的影响之下渐衰，在1800年左右终止。

(335)“提供优质选择”（gjøre stort Udvalg）指提供商品的多种选择的可能性，常见诸克尔凯郭尔时代的报纸上，如《地址报》、《贝林时报》。

(336)“同样的罪宽恕他人，却不宽恕自己”指《马太福音》6：12中的第五个祷告：“免我们的债，如同我们免了人的债”（forlad os vor skyld, som også vi forlader vore skyldnere），“免债”意为对罪的宽恕。

(337)“哲学……只是超越，它自然是不会停留在罪之上的”是克尔凯郭尔对丹麦黑格尔主义者强调“超越”（gaaer videre）的讽刺。

(338)“关于波斯、中国的闲谈”指黑格尔《哲学史演讲录》（*Vorlesungen über die Philosophie der Geschichte*, 1837）中以“东方哲学”即中国、印度和波斯哲学为开端的事实。在《最后的、非科学性的附言》中，这一点多次为假名作者所嘲弄。克尔凯郭尔拥有的《哲学史演讲录》是E. Gans和K. Hegel编辑的版本，而贺麟、王太庆中译本所依格罗克纳版（Hermann Glockner）中的“东方哲学”部分只有中国哲学和印度哲学。

(339)克尔凯郭尔于1844年6月8日出版《三则建设性演说》，8月31日出版《四则建设性演说》，两本书均题献给他的父亲——“米凯尔·彼得森·克尔凯郭尔，城中前纺织品商”（Michael Pedersen Kierkegaard, forhen Hosekræmmer her i Byen）。在两本书的前言中，克尔凯郭尔指出，这些演说写给“那个单一者”（hin enkelte），他乐于称其为“他的读者”。

(340)①文中第一次出现的“绝望的范畴”原文写为Kategorien der Verzweiflung，但在雅各比著作中应写为Kategorien in der Verzweiflung。第二次出现的“绝望的范畴”为丹麦语en Fortvivlesens Kategorie。

②“畏惧与颤栗”（Frygt og Bæven）语出《腓立比书》2：12，保罗写道：“这样看来，我亲爱的弟兄，你们既是常顺服的，不但我在你们那里，就是我如今不在你们那里，更是顺服的，就当恐惧战兢，作成你们得救的工夫。”

(341)“预定和谐”原文为拉丁文harmonia præstabilita，出自莱布尼茨《神正论》（*Theodicee*）。

(342)“中间项”原文为拉丁文terminus medius。

(343)“肉中刺”（Pælen i Kjødet）是《四则建设性演说》中的一则，原稿的写作始于1844年6月中至8月初，书稿8月9日送交印刷厂，8月31日正式出版。“肉中刺”语出《哥林多后书》12：7，保罗说：“又恐怕我因所得的启示甚大就过于自高，所以有一根刺加在我肉体上，就是撒但的差役要攻击我，免得我过于自高。”早年的丹麦语《圣经》中“肉中刺”写为 en Pæl i Kiødet，后写为 en Torn i Kiødet。

（344）“未行割礼的”原文为 uomskaaren，“未经修饰的”原文为 ubarberet，直译应为“未经修面的”。克尔凯郭尔在这里采用了最具感性直接性的词汇来修饰激情和直接性。

（345）①弗朗索瓦·费奈隆（Fenelon，1651—1715），法国大主教和作家，以担任国王路易十四的孙子德·布高涅公爵的教师和冈布雷教区大主教闻名。克尔凯郭尔在 1844 年 6 月至 7 月间，分别购买过两卷本德文《费奈隆全集》（*Fr. de Salignac de la Matte – Fénelons, sämmtliche Werke*）和三卷本德文《费奈隆著作中的宗教内容》（*Fenelons Werke religiösen Inhalts*）。

②佩里安德罗斯（Periandros），约于公元前 625 年至公元前 585 年间为科林斯的独裁统治者，同时他也是希腊哲学家，希腊七贤之一。克尔凯郭尔之前在狄欧根尼的《古代贤哲言行录》中读过关于佩里安德罗斯的章节，后来他把费奈隆对佩里安德罗斯的描绘以“朗读课”为题，插入《人生道路诸阶段》中的“有罪，还是无罪?”一节。

③克尔凯郭尔在这里参考的书名为：Herrn von Fenelon weiland Erzbischofs und Herzogs zu Cambray Kurze Lebens – Beschreibungen und Lehr – Sätze der alten Welt – Weisen，in das Teutsche übersetzt und mit Anmerckungen und Zusätzen vermehret，编者 J. M. von Loen，Frankfurt & Leipzig 1748.

（346）①“哲学始于无或者无前提”指黑格尔在《逻辑学》中提出的逻辑学始于“纯有”、即“无”的观点。丹麦黑格尔主义者海贝尔把“体系始于无”变成了一个口号。

②“天地之间有很多任何哲学家都无法解释的东西”（der er mange Ting mellem Himmel og Jord，som ingen Philosoph har forklaret）语出莎士比亚悲剧《哈姆雷特》第 1 幕、第 5 场：There are more things in heaven and earth，Horatio，/ than Ye have dreamt of in your philosophy。贺尔维格（L. Helweg）在发表于 1843 年《文学和批评》上的批评德国哲学的文章《论信仰与知识：当代神学特点》（Om Tro og Viden. Et Forsøg til en Characteristik af Nutidens Theologie）中，直接引用了莎士比亚的原话。

（347）“回答是：呸!”（Svar：Bæ!）出现在哈曼 1785 年 1 月 22 日写给雅各比的信中，其时他谈及心中涌现的怀疑，并且回以“Bah”。

（348）①“这段时间我非常懒散”，指从 1844 年 6 月中旬开始，克尔凯郭尔开始写作《四则建设性演说》，8 月 9 日送交排版。从 6 月底开始，克尔凯郭尔开始写作《酒中有真言》（In vino veritas）（《人生道路诸阶段》中的一部分），但至 8 月底时，写作停滞，进入一个不够多产的时期。

②“城堡女子”出处不详。在1843年5月30日，克尔凯郭尔在因从柏林返回哥本哈根而写给克里格尔（A. F. Krieger）的信中，他描绘了同样的意象：“那句诗：女子在城堡里，冲我挥舞她的面纱”（hint Vers：en Dame staaer paa Borgen og vinker ad mig med sit Slør.）。

（349）参JJ：152和JJ：157。

（350）“突袭”原文为法文coup des mains。

（351）“英国人和百元英镑”的故事出处不详。

（352）“对最小的事的忠心”（tro over det Lidet）是《路加福音》19：11—27中“十锭银子的比喻”的戏仿。主人临行前给每个仆人一锭银子去投资，他回家后，有仆人说，他用那一锭银子已经赚了十锭，“主人说：‘好，良善的仆人！你既在最小的事上有忠心，可以有权柄管十座城。”（vel，du gode Tiener！Efterdi du haver været tro i det Lidet，skal du have Magt over ti Stæder.）

（353）①“我的听众”原文写为M：T：，即Min Tilhører的缩写，这是克尔凯郭尔在其建设性演说中的习惯用法。

②“墓园”（Kirkegården）即指“辅助公墓”（Assistent Kirkegård），在哥本哈根北门外（Nørreport），始建于1760年，以缓解哥本哈根内城教区墓地的紧张状况。克尔凯郭尔的家族墓地就在此公墓。

（354）在辅助公墓中并未发现“对虔诚者的回忆是祝福”（den Gudfrygtiges Minde er i Velsignelse）这样的墓志铭，但有类似的，如Den Retfærdiges Ihukommelse Bliver i Velsignelse，语出《箴言》10：7：“义人的记念被称赞”（En Retfærdiges Ihukommelse er til Velsignelse）。

（355）在辅助公墓中并未发现雕有少女胸像的墓碑，而且一个没有家人的年轻女孩不大可能拥有这样昂贵的墓碑。故日记注释者推测，克尔凯郭尔很可能指的是苏菲·波那曼（Sophie Vilhelmine Caroline Bornemann，1767—1792）的墓碑，位于三一教堂墓地，丹麦雕塑家大庸（Dajon）设计。在白色大理石肖像纪念章（portrætmedaljon）上方，刻有她的丈夫、海军上将J. N. 克里格尔（J. N. Cornelius Krieger，1756—1824）对这位25岁即离开人世的夫人的怀念；下方是致意墓园访客的文字：Wandrer/ Hvis dig dyden er hellig/ Da betræd dette sted med Ærbødighed/ Og hivs du har elsket/ Da skienk dette Kierlighedsminde en Taare.（旅行者/如果你视美德为神圣/怀着敬意踏上这个地方吧/如果你曾经爱过/为这爱的回忆洒上一滴清泪吧）

（356）“另一座坟墓里藏的是位武士”指伯爵、陆军中将施麦陶（G. W. C. Schmettau，1752—1823）的墓，位于圣彼得教堂墓地，与前注中少女墓相隔不远。墓碑由丹麦建筑师海施（G. F. Hetsch）设计，过去曾有护栏。在石棺的一侧，刻有一把剑、希腊式头盔以及回顾墓主生平的铭文。

（357）《我的生活》是歌德的传记，全称应为《我的生活：诗与真》（*Aus meinem*

Leben. Dichtung und Wahrheit）（1811—1833），记载了歌德漫长人生历程中前 25 年的生活。克尔凯郭尔拥有《歌德全集》（*Goethe's Werke. Vollständige Ausgabe letzter Hand, Stuttgart & Tübingen*），该书出版了两个不同版本，克尔凯郭尔引用情况跟十六开本的口袋书版相符，但根据 C. A. Reitzel 书店的发票，克尔凯郭尔于 1836 年 2 月 10 日购买了八开本的《歌德全集》。

（358）"用虚构的方式使自己远离罪"（fjerner den fra sig ved at digte）出自《人生道路诸阶段》中"关于婚姻的不同意见"一节。

（359）"这是一个动荡的年代"可能指《哥本哈根邮报》（*Kjøbenhavnsposten*）1844 年 5 月 18 日的一篇未署名文章《当今时代的运动》（Vor Tids Bevægelser）。文章讲到了人们争取政治权利和唤醒民族情感的运动，也涉及了格伦德威对"世界历史"的界定和意义阐发。

（360）格伦德威牧师（Nicolaj Frederik Severin Grundtvig，1783—1872），因其倡导北欧精神，克尔凯郭尔戏谑地称其为"denne ølnordiske Kæmpe"，即"北欧斗士"，而 Ølbas 和 ølnordiske 中的词缀 øl 意为"啤酒"。

（361）"将一切置于罪之下"（lægge Alt under Synd）可能指"三一主日"（Trinity Sunday）后的第十三个礼拜日（1844 年 9 月 1 日）上的经文《加拉太书》3：15—22，尤其是 3：22："但圣经把众人都圈在罪里，使所应许的福因信耶稣基督，归给那信的人。"（Men Skriften haver indsluttet Alt under Synd, at Forjættelsen ved Jesu Christi Tro skulde blive givet dem, som troe.）

（362）"各人要将自己的事在神面前说明"语出《罗马书》14：12。

（363）《警察之友》（*Politievennen*）是一份于 1798 年在哥本哈根创立的周刊，用于批评公共事务管理和市民生活，以提升其道德水准。日记所说的是 1844 年 8 月 16 日一篇报道中，说一位年轻女士在家是歇斯底里的，该词应写为 hysterisk，但报纸错拼成 hylsterisk。

（364）"情境演说"（Leilighedstaler）指广泛意义上的教会演说、布道词、颂词，包括牧师在坚信礼、婚礼、葬礼以及忏悔时所发表的演说，主任牧师和主教发表的授职演说。一度情境演说的范围更广，如在明斯特出版的《教会情境演说》（*Kirkelige Leiligheds - Taler*）中，就收录了就职和离任演说，教会节庆，政治事件和皇家葬礼上的颂词等。当时牧师和主教出版此类情境演说较普遍。

（365）在克尔凯郭尔 1844 年 8 月 31 日出版了《四则建设性演说》（*Fire opbyggelige Taler*）后，直到 1847 年，他才又出版了《不同精神之下的建设性演说》（*Opbyggelige Taler i forskjellig Aand*）。其间的 1845 年 4 月 29 日，克尔凯郭尔出版了《三则想象情境下的演说》（*Tre Taler ved tænkt Leiligheder*），分别贯以"忏悔"、"婚礼"、"墓前演说"的标题。

（366）"上帝或我主会为他解释清楚的"（at Gud eller vor Herre klarer op for ham），

在虔敬的信众中用语是：at Gud lyser op for ham，bringer ham til afklaring，即上帝会为他带来光明，为他解释清楚。

（367）在克尔凯郭尔生活的时代，离婚后再婚通常被人嫌恶，但离婚以及再婚在《丹麦法》相关条款之下是允许的。

（368）“灵修书”（opbyggelige Skrifter）从17世纪末至18世纪占据着宗教写作的主体，在克尔凯郭尔的时代，该文体仍然流行。

（369）“选择了唯一不可少的”（vælge det ene Fornødne）语出《路加福音》10：41—42。耶稣在马大和马利亚家中作客，马利亚坐在耶稣脚边听讲道，姐姐马大伺候的事多，心里忙乱，就向耶稣抱怨。“耶稣回答说：‘马大，马大，你为许多的事思虑烦扰，但是不可少的只有一件（Men et er fornødent），马利亚已经选择那上好的福分，是不能夺去的。’”

（370）“把时间与永恒互换”原文为omskifte det Timelige med det Evige，此为丹麦语谚语。

（371）“同一律”是古典逻辑学三大基础定律之一。亚里士多德虽然设定了该定律，但却没有给出定义。在《形而上学》中，亚里士多德定义了另外两大定律，即“矛盾律”（1005b 19）和“排中律”（1011b 23）。

（372）“蓝山”（de blaae Bjerge）是浪漫主义的意象，指遥远的、不确定性的、飘渺奇幻的东西。

（373）“起点”原文为拉丁文terminus a quo；“终点”原为拉丁文terminus ad quem。

（374）“开端的辩证法”指黑格尔《逻辑学》中提出的“无前提的开端”。在《小逻辑》“导言”中，黑格尔这样写道：“哲学是独立自为的，因而自己创造自己的对象，自己提供自己的对象。而且哲学开端所采取的直接的观点，必须在哲学体系发挥的过程里，转变成为终点，亦即成为最后的结论。……哲学就俨然是一个自己返回到自己的圆圈，因而哲学便没有与别的科学同样意义的起点。所以哲学上的起点，只是就研究哲学的主体的方便而言，才可以这样说，至于哲学本身却无所谓起点。”参黑格尔：《小逻辑》，贺麟译，商务印书馆1994年，第59页。

（375）“尼布甲尼撒的梦”典出《旧约·但以理书》2：5—6。尼布甲尼撒做了梦，心里烦乱，无法入眠。他对解梦人说：“梦我已经忘了，你们若不将梦和梦的讲解告诉我，就必被凌迟，你们的房屋必成为粪堆。你们若将梦和梦的讲解告诉我，就必从我这里得赠品和赏赐，并大尊荣。现在你们要将梦和梦的讲解告诉我。”

（376）“第二次考试”（Examen philosophicum）可直译为“哲学考试”，与之相对的“第一次考试”（Examen artium）指哥本哈根大学的入学考试。“第二次考试”要在哥本哈根大学学生入学一年后进行，考查通识知识。考试通过后，学生才能选择专业，一直到毕业考试。

（377）“现代科学”（den nyere Videnskab）直译就是“新科学”，指从笛卡尔到黑格尔的现代哲学。

（378）黑格尔《逻辑学》（*Wissenschaft der Logik*）有两版序言，第一版序言写于1812年，黑格尔指出，逻辑学构成了“真正的形而上学或纯粹的思辨哲学”；第二版写于1831年，黑格尔强调“逻辑的东西对人是那么自然，或者不如说它就是人的特有本性自身。”参黑格尔：《逻辑学》上卷，杨一之译，商务印书馆1991年，第4页、第8页。

（379）灿德伦堡（F. A. Trendelenburg，1802—1872）在1840年出版的《逻辑研究》（*Logische Untersuchungen*）一书中指出，“最高原则”——如灵魂，光速，矛盾律，善——是不能直接加以证明的，只能间接证明。

（380）《要素》（*elementa*）指灿德伦堡1842年出版的《对亚里士多德逻辑学要素的解释》（*Erläuterungen zu den Elementen der aristotelischen Logik*）一书。

（381）①“就三段论的格而言，得出否定性结论的可能性远比得出肯定性结论更大”语出灿德伦堡《对亚里士多德逻辑学要素的解释》，克尔凯郭尔此言实则是对灿德伦堡的翻译（灿德伦堡原文为：In den Schlußfiguren hat die Möglichkeit，verneinend zu schließen，über die Bejahung ein großes Uebergewicht.）。

②“三段论的格”（Schlußfiguren/ Slutningsfigurerne/ Inferential figures）是指在三段论中，由于中项在大前提和小前提中的位置不同而形成的三段论的不同形式。三段论共有四格。亚里士多德在历史上最早提出并分析过三段论的第一、二、三格。

（382）“所有其他的推论本质上具有同一性”指分析判断（同语反复），即通过主语自身的概念演绎得出的判断。

（383）《普莱斯欧撒》（*Preciosa*，1821）是德国作家沃尔夫（P. A. Wolff）的歌剧，此处唱段出自该剧第2幕。从1822年10月29日至1843年11月26日，该剧在皇家剧院共上演72次。

（384）“雷盾”（Tordenskjod）是贵族彼得·魏瑟尔（Peder Vessel，1691—1720）的封号。1719年，他用计谋逼迫坚固的卡尔斯汀（Karlsteen）城堡投降，然后占领了瑞典港口城市马斯特兰德（Marstrand）。他讲瑞典语就像瑞典人一样，于是他化装成瑞典渔夫，四处侦察，然后放出谣言，说有两万名丹麦士兵正向城堡驶来。当城堡司令官派人到城中察看的时候，他令同一批士兵四处走动，以混淆视听。

（385）“这就是时代的要求”（Det er det Tiden fordrer）是海贝尔的口头禅之一。

（386）①丹麦教会自1798年起一直采用《教堂和家庭祝祷用福音派基督教赞美诗集》（*Evangelisk – kristelig Psalmebog，til Brug ved Kirke og Huus – Andagt*），出版一部新的赞美诗集的要求始于1840年维堡（Viborg）教士代表大会。1842年6月25日的官方决议中，只同意对1798年版《赞美诗集》做增补。1843年，主教明斯特（J. P. Mynster）出版了《新教赞美诗补充集试用本》（*Udkast til et Tillæg til den evangelisk –*

christelige Psalmebog）。同年，哥本哈根教士和大学神学家组建了哥本哈根教士代表大会，后者于 1844 年向丹麦内阁提议编纂一本全新赞美诗集。新版赞美诗集最终于 1855 年首获批准。

②海贝尔对天文学非常感兴趣。他在 1842 年 10 月的《智识杂志》上曾发表题为《星空》（Stjernehimlen）的文章；1843 年 12 月出版首部天文学年鉴《天文女神》（*Urania*），并撰写两篇文章《1844 年星历》和《天文年》。

（387）“看到上帝即是死亡”指《旧约·出埃及记》33：20 中耶和华对摩西说的话：“你不能看见我的面，因为人见我的面不能存活。”

（388）“流行观点”原文为希腊文 éndoxon。

（389）高尔吉亚关于悲剧的观点在日记中为德文：die Tragödie sei eine Taüschung, bei welcher der Taüschende gerechter erscheine als der Nichttaüschende; und der Getaüschte weiser als der Nichtgetaüschte。引自深受黑格尔影响的德国哲学家、批评家罗彻尔（Heinrich Theodor Rötscher, 1803—1871）的《戏剧表演艺术》（*Die Kunst der dramatischen Darstellung*, Berlin 1841），引用时克尔凯郭尔做了几处无关紧要的标点改动。事实上，此言出自《戏剧表演艺术》第二部分的罗彻尔两卷本《戏剧人物的循环》（*Cyclus dramatischer Charaktere*, Berlin 1844—1846），而罗彻尔的依据又出自德国图书馆员博得（Georg Heinrich Bode, 1802—1846）的三卷本著作《希腊诗艺史》（*Geschichte der Hellenischen Dichtkunst*, Leipzig 1838—1840）。

（390）①“酒中有真言”（in vino veritas）完成于 1844 年 9 月 1 日，后收入《人生道路诸阶段》。

②菲利尼是贯穿歌德长篇教育小说《威廉·迈斯特的学习生涯》（*Wilhelm Meisters Lehrjahre*）和《威廉·迈斯特的漫游》（*Wilhelm Meisters Wanderjahre*）中一个坦率开放的年轻女孩。小说中，菲利尼坚持要给威廉做发型，其间她的膝盖碰到威廉的，她佩戴的花束和她的胸脯很靠近威廉的嘴唇，威廉因此受到强烈的诱惑。

（391）参《创世记》25：22。事实上说话人是怀孕的利百加。“孩子们在他腹中彼此相争，他就说：‘若是这样，我为什么如此呢？’他就去求问耶和华。”

（392）埃斯罗姆湖（日记中写为 Esrom，今写为 Esrum Sø）位于西兰岛北部，西临秃鹫林（Grib Skov），东南毗邻弗莱登堡（Fredensborg），被誉为丹麦最美的湖泊之一。克尔凯郭尔于 1844 年 9 月 20 日和 10 月 3 日曾到弗莱登堡，下榻位于城堡旁的城堡街上的大旅馆（Hotel Store Kro），从那里可以看到埃斯罗姆湖、秃鹫林和核桃居村（Nøddeboe）的美景。

（393）①根据 1817 年 4 月 23 日颁布的法案，“一般来说，所有要开业的人需获得营业执照。”

②JJ：276 的内容主体出现在《最后的、非科学性的附言》第四章的一则长达三页的注释当中。参《最后的、非科学性的附言》，王齐译，中国社会科学出版社 2017

年，第 416 页。

(394) ①根据《丹麦执照法》(*Danske Borgerret*，此为简称)，外省城镇的权威机构要小心行事，不要批准超出当地需求的过多的营业执照，其中包括酒馆执照。

②JJ: 277 的内容出现在《最后的、非科学性的附言》第四章的长注当中，内容紧接 JJ: 276。参《最后的、非科学性的附言》，王齐译，中国社会科学出版社 2017 年，第 416 页。

(395) “诱惑者的演说”可能指《酒中有真言》中诱惑者约翰尼斯的演说。

(396) ① “伦理腔调” (den ethiske Accent/ Der ethische Accent) 出自罗彻尔《戏剧表演艺术》，它是“人物性格发展的要素” (Die Elemente zur Durchführung des Charakters) 一章中的第二节，第一节为“无声表演” (Das stumme Spiel)。罗彻尔的主要论点是，人物性格中的根本性激情 (pathos) 适合由无声动作来表现，但最能集中表现人物性格的要素是伦理性格 (ethos)，它需要用语言加以表现。

② “她选择了尖叫” 参 JJ: 115。

(397) 《普罗米修斯》是英国诗人雪莱 (Percy B. Shelley, 1792—1822) 于 1820 年出版的四幕抒情诗剧，克尔凯郭尔阅读的是 1844 年在莱比锡出版的德译本 *Der entfesselte Prometheus*，译者为 Julius Seybt。

(398) “写哈姆雷特” 指罗彻尔在其《戏剧人物的循环》上卷中，在讨论莎士比亚《哈姆雷特》一章的结尾处，指出哈姆雷特受到“反思病” (Krankeit der Reflexion) 的折磨。

(399) “惨了！惨了！惨了！西本堡。” (Væ! Væ! Væ! Siebenbürgen) 出自贺伯格的喜剧《格特·威斯特菲勒》(*Gert Vestphaler*) 第一幕、第一场，酒馆老板为顾客高声朗读报纸新闻：“在西本堡，一头牛犊出生了，它头上有圈毛，腿上有刘海。当地居民认为这不是好兆头。这头牛犊很快就死了，但它在死前说：惨了！惨了！西本堡！(væ! væ! Siebenborgen!)”

(400) ① “大卫教授” 指 Christian Georg Nathan David (1793—1874)，丹麦政治经济学家、政治家，1830 年任哥本哈根大学政治经济学杰出教授，1834 年创立自由派报纸《祖国》(*Fædrelandet*) 并负责编辑，因“写作方式不敬”遭到起诉，后被判无罪。1836 年国王下令解除其教授职位，但 1840 年入选哥本哈根公民代表大会，在 1844 年 10 月 15 日罗斯基尔德争取君主立宪的集会中，他又转向支持君主专制。他的行为被共和派报纸《海盗船》(*Corsaren*) 讽刺为“翻转外衣” (vende Kapper)，此语来自旧时为延长衣物使用时间，在洗衣时把衣服缝起来并反面洗涤的做法。

②巴格森 (Jens Baggesen, 1764—1826) 是丹麦诗人、大学教授，自 1789 年起任皇家剧院的联合院长。语出他的诗作《耶泊，一则西兰岛童话》(Jeppe, et siællandsk Eventyr, 1785)：“那件衬衫，奥根先生让翻转四次了/的确，即便如此（噢，什么能抗拒时间呢！）/雅斯泊先生在最近的晚祷中的布道/结束了。”

③在巴格森和克尔凯郭尔的时代，晚祷指星期天和节假日在 13 点至 14 点之间举行的简短宗教仪式。

（401）此处的“法官”指《一个丈夫对各种反对婚姻的看法的回应》（Adskilligt om Ægteskabet mod Indsigelser. Af en Ægtemand）的假名作者威廉法官。克尔凯郭尔原想将之与《酒中有真言》（In vino veritas）一起，以《是与非》（Vrang og Retten）为题出版，但最终与《有罪，还是无罪?》（Skyldig? — Ikke-Skyldig?）一起收入《人生道路诸阶段》。这则日记是克尔凯郭尔手稿中的一部分，他于 1844 年誊抄时从原稿中移除，但显然想把这段文字保留在日记中。日记只改动了个别字词。

（402）“磁器服”原文为 Porcellains-Kjole，查无出处。克尔凯郭尔的父亲一般把他最好的礼服称为 stadskjole，尽管它更显活力而非更精致。在《日德兰百姓词典增补》（*Bidrag til en Ordbog over jyske Almuesmål*）中收有 Porcellænsbonde（磁器农夫）一词，用以指称那些想通过穿戴精致而超出其社会地位的农民。克尔凯郭尔的外甥女哈丽耶特·伦德（Henriette Lund）在回忆外公（即克尔凯郭尔的父亲）时提到，“身着一件浅褐色长袍的令人敬畏的身影”。

（403）“预言家和先知”（Prophet og Seer）可能指《地址报》1844 年 8 月 3 日刊登的新书《丹麦万神殿：当代人物画廊》（*Dansk Pantheon, et Portraitgallerie for Samtiden*）预告中对格伦德威的描述——“一个完全独特的、无与伦比的‘新年’预言家的模范”，而且是“一个深受感动的先知”。

（404）拉斯·马蒂森（Lars Mathiesen, 1769—1852），自 1800 年至其去世，在腓特烈斯贝大街 13 号（Frederiksberg Alleegade，今 7 号）开有一家啤酒馆（traktrøsted/beer garden）。马蒂森体态发福，喜休闲装束，言谈直率乃至粗鲁，酒馆很受市民和大学生的欢迎。

（405）①从 1843 年 11 月 20 日至 1844 年 3 月，格伦德威在位于哥本哈根的 St. Kannikestræde Gade 的博赫学院（Borchs Kollegium）礼堂做了 25 场公开演讲，《哥本哈根邮报》1843 年 11 月 17 日有预告说：“格伦德威牧师为女士们和先生们就希腊和北欧神话及传说做公开演讲。演讲在每周一、三、五的晚上 6—7 点之间进行，入场门票可在瑞兹书店购买。”演讲向女士开放，这在当时是新鲜事。格伦德威称呼其听众为“女士们先生们”（Damer og Herrer），但他显而易见是冲着女士们说的，这引起了男士们的不满。演讲后以《为女士们和先生们所做的关于希腊和北欧的神话及传说的天书》（*Brage - Snak om Græske og Nordiske Myther og Oldsagn for Damer og Herrer*）为题于 1844 年 9 月 14 日出版，当日克尔凯郭尔即从瑞兹书店购得此书。

②“鹿苑的游乐场”（Dyrehavsbakken）指位于哥本哈根北部的皇家园林鹿苑（Dyrehave）中的一个山坡，在克尔凯郭尔生活的时代，每年夏季自 6 月 24 日至 7 月 2 日，这里将支起桌子、帐篷，表演杂耍、西洋镜等。

（406）“噢！啊！哈！呵”（oi! Ei! o! ah!）指那些敞开领口的人群、也就是粗鄙的人群发出的表达热情的感叹。

(407) “晦涩的方向” 指格伦德威在公开演讲中说过的话：“为什么演讲不该被听到，就像书籍被阅读，既为女士们又为先生们呢？通过使用比书面语更为确切的口语，人们难道不该依靠那些晦涩但却生动的表达吗，它们往往比最好的解释更有价值！”

(408) ①赫尔维格（Hans Friedrich Helveg，1816—1901），丹麦牧师，作为格伦德威的拥趸者，他于 1844 年 7 次在格伦德威的教堂（Vartov Hospitalskirke）的晚祷式上布道。“跳到讲经台上” 一事并未确证，但赫尔维格的确以其充满活力的演说和布道著称。

② “一尺” 原文为 halv Alen，即 “半丹尺”，等于 31.4 厘米，相当于一英尺。

(409) “连续炮轰”（Kanonade）或许指皇家海军每日鸣放的礼炮，以致敬丹麦国旗。

(410) 关于演员表演的观点参罗彻尔《戏剧表演艺术》（H. T. Rötscher：*Die Kunst der dramatischen Darstellung*, *Berlin* 1841）第 77 页。

(411) 日记中亚里士多德的《论灵魂》一书写为拉丁文 De anima。克尔凯郭尔于 1844 年 12 月 18 日在瑞兹书店购买了灿德伦堡出版的书《亚里士多德论灵魂（三卷本）》（*Aristotelis de anima Libri tres*, *Jena* 1833）。

(412)《论怀疑一切》在日记中写为 de omnibus dubitandum，指克尔凯郭尔的未完成稿 Johannes Climacus eller De omnibus dubitandum est。根据此处陈述，克尔凯郭尔于一年半前、即 1843 年 6 月左右动笔写作。

(413) 克尔凯郭尔在《论怀疑一切》的草稿中并未直接使用 “Vildfarelse—错误” 一词。或许这里的意思是说，约翰尼斯·克利马克斯多次尝试理解现代哲学的主题——人应该怀疑一切，哲学始于怀疑，但通过考察，他认为这是一种 “误解—misforståelser”，由此他开始反思古代哲学，重点考察了古希腊怀疑论，指出古希腊怀疑论者的怀疑是为了避免因错误评判现象而犯 “错误—Vildfarelse”。

(414) 亚里士多德在《论灵魂》（427a 29—427b 6）中这样写道：“不过他们（古代思想家）也应该考虑，人何以会犯错误，因为这与动物性密切相关，而且灵魂在错误状态下持续更久。”

(415) “最清醒的学者之一” 当中的 “学者” 原文为 Philolog，有 “语言学家”、“学者” 之意。英译本误译为 philosopher。

(416)《前言》（Forord）是克尔凯郭尔的假名作品，主要针对海贝尔。关于作者名尼古拉斯-诺特宾尼（Nicolaus Notabene）的涵义，参注 181②。

(417) “字帖或不同字体字贴”（Forskrift, eller Prøve paa forskjellig Skrift）是专为学生习字而出版的字贴的标题。

(418) 在古代民主制中（Attic Democracy），所有的自由公民可以就政治问题发表自己的见解，例如在公民大会上公民可轮流发言，在法庭上公民轮流任陪审员；前者亚里士多德称之为“政治演说”，后者为“诉讼演说”。参亚里士多德《修辞学》第一册、第一章（1354b 27—31）。

(419) 克尔凯郭尔拥有两本亚里士多德的《修辞学》，一本是 *De arte rhetorica*（莱比锡 1831 年）；另一本是 K. L. Roth 翻译的两卷本德文本 *Rhetorik*（斯图加特 1833 年），后者克尔凯郭尔在写作中引用较多。

(420) ①“所有关于存在与非存在的问题在亚里士多德哲学中移至《修辞学》”指亚里士多德《修辞学》第一册、第一章（1354a 26—28）中讲到诉讼演说的时候所说的：“诉讼当事人只应证明事情是这样的或不是这样的，是发生了或没有发生；至于事情是大是小，正当不正当，凡是立法者所没有规定的，都应由陪审员来断定，而不应由诉讼当事人来指导他们。”参《罗念生全集》第一卷（亚里士多德《诗学》、《修辞学》），上海人民出版社 2016 年，第 141 页。

②“第一性实体”原文为希腊文 ousia prōtē，“第二性实体”原文为希腊文 deútera。在《范畴篇》2a 11ff，亚里士多德说：“实体，就其最真正的、第一性的、最确切的意义而言，乃是那既不可以用来述说一个主体又不存在于一个主体里面的东西，例如某一个个别的人或某匹马。但是在第二性的意义之下作为属而包含着第一性实体的那些东西也被称为实体；还有那些作为种而包含着属的东西也被称为实体。例如，个别的人是被包含在‘人’这个属里面的，而‘动物’又是这个属所隶属的种；因此这些东西——就是说‘人’这个属和‘动物’这个种——就被称为第二性实体。”参亚里士多德：《范畴篇 解释篇》，方书春译，商务印书馆 1986 年，第 12 页。

(421) “信念”在日记中写为希腊文 pístis，其复数形式为 písteis。参亚里士多德《修辞学》第一册、第一章（1354a 13，1355a 4，1355a 5）。

(422)《米娜·冯·巴尔海姆》（*Minna von Barnhelm, oder das Soldatenglück*）是莱辛所做的一出五幕喜剧，其中第 2 幕、第 7 场中少女的台词说：“一个面向天空的感激的想法是最完美的祷告”（Ein einziger dankbarer Gedanke gen Himmel ist das vollkommenste Gebet!）。

(423) “穿戴宗教”（iføre sig det Religieuse）是直译，因《圣经》中有 iføre sig det nye Menneske（英译为 put on the new man）的说法。

(424) “聒噪和爱出汗的人”可能尤指格伦德威及其追随者，参 JJ：285。

(425) 杰罗尼姆斯（Jeronimus）是不止一次出现在贺伯格喜剧中的人物，他是庸俗家长的代表，欲把其严苛的道德强加在年轻人身上。

(426) ①瑞兹书店（Reitzels Boglade），1819 年由 C. A. Reitzel（1789—1853）创建。

②《论黑格尔哲学中的美学》原文为 über die Aesthetik der Hegelschen Philosophie，作者威尔海姆·旦泽尔（Wilhelm Danzel，1818—1850），德国美学家、文学史家，受

黑格尔影响，但在这本书他摆脱了黑格尔的影响。

（427）哈曼信件的编辑者罗斯（Roth）在《哈曼文集》第三卷的“前言”中提到，关于哈曼1763年缔结的“良心婚姻”（die Gewissens – Ehe）的通信不便提及，虽然哈曼自己在其作品中多次提及。这桩婚姻在哈曼生时为柯尼斯堡市民所周知，因为它比“多数公民婚姻”（viele bürgerliche Ehen）更纯洁、更幸福，因而并无冒犯性。

（428）①克尔凯郭尔显然弄错了。罗斯在“前言”中没有说“莱夏特的《天文女神》”，而是说莱夏特1812年在《天文女神：女士用口袋书》（*Urania. Taschenbuch für Damen*）上发表的一篇题为《康德和哈曼》的文章。罗斯认为，这篇文章对哈曼将其婚姻转变成“市民婚姻”之举进行了错误的解释。

②莱夏特（Johann Friedrich Reichardt，1752—1814），德国作曲家、作家。

（429）哈曼在1769年1月17日写给赫尔德的信中说：“真的，有些思想人一生只拥有一次，且永不回返。”（So wahr ist，daß es Gedanken giebt，die man nur Einmal in seinem Leben hat，und nicht Meister ist wieder hervorzubringen），见《哈曼文集》第三卷。在1773年1月13日写给赫尔德的另一封信中，哈曼又说：“我相信，我们的灵魂中不会丢失任何东西，像上帝一样；同样的，在我看来，某些思想在我们一生中只能拥有一次。”（Ich glaube，daß nichts in unserer Seele verloren geht，so wenig als vor Gott；gleichwohl scheint es mir，daß wir gewisser Gedanden nur *einmal* in unserem Leben fähig sind），见《哈曼文集》第五卷。

（430）“▶◀”之间的内容，即JJ：295，原有内容在日记JJ第160页，已遗失，现有内容根据《索伦·克尔凯郭尔遗稿》（*EP I – II*）第326页。

（431）①克尔凯郭尔的父亲于1838年8月9日去世，克尔凯郭尔于1840年7月3日获得神学学位。

②西伯恩（Frederik Christian Sibbern，1785—1872）于1813—1870年间任哥本哈根大学哲学教授，是克尔凯郭尔的大学哲学老师。

（432）彼得（Peter Christian Kierkegaard，1805—1888）是克尔凯郭尔的长兄，1836年获得神学从业资格学位，之后担任大学神学系学生私人指导教师，1842年获圣职，任索湖（Sorø）教区牧师。

（433）“▶◀”之间的内容，即JJ：297，原有内容在日记JJ第161页，已遗失，现有内容出自《索伦·克尔凯郭尔遗稿》（*EP I – II*）第325—326页。

（434）“便衣警察”（Politie – Agenten），还可译为“警局密探”。在19世纪40年代民主意识觉醒之际，便衣警察的任务是侦察那些疑似反对君主独裁的团体。

（435）“法制系统的公务员”（Retfærdighedens Tjener）具体指警察或法官。

（436）海洛斯人最初是指海洛斯城（Helos）的居民，在被斯巴达人俘虏后，他们成为斯巴达共和国的“公共奴隶”。

（437）考内莉娅·奥尔森（Cornelia Olsen，1818—1901）是与克尔凯郭尔有过婚约的雷吉娜·奥尔森的姐姐，长雷吉娜四岁。

（438）“撒种的比喻”见《路加福音》8：4—15。耶稣说：“有一个撒种的出去撒种。撒的时候，有落在路旁的，被人践踏，天上的飞鸟又来吃尽了；有落在磐石上的，一出来就枯干了，因为得不着滋润；有落在荆棘里的，荆棘一同生长，把他挤住了；又有落在好土里的，生长起来，结实百倍。……这比喻乃是这样：种子就是神的道。那些在路旁的，就是人听了道，随后魔鬼来，从他们心里把道夺去，恐怕他们信了得救；那些在磐石上的，就是人听道，欢喜领受，但心中没有根，不过暂时相信，及至遇见试炼就退后了；那落在荆棘里的，就是人听了道，走开以后，被今生的思虑、钱财、宴乐挤住了，便结不出成熟的子粒来；那落在好土里的，就是人听了道，持守在诚实善良的心里，并且忍耐着结实。”这是四旬斋前的第二个礼拜日（Sexagesima，1845 年 1 月 26 日）的福音书。

（439）“业主给仆人良种”的比喻是对《马太福音》25：14—30 的“才干的比喻”的戏仿。

（440）“苏格拉底是不受欢迎的”或许指柏拉图对话《申辩篇》18 b—c 的内容，苏格拉底为自己辩护时声明，许多人常年控告他。参《柏拉图全集》（增订版），上卷，王晓朝译，人民出版社 2018 年，第 3 页。

（441）“让伤口敞开的确也是健康的”是克尔凯郭尔时代的看法。例如，托尔纳姆（A. Thornam）在《自助医疗手册》（*Lægebog for dem, som ikke kunne faae betimelig Lægehjelp*）中曾这样写道：“人们不必立刻止住流血的伤口，因为失血常常对病人有利，它替代了使用蚂蟥的必要性。”

（442）①亚里士多德《修辞学》开始就说，修辞术（tekhne rhetorike，即“演说的艺术”）不属于任何一种科学（丹 videnskab，希腊语 epistēmē），而是一种“技能”（téchnē）。克尔凯郭尔在 1845 年左右撰写了大量关于“基督教演讲术”（kristelig talekunst）的文稿，多数在 JJ：305 之后撰写。

②“按……风格”原文为拉丁文 ad modum。

（443）①卡尔尼德斯（Karneades，约公元前 215—129 年），希腊怀疑论者，在同时代人当中以其口才和对斯多葛信条的激烈反对著称，传统上被视为是“新学园”的创建者。他反对斯多葛派的“真知识”学说，认为我们无法评判观念与其对象是否一致，只能认为这是一种可能性。

②此处参考的是瑞特尔（H. Ritter）的《古代哲学史》（*Geschichte der Philosophie alter Zeit*），第三卷（1837），第 691—694 页。日记中克尔凯郭尔标注的页码并未讨论卡尔尼德斯的可能性理论，而是讨论了怀疑论者阿尔卡西洛斯（Arkesilaos，约公元前 315—242 年）的学说，后者被视为是“中期学园”的创建者。

（444）“信仰”原文为丹麦文 Tro，之后括号内原文为希腊文 pístis，此处译为“信念”。亚里士多德在《修辞学》第一册、第二章中指出，修辞术的对象与论辩术不同，它涉及可能的、或然的事物，而非必然的事物。

（445）楷体的“不可能性”对应原文斜体的 Usandsynlighed。在《哲学片断》中，假名作者克利马克斯把基督教“道成肉身”视为是“绝对的悖谬”，是“最不可能的事情”（det Usandsynligste）。

（446）①这则日记的内容是对 1845 年 3 月《致读者》（Skrivelse til Læseren fra Frater Taciturnus, i *Stadier paa Livets Vei*）的誊抄稿的大致引用。文稿中讲到，一个“理解了那句老话‘故事讲述的就是你’（de te narratur fabula）的人，他绝非要去取悦客观的巨型任务的现代愚人，那任务就是要能激起与全人类相关、但却与自身无关的东西。”

②日记中“故事讲述的就是你”对应于拉丁文 de te fabula，实际上省略了讲述 narratur 一词。语出贺拉斯《讽刺诗》：mutato nomine, de te / Fabula narratur，即“换个名字，故事讲述的就是你”。

（447）此处所说的“天才”或许指格伦德威，他明确表示，“来世的人”（efterslægten）不会拒绝他的作品。或许克尔凯郭尔还指黑格尔在《精神现象学》“序言”中提到的观点，“我们应该确信，真理具有在时间到来或成熟以后自己涌现出来的本性，而且它只在时间到来之后才会出现，所以它的出现决不会为时过早，也决不会遇到尚未成熟的读者；……”。参黑格尔：《精神现象学》上卷，贺麟、王玖兴译，商务印书馆 1997 年，第 49 页。克尔凯郭尔在日记 CC：25（约 1836—1837）中，在“关于哈曼”的标题下，写到了在“为自己的时代活着”与“为后世活着并且为自己的时代所误解”之间的有趣对立。

（448）“有朝一日会遇到苏格拉底”戏指柏拉图对话《申辩篇》41 a。苏格拉底在被判处死刑后说：“各位审判官，还有什么比这更好？如果能够抵达冥府，逃避那些在这里称自己为审判官的人，就会在那里见到真正的审判官，弥诺斯、拉达曼堤斯、埃阿科斯，还能见到特里普托勒摩斯以及其他所有半神，他们由于生前正直而死后成为神，这样的旅行会是凄惨的吗？还有，要是能与奥菲斯、穆赛乌斯、赫西奥德、荷马相伴，你们中谁不愿付出高额代价？如果这是真的，那么我情愿死很多次。”参《柏拉图全集》（增订版），上卷，王晓朝译，人民出版社 2018 年，第 29 页。

（449）“小贩”（Spekhøker）拥有营业执照，售卖瓶瓶罐罐、灯油等家居用品和油盐蛋黄油等食品，需要上税。研究者不清楚当时小贩的穿着习惯情况。

（450）JJ：310 有些晦涩。注释者认为，这里或许暗指路德在《小教理问答》中（*Dr. Morten Luthers liden Catechismus. Nøiagtig oversat efter Grund - Texten*, 1843）对摩西十诫中第四诫“当孝敬父母”的解释。路德说：“我们应该畏惧和爱上帝，因此我们不要蔑视父母和主人，或者激怒他们；而要荣耀、服务、顺从、爱戴和尊敬他们。”

（451）最迟在 1845 年 4 月初，克尔凯郭尔把《三则想象性情境演说》（*Tre Taler ved tænkte Leiligheder*）的书稿交给印刷厂（Bianco Lunos Bogtrykkeri）。书于 4 月 25 日

印刷完工，29 日面世。JJ：311 可能是从该书中删去的段落，但克尔凯郭尔将之保存在日记中。

（452）在《出埃及记》25—27 章，耶和华要求摩西为会幕所献礼物当中，提到祭坛和刺绣的“帐幔”和“幔子”，并对线的颜色、布料的质地做了规定。

（453）“良心”（Samvittighed）和“公共意见”（den offentlige Mening）可能指在黑格尔哲学“客观精神”（den objective Aand）的发展阶段中，“良心”被视为低于“公共意见”。

（454）①“光彩夺目的罪”（glimrende Synder）出自中世纪拉丁谚语“Virtutes paganorum splendida vitia”，即“异教徒的美德是光彩夺目的恶”。在日记 AA：18 中以及《哲学片断》中都出现过“光彩夺目的罪”的说法。

②“装腔作势的美德”（affecterede Dyder）可能出自对保罗·马丁·穆勒（Poul Martin Møller）的《装腔作势前论》（Forberedelser til en Afhandling om Affectation）一文的回忆。穆勒在文中提到，装腔作势是错误和自欺的混合物，它分为三个程度：短暂的、固定的和发展着的。关于穆勒可参注（281）之②。

（455）将死者从家运送到教堂、再到墓园的灵车分为六个等级。穷人的灵车是最末一等，也是最便宜的，最终抵达的是墓园中不收费的指定埋藏区域。

（456）①“希腊火”指易爆易燃的火，含有硫磺、碳、木屑等，在火药发明之前被用于战争，据信在水下仍能燃烧。

②在基督教的观念中，尤其在虔敬派当中，罪人必须用可见的眼泪来表示内心真诚的悔悟。如《路加福音》7：36—50 中就有女罪人，“站在耶稣背后，挨着他的脚哭。眼泪湿了耶稣的脚，就用自己的头发擦干，又用嘴连连亲他的脚，把香膏抹上。”最后耶稣赦免了她的罪。

（457）“一个受难故事”（En Lidelsehistorie）和“心理学试验”（psychologisk Experiment）是《人生道路诸阶段》（*Stadier paa Livets Vei*）中的“有罪，还是无罪？”的副标题。该书 1845 年 3 月送交印刷厂，1845 年 4 月 30 日正式面世。

（458）“出自深层”原文为拉丁文 de profundis。

（459）根据文意此处可能掉了一个 Af，应为“出自一个丈夫之手”（Af en Ægteman）。

（460）“像该隐的妻子一样”典出《创世记》4：16，该隐杀死了兄弟亚伯，被耶和华流放，但他的妻子跟随着他一起流放。

（461）“省略三段论”原文为希腊文 Enthymema，指仅有一个前提和结论的判断，完整的三段论有两个前提（大前提和小前提）。

（462）关于“省略三段论”的论述在亚里士多德《修辞学》第一册、第一章（1355a 8—14）。

（463）在新教、尤其是在虔敬派中，“对罪的忧”（Sorg over sin Synd）是对罪的宽宥的本质性前提。

（464）根据现存日记手稿，这段边注紧接 JJ：320。

（465）狄安娜（希腊神话体系中的阿耳忒弥斯）是古罗马神话中永恒的处女神的名称，司狩猎和丰产等。作为头生子，她在母亲生产双胞胎兄弟阿波罗时体验到了母亲的痛苦，因此请求朱庇特令其终生为处女。她的任务是帮助产妇生产，并减轻其疼痛。

（466）①“戏剧是宗教仪式”的观点可参布洛克豪斯（F. A. Brockhaus）的《德语百科全书》（*Allgemeine deutsche Real – Encyklopädie für die gebildeten Stände. Conversations – Lexikon*，vols. 1—12，Leipzig，1833—1836.）当中的第 11 卷。书中这样写道：“继庙宇后，剧院是古希腊和罗马最重要的建筑，因为它们不仅用于制造娱乐，而且也是宗教仪式的一部分。”

②“如果我没弄错”原文为拉丁文 ni fallor。

（467）“自付资金上演戏剧的人”指富有公民受雅典官方指派，接受光荣的任务，支付在诗歌比赛中所上演戏剧中歌队的服装和排练费，演员的报酬由国家支付。参菲罗斯特拉图：《蒂亚那的阿波罗尼乌斯的生平》（Flavius Philostratus，*Leben des Apollonius von Tyana*）。关于此书可参注（23）之①。

（468）“在中世纪建造教堂和修道院”指大公和要人出资修建教堂和修道院，并捐赠给教会和教团的行为。由此他们获得世人的尊重和在天国报偿的许诺。

（469）明特尔（Balthasa Münter，1794—1867）是丹麦教士。日记所说的“警告中世纪苦修主义”的布道词可能指明特尔于 1845 年 1 月 19 日、即四旬斋前的第三个礼拜日（Septuagesima Sunday）在城堡教堂（Slotskirke）的圣餐式和小岛教堂（Holmens Kirke）的晚祷式上针对《哥林多前书》9：24—10：6 的内容进行的演说。布道的具体内容不祥，但起因应是《哥林多前书》9：27，保罗说：“我是攻克己身，叫身服我；恐怕我传福音给别人，自己反被弃绝了。”根据克尔凯郭尔日记的记载，他的确听了这场布道。

（470）①“我们将忽略明斯特主教”可能指明斯特就同一文本（即《哥林多前书》9：24—10：6）、在某个四旬斋前的第三个礼拜日所进行的题为《论我们的基督教中的严肃性》（Om Alvorlighed i vor Christendom. Paa Søndagen Septuagesima）的布道，出自《年度礼拜日和节日布道书》（*Prædikener paa alle Søn – og Hellig – Dage i Aar*）。明斯特说：“这一点肯定是自明的，因为人类有着比以血肉命名的存在者更高的自然本性，所以人的精神要战胜感性本能，我们是因此才必须谈论禁欲的。”明斯特还指出，基督教徒有义务在诱惑来临的考验时刻，拒绝自己最喜爱的享乐。

②作为布道者，人们其实很难忽略明斯特；但作为教会领导人，明斯特被指缺乏进行根本改革的意愿，尤其受到格伦德威主义者的批判。这也就是他的《丹麦教会圣事和仪式草案》（*Udkast til en Alterbog og et Kirke – Ritual for Danmark*，1838）因遭到激

烈反对而被束之高阁的原因，尽管他的另一本书《新教赞美诗补充集试用本》（*Udkast til et Tillæg til den evangelisk – christelige Psalmebog*，1843）虽遭批评，但仍于1845年被官方认可。

（471）“现在”（Nu）可能指的是《人生道路诸阶段》的出版时间：1845年4月30日。

（472）①“两个环节”指《非此即彼》（*Enten – Eller*）的编者维克多·埃莱弥塔（Victor Eremita）在前言中明确说的，上卷包含的是A的手稿，代表审美感性的生活方式；下卷包含的是B的手稿，代表伦理生活方式。

②“我的建设性演说的出发点”指克尔凯郭尔的首部建设性演说《两则建设性演说》（*To opbyggelige Taler*），出版于1843年5月16日。

（473）“《诸阶段》有三个环节”指《人生道路诸阶段》被分为三部分：①《酒中有真言》，五位审美感性代言人的对话，他们是：《非此即彼》中的诱惑者约翰尼斯和维克多·埃莱弥塔，《重复》中“年轻人”和康斯坦丁·康斯坦丁乌斯，还有时装设计师。②威廉法官讨论婚姻的论文《一个丈夫对各种反对婚姻的看法的回应》。③一组曾经撕毁婚约的无名男性的日记《有罪，还是无罪?》，以及日记的“真实”作者、假名作者“沉默的兄弟”（Frater Taciturnus）写给读者的信。

（474）①此处的“审美—感性”原文为det Æsthetisk – Sandselige，日记中其他地方出现的“审美感性”是译者对det æsthetiske的理解和翻译。

②“一个回忆”指《人生道路诸阶段》中第一部分《酒中有真言》的副标题“威廉·奥海姆讲述的回忆录”（En Erindring efterfortalt af William Afham）。

（475）“女性只是一个瞬间”出自《酒中有真言》中诱惑者约翰尼斯在最后发表的演说中对女性的赞美。

（476）“女性的美随时光增加”出自威廉法官之口，见《人生道路诸阶段》中第二部分。

（477）“试验中的无名氏”指《“沉默的兄弟”致读者信》（Skrivelse til Læseren fra Frater Taciturnus）。“无名氏”原文为拉丁文quidam，指男性。

（478）①“沉默的兄弟”并没有以“幽默”作为宗教的前提。或许克尔凯郭尔在这里说的是“沉默的兄弟”用来定义“无名氏”立场的观点。他说：“因为我很好地理解了喜剧性和悲剧性相统一的观点，但却不理解他所获得的新的更高的激情、也就是宗教这一观点的来源。”

②“沉默的兄弟”原文为拉丁文Frater Taciturnus，出自匈牙利的德语作家约翰·梅拉什（Johann Mailàth）的短篇小说《宝藏》（*Der Schaz*）。小说中有个哑巴修道士，人称“沉默的兄弟”（Bruder Taciturnus）。

（479）1845年5月13日，星期二，克尔凯郭尔从哥本哈根乘盖瑟号（Geiser）蒸汽轮船前往什切青（Stettin）和斯温明德（Svinemünde），从什切青乘火车抵达柏林。5 月 24 日，星期六，克尔凯郭尔乘坐同一艘轮船返回哥本哈根。

（480）在 1845 年 5 月 15 日《贝林时报》（*Berlingske Tidende*）“旅行”栏目下，登有盖瑟号上的旅客名单，克尔凯郭尔被称为 Magister Kierkegaard，其余旅客均有表示身份地位或职业的称号。日记中所说的“忧郁旅者哈根先生”（Hr Hagen）即 Lauritz Terpager Hagen（1791—1873），药剂师，曾拥有一家药店。他上船时登记的名号为 Part. Hagen，即 Partikulier Hagen，表示他未承担公共服务，靠自我经营为生。

（481）“本日记第 163 页”和“私教课”指 JJ：300。

（482）苏菲·博马舍（Sophie Beaumarchai）是歌德戏剧《克拉维果》（*Clavigo*）中克拉维果的未婚妻玛莉（Marie）的姐姐。玛莉因遭克拉维果遗弃忧伤致死，她的哥哥为复仇杀死了克拉维果。《非此即彼》上卷《剪影》中讲到玛莉·博马舍的故事的时候，假名作者 A 在括号中说，歌德曾暗示，苏菲也喜欢克拉维果。在《克拉维果》第 3 幕，苏菲对玛莉说：“当他进来时，我失去了自制力；然后，噢！难道我不像你一样爱他吗，以饱满的、纯洁的和姐妹般的爱？难道我没有因与他的距离而受到伤害和折磨吗？”1845 年 7 月 11 日，《克拉维果》自 1809 年在皇家剧院首演后上演四场，其时苏菲由女演员安娜·尼尔森（Anna Nielsen）扮演。

（483）①“国王的花园”（Kongens - Have）即“罗森堡花园”（Rosenborg Have）的别称。

②“樱桃小径”是一条为人们所喜爱的浪漫的漫步道，位于西城墙与护城河之间。

③“哲学家小径”（Philosoph - Gangen）在今天的西城墙大街（Vestervoldgade），与西城墙（Vestervold）平行且在其内部，从西门（Vesterport）伸展至长桥（Langebro）的入海口。

（484）①“我们希望事情顺利”（man skal haabe det Bedre）出自丹麦谚语：“Man skal altid haabe det Bedste (det Ondt kommer af sig selv)”（人们总是希望事情顺利，倒霉自行消失）。

②“雨天过后是阳光”（efter Regnveir kommer Solskin）出自丹麦谚语：“Efter solskin kommer regn, og efter regn kommer tørvejr”（阳光过后是雨天，雨天过后是干燥的天）。

（485）“就像艾美丽与她父亲周旋一样”，艾美丽是法国剧作家斯克里布的喜剧《初恋》（*Den første Kjærlighed*）中的女主人公，该剧在丹麦非常受欢迎。克尔凯郭尔在《非此即彼》上卷专门讨论了这出戏。

（486）“上帝所做的一切都是好的”（Alt, hvad Gud gjør, er godt）出自丹麦谚语：“Hvad Gud gør, er vel gjort”（凡上帝所为，均做得很好）。此外，这话还与《创世记》中上帝创世时所说的“神看着是好的”（Gud så, at det var godt）相呼应。参《创世记》1：4，10，12，18，21，25，31。

（487）“无限性的巨大运动”（Uendelighedens uhyre Bevægelse）出自《畏惧与颤栗》（*Frygt og Bæven*），即指“无限放弃”（uendelige resignation）。

（488）研究者无法确定，日记所说的不能给予人以指导的“灵修书”（opbyggelige Skrifter）的具体所指。

（489）在犹太教和基督教传统中，犹太国王大卫（约公元前1000年—960年）被认为是150篇《诗篇》的作者，虽然只有73篇提到他的名字。《大卫诗篇》（Davids Salmer）被路德引入他所翻译的《圣经》中，为丹麦宗教改革所接受，出现在1699年版和1802年版《圣经》中，被教会和民众广泛接受。

（490）“震动肺腑”（ryster Indvoldene）指《旧约》中常常说到的心、肝、肺，如《诗篇》7：9：“愿恶人的恶断绝，/愿你坚立义人。/因为公义的神，/察验人的心肠肺腑。”再如《诗篇》16：7：“我必称颂那指教我的耶和华；/我的心肠在夜间也警戒我。”

（491）①“时而永恒性地希望，时而在时间中希望”指《诗篇》中表达的多处永恒与现世希望相混杂的主题。在表达永恒希望的主题方面，可参《诗篇》30：3：“耶和华啊，你曾把我的灵魂从阴间救上来，/使我存活，不至于下坑”；类似的可参40：2。在表达现世希望的主题方面，包括对自己和以色列民众的拯救，以及对敌人和苦难的摆脱等，可参《诗篇》49：11：“他们心里思想：他们的家室必永存，/住宅必留到万代；/他们以自己的名称自己的地。”类似的可参《诗篇》71，130：7—8等。

②“有时用其无辜安慰自己”参《诗篇》17：3：“你已经试验我的心，你在夜间鉴察我；/你熬炼我，却找不着什么；/我立志叫我口中没有过失。”

③“有时诅咒他的敌人”中的“敌人”包括大卫个人的敌人以及全以色列的敌人。可参《诗篇》5：8—11；59：10—16；137：7—9；140：9—11。

（492）“接171页最下端”指本日记中的171页，也就是单独占一整页的JJ：317。

（493）“与上帝建立起你和你的关系”（blive Du und Du med Gud），因Du表示熟人之间可用的“你”，英译本译为on terms of familiarity with God。这个意思可参《诗篇》73：23—26：“然而，我常与你同在；/你搀着我的右手。/你要以你的训言引导我，/以后必接我到荣耀里。/除你以外，在天上我有谁呢？/除你以外，在地上我也没有所爱慕的。/我的肉体和我的心肠衰残；/但神是我心里的力量，/又是我的福分，直到永远。”

（494）①“假如我们仅仅希望今生，我们就是所有人当中最悲惨的”（hvis vi alene haabede for dette Liv vare vi de Elendigste af alle）语出《哥林多前书》15：19：“我们若靠基督只在今生有指望，就算比众人更可怜。”（Haabe vi alene paa Christum i dette Liv, da ere vi de elendigste af alle Mennesker.）

②“虔敬应许的是今生”（Gudfrygt har Forjættelse for det Liv som nu）语出《提摩太前书》4：8：“凡操练身体益处还少，惟独虔敬，凡事都有益处，因有今生和来生的应许。”（Thi den legemlige Øvelse er nyttig til Lidet, men Gudfrygtighed er nyttig til alle Ting, og haver Forjættelse for det Liv, som nu er, og for det tilkommende.）

③“虔敬”一词对应的是丹麦文 Gudsfrygt，对应的英译有 fear of God, devoutness, piety。英译本选择了 fear of God，但译者认为，这个译法虽与丹麦文词的构成最接近（Gud – God, frygt – fear），但它只强调了对上帝的畏，有可能会错失福音书极力宣扬的基督的爱的精神，故遵从中文版《圣经》的译法“虔敬”（piety）。

（495）苏格拉底所言是克尔凯郭尔对柏拉图对话《高尔吉亚》511 e 的重构。参《柏拉图全集》（增订版），上卷，王晓朝译，人民出版社 2018 年，第 376 页。

（496）①复仇神（Furier）在希腊神话中以头生蛇发、手持火炬和匕首的形象出现，她们追逐犯罪的人。

②“良心折磨”对应的是 Nag，其中一个用法就是 Samvittighedsnag，即“良心折磨”，这个意思与边注中俄瑞斯忒斯弑母后的心理活动完美吻合。

（497）在古希腊，庙宇可充当被复仇神追逐的罪人的避难所。埃斯库罗斯悲剧《俄瑞斯忒斯》三部曲第二部中，俄瑞斯忒斯听从阿波罗的神谕，为父王阿伽门农报仇，杀死了生母克吕泰涅斯特拉，但他被复仇女神逼迫和驱逐，良心受到折磨。俄瑞斯忒斯来到德尔斐地界，避居在阿波罗的神庙中。复仇神在神庙前疯狂叫嚣，企图冲进去，但阿波罗不准她们入内，并把她们统统赶走。

（498）“参第 182 页”指日记 JJ 的 182 页，其中写有 JJ：330 全文和 JJ：331 开始的部分。

（499）“但这不是我的意思，而是你的意思”（dog ikke min men Din Villie）语出耶稣在橄榄山的祷告。《路加福音》22：42 中耶稣祷告说：“父啊，你若愿意，就把这杯撤去；然而，不要成就我的意思，只要成就你的意思。”（Fader, vilde du tage denne Kalk fra mig! Dog skee ikke min Villie, men din!）Villie 的本意是“意志”、“意愿”，这里的翻译依从新国际版研读本《圣经》的译法。

（500）“上帝希望我们喜乐”（Gud vil vi skal være glad）出自保罗的训诫。在《贴撒罗尼迦前书》5：16，保罗对贴撒罗尼迦人说：“要深深喜乐”（Vær altid glade）。又参《腓立比书》4：4，保罗对腓立比人说：“你们要靠主常常喜乐；我再说，你们要喜乐！”（Glæd jer altid i Herren! Jeg siger atter: Glæd jer!）

（501）“每礼拜日去三次教堂”指晨祷（fromesse/matins）、大弥撒（højmesse/high mass）和晚祷（aftensang/vespers）。

（502）苏格拉底逸事出自罗马哲学家、作家塞涅卡《论善行》（*De beneficiis*）一书。国王阿卡劳斯（Archelaus）是马其顿国王，在位时间约公元前 413 年至 399 年。

（503）日记中，《旧约》、伊斯兰教、中世纪之间原本并无标点，标点为译者所加。伊斯兰教传统强调律法和善行，但《古兰经》中并未宣讲善行本身即可通往拯救，善行必须与信仰相结合才有可能。日记中的“在中世纪”可能指中世纪教会把众多仪式和组织行为视为是通往拯救的道路的做法，后遭宗教改革者所摒弃。

（504）“听他的家和在他的家”指听上帝的话，“上帝的家”即指教堂。

（505）《穆斯林圣经传奇故事》（*Biblische Legenden der Muselmänner*, *Frankfurt am Main* 1845），作者维尔（G. Weil）。在该书第185页中讲到，摩西没有和亚伦一起回到营地，人们便问摩西他的兄弟在哪里，很多以色列人并不掩饰他们怀疑是摩西杀死了亚伦。于是摩西向上帝祷告，请上帝在全体人民面前证明他的清白。四位天使把亚伦的棺材从地下高高抬到营地上方，让所有人都能看见。其中一位天使喊道：“上帝把亚伦的灵魂带到他那里了。”

（506）《穆斯林圣经传奇故事》第209—212页所载故事，几乎是《旧约·撒母耳记下》第11章中大卫与拔示巴故事的翻版。传奇故事说，大卫在结束祷告返家途中，听到他的两个手下人议论说，他的信仰无法与亚伯拉罕献祭以撒的行为相比（可参《创世记》第22章）。大卫回家后即向上帝祷告，请求给他以亚伯拉罕式的考验。他的请求被上帝听到了，但大卫无法抗拒赛亚（相当于《旧约》中的拔示巴）的美色，为得到美人，他指使手下把赛亚的丈夫派遣到极险的地方，致其死亡。跟《撒母耳记下》第12章中耶和华派拿单谴责大卫相似，传奇故事中天使长加百利和米迦勒出面，用一个富人欺骗穷人的故事向大卫兴师问罪。大卫对富人的行动表示愤怒，他对自己下了这样的评判：“你的罪更大，因为你要求一桩考验，但却无力抵抗诱惑。”

（507）①“未来的教士”，为了接受圣职成为牧师，神学系毕业生在通过毕业考试后，必须进“教牧学院”（Pastoralseminariet，在克尔凯郭尔的时代就在哥本哈根）学习两个学期关于实践神学和教牧实践的课程；还要进行布道实习，包括就职布道的结业考试。克尔凯郭尔1840年11月至1841年9月在教牧学院学习，并于1841年1月12日在小岛教堂（Holmens Kirke）进行布道实习演说，但直到1844年2月24日，他才在三一教堂（Trinitatis Kirke）完成了他的就职布道演说。

②“教会法”（canoniske Ret，英译 canon law）是教会对信徒和神职人员在信仰、伦理和教会纪律方面具有约束力的法规、条例。丹麦直到1536年宗教改革时才有教会法，但在之前民法中能够明显看到法律与神学之间的关系，如《丹麦法》（*Danske Lov*）第二册“宗教与神职人员”。克尔凯郭尔在“教牧学院”学习时，法学教授罗森文格（J. L. A. Kolderup - Rosenvinge）讲授的是他自己的两卷本著作《丹麦教会法纲要教材》（*Grundrids af den danske kirkeret. Til Brug ved Forelæsninger*, 1838—1840）。

③教会法明确列举了一系列罪，并将其分为“actus interni—内部行为”，“actus externi—外部行为”以及“actus mixti—混合行为”。

④“教会不审判隐藏起来的东西”原文为拉丁文 de occultis non judicat ecclesia，这里“隐藏起来的东西”即指“隐藏的罪”。教会法明令禁止某些内部行为，但却对

之不做评判，因为所有的一切将接受上帝的审判。

（508）①“我的讲经台”（min Prædikestol），像日记设想的情境中尚未接受圣职的人在晚祷式上布道时，报纸会注明由“教牧学院神学博士”完成。

②当牧师被召至灵床或病床前时，他应该宣讲福音，聆听忏悔，宽恕罪过，并行圣餐礼。

（509）“我要亲口说出来吗？那样我的事业会受阻”或许指授予圣职前的考察。根据教会法，神学博士在获得圣职之前要面见主教，由主教亲自考察其学识和能力，如果主教认可，将举行授圣职仪式。1728 年 6 月 14 日对主教的职责还有一条补充，即如果主教发现对方没有能力或者不适合担任圣职，或者之前和目前的生活方式有不适宜担任圣职的情况，主教不仅不会授予对方圣职，而且还要立刻向官署报告，听候裁决。

（510）“新的教会法”可以指 Corpus juris canonici Gregorii XIII Pontif. Max. auctoritate post emendationem absolutam editum，编辑 J. H. Boehmer，Halle 1747。法学教授罗森文格在《丹麦教会法纲要教材》中称之为“最好的教会法”。对于其同时代的教会法，罗森文格列举的是一本德译的《最重要和最实用的教会法》（*Das Corpus Juris Canonici in seinen wichtigsten und anwendbarsten Theilen*，af B. Schilling & C. F. F. Sintenis，Leipzig 1834—1837）。

（511）在日记 JJ 中，克尔凯郭尔计划做一个心理学试验，揭示“自我封闭性在于，他不敢让他人知道，他遭受的是惩罚。”（JJ：317）除本则日记 JJ：341 外，还可参 JJ：332，JJ：339。

（512）“永劫”（Helvede－Straffenes Evighed）在《旧约》和《新约》中都强调惩罚是永恒的。在《旧约·但以理书》12：2 中称之为“永远被憎恶的”（evig Væmmelse），《新约·马太福音》25：46 中称之为“永刑”（den evige Pine）。尤其可参《贴撒罗尼迦后书》1：9，保罗讲到不虔敬者时说：“他们要受刑罚，就是永远沉沦，离开主的面和他权能的荣光。”

（513）“《片断》中的问题”指《哲学片断》扉页上的三个问题：“永恒意识能否拥有一个历史的出发点？这样的出发点如何能够超出历史的关切之外？一个人能否将永恒福祉建立在历史知识之上？”参克尔凯郭尔：《哲学片断》，王齐译，中国社会科学出版社 2013 年。

（514）“教会是在徒劳地教导它”参《奥斯堡宣言》（*Confessio Augustana*），其中 § 17 中这样说：“他们［宗教改革者］以同样的方式教导说，基督我主在审判日会前来唤醒所有的亡者，给予那些虔敬者和被选中的人永生和永福，但惩罚那些不敬神者和魔鬼受无尽的折磨。”

（515）“正统教会提供的证据”可参克尔凯郭尔在 1833—1834 年在哥本哈根大学听克劳森教授（H. N. Clausen）讲授的基督教教义课程的总结。克尔凯郭尔在《论永恒的谴责和永劫》（Om den evige Fordømmelse og Helvedesstraffene）的标题之下这样写道："早期路德宗教义学家们……所引用的永劫的根据如下：1、上帝无限的全能必须要求永劫；2、上帝的全知（先知，scientia media）预见到了，作恶的人将永远作恶，他们的生活将一直如此，直到永远；3、他们认为，在罪中死亡的作恶者没有改过自新的机会，因此他们将变成硬心肠，因而对他们的惩罚是永恒的。这些根据很容易被驳倒。"

（516）"吹笛人的乐器"或许指柏拉图对话《申辩篇》27 b。苏格拉底问美勒托："不相信马而相信马夫的活动，世上有这样的人吗？或者说，相信吹笛子的活动而不相信笛手，有这样的人吗？"参《柏拉图全集》（增订版），上卷，王晓朝译，人民出版社 2018 年，第 14 页。

（517）"门卫"（Portskriver）的故事查无出处。或许克尔凯郭尔错记成了贺伯格喜剧《雅各布·冯·曲堡或说大话的士兵》（*Jacob von Tyboe eller Den stortalende Soldat*, 1725）中的仆人培尔。在第 1 幕、第 4 场中他说："不是我自夸，我能用德语说出我几乎想要的所有东西，但有些词我并不懂，我能漂亮地写出来，但不会读。"

（518）①"亚当的呼喊"的内容是对《穆斯林圣经故事传奇》第 277 页中相应字句的翻译。在克尔凯郭尔自己的藏书中，这段引文的页边标有十字和垂直线，开头和结尾都用铅笔画线。

②"所有的基督教徒都在说耶路撒冷的毁灭"可参《马太福音》24：3—28，《马可福音》13：1—23，以及《路加福音》21：5—24，标题均为"末日的预兆"。"但你们要谨慎"出自《马可福音》13：9。

③"世界历史性的社会概念"指格伦德威的观点。

（519）"阁楼的鸟"原文为 en Fugl paa Qvisten。Qvisten 兼有"树枝"和"房屋阁楼"的意思。考虑到前文说不愿要"阁楼上的客房"，还有丹麦谚语 Bedre en fugl i hånden end to på taget（一鸟在手比两鸟在屋檐更好），此处译为"阁楼上的鸟"。英译本译为 a bird on the branch。

（520）在 JJ：61 中，克尔凯郭尔就设想着写麦克白斯夫人害怕睡眠的主题。自 1843 年 3 月 25 日以来，皇家剧院没有上演过莎士比亚悲剧《麦克白斯》（*Macbeth*）。

（521）克伦威尔（Oliver Cromwell, 1599—1658），英国清教徒、军事领袖、政治家。他年轻时曾酗酒、嬉戏，后为宗教热情俘获，在英国内战时创建宗教和政治团体"独立党"。在他的煽动下，国王查理一世于 1649 年被处死，随后成立共和国。1653 年共和国被取缔，建立了"护国公体制"（1653—1658），克伦威尔成为"护国主"（Lord Protector），实际上就是军事独裁者。他派了大量间谍，四处探听密谋反叛的消息，结果他的忧惧发展成了常规性的失眠。

（522）"塞莫尔夫人"（Lady Seymour）不是《麦克白斯》里的人物。在《麦克白斯》第 5 幕、第 5 场里，有一个军官名叫塞顿（Seyton），是他带给麦克白斯关于麦克白斯夫人的死讯。在莎士比亚的另一出悲剧《理查二世》第 2 幕、第 3 场中，有个角色名为塞莫尔（Seymour）。或许克尔凯郭尔在这里说的是亨利八世的第三位王后 Jane Seymour（约 1505—1537），她曾是第二任王后的侍女，直到王后于 1536 年被处死。

（523）①“寡妇投入银库的三个小钱”典出《路加福音》12：41—44。“耶稣对银库坐着，看众人怎样投钱入库。有好些财主往里投了若干的钱。有一个穷寡妇来，往里投了两个小钱，就是一个大钱。/耶稣叫门徒来，说：‘我实在告诉你们，这穷寡妇投入库里的比众人所投的更多。因为他们都是自己有余，拿出来投在里头；但这寡妇是自己不足，把他一切养生的都投上了。”福音书所说的“小钱”为 småmånter，日记中用的是 Penninge；福音书说的是投入“两个小钱”，日记说的是“三个小钱。”

②“五个饼和三条鱼”典出《马太福音》14：13—21，但那里，耶稣是用五个饼、两条鱼喂饱了五千人，而非日记中所说的“三条鱼”。

（524）①“这是礼拜日”，如果克尔凯郭尔是指他从柏林回到哥本哈根后的礼拜日，那么这日子有可能是 1845 年 5 月 25 日，或 6 月 1 日，或 6 月 8 日。

②“我们应该满足于赏赐和来世”（maa nøies med at have Lønnen i sig selv og saa hisset）指《圣经》中多处提及的对来世的奖赏。如《旧约·历代志下》15：7：“现在你们要刚强，不要手软，因你们所行的必得赏赐。”或如《路加福音》6：23：“当那日你们要欢喜跳跃，因为你们在天上的赏赐是大的。他们的祖宗待先知也是这样。”

③按规定仆人换工作的日子为 5 月 1 日和 11 月 1 日，因此女仆的雇佣期应该至少是半年。但在克尔凯郭尔的时代，按月、按周雇佣女仆也较常见。当时的人们认为，打短工是道德不佳的表现。克尔凯郭尔的时代，一个住家女仆每年最多挣 30 元（rigsdaler），提供吃住。手工业学徒在师傅管吃住的情况下，每年挣 200 元。

（525）“不朽根本不存在”指关于个体不朽的教义。黑格尔去世后，他的学生和反对者就黑格尔思想为个体不朽留有多大空间发生激烈争论，争论的结果集中反映在由克劳森（H. N. Clausen）和霍伦伯格（M. H. Hohlenberg）编辑的《外国神学期刊》（*Tidsskrift for udenlandsk theologisk Litteratur*）上。根据编者 1833—1840 年间出版的订阅者记录，克尔凯郭尔从 1833 年起即订阅此刊。克尔凯郭尔所尊敬的老师保罗·马丁·穆勒（Poul Martin Møller）亦写过论文《关于人类不朽的证明的可能性的思考：结合最新的相关文本》（Tanker over Muligheden af Beviser for Menneskets Udødelighed, med Hensyn til den nyeste derhen hørende Literatur）。

（526）“如果”原文为希腊文 ei，表示逻辑推论中的“如果 p，则 q”。普鲁塔克的论文原题为 Perí tou ei tou en Delphoís，即《论德尔斐神庙铭刻中的“ei—如果”》。

（527）1815 年 10 月 4 日颁布规定，在哥本哈根养犬需登记，且每年更新。但在克尔凯郭尔生活的年代，哥本哈根仍然受到野狗和狂犬病的威胁。

（528）“格伦德威牧师的北欧式酒馆”或许指与政府观点对立的共和派《哥本哈根邮报》（*Kjøbenhavnsposten*，1845 年 5 月 8 日和 19 日）和自由派《祖国》

(*Fædrelandet*，1845 年 5 月 23 日和 24 日）一反常态地赞扬君主专制制度的拥趸者格伦德威的做法，起因是格伦德威 1845 年发表了反对新出版法草案的文章《新出版法草案：从文学角度做出的观察和警告》（*Udkastet til en ny Trykkelov fra Literaturens Side betragtet og fraraadt*）。还有可能指成立于 1843 年的“斯堪得纳维亚协会”(Det skandinaviske Selskab)，格伦德威在那里发表演讲，祝福斯堪得纳维亚。“北欧式的”原文为 ølnordiske，其中 Øl 意为“啤酒”，这是一种戏谑的说法。克尔凯郭尔还戏称格伦德威为 denne ølnordiske Kæmpe，即“北欧斗士”。

（529）《海盗船》（*Corsaren*）是一份讽刺性周刊，1840 年由包括犹太作家、记者哥尔德施密特（M. A. Goldschmidt）在内的人士创刊，从创刊至 1846 年 10 月，哥尔德施密特实际上就是周刊的编辑。

（530）①《海盗船》经常刊登名人漫画，但却没有表现过格伦德威。但 1844 年格伦德威出现在《丹麦万神殿：当代人物画廊》中。参注（403）。

②赫拉克勒斯是古希腊神话中力大无比的半神。

（531）“父亲的坟墓”，克尔凯郭尔的父亲米凯尔 . P. 克尔凯郭尔于 1838 年 8 月 14 日安葬在位于辅助公墓（Assistens Kirkegård）的家族墓地，今编号 No. A 738。老克尔凯郭尔在第一任妻子去世时就购买了墓地，他本人去世后，墓地上竖起了白色大理石墓碑，上面刻有他事先起草的碑文：“安娜 · 克尔凯郭尔/婚前姓伦德/归于我主/一八三四年七月三十一日/享年六十七岁/被爱和思念/她在世的子女/亲戚朋友/尤其是她年老的夫君/米凯尔 · 皮特森/克尔凯郭尔/一八三八年八月九日/追随她/进入永生/享年八十二岁”。（“/”表示自然断句，此处完全直译，以体现碑文原貌）

（532）对于上流社会来说，从教堂至墓园的路上有送葬队伍相伴，多辆马车和贵重的灵车表示其地位。但是在原则上，有规定（1682 年 11 月 7 日）人们应避免“过度奢侈和无用花费”，后来长号乐曲不被允许在墓园演奏（1818 年 6 月 26 日）。

（533）恩格尔（Johann Jakob Engel，1741—1802），德国哲学家、戏剧家，在柏林曾担任威廉王子（威廉三世）的私人教师，后任戏剧导演。日记所说《面情表情》全称为《面部表情的观念》（*Ideen zu einer Minik*），柏林 1785—1786 年。

（534）威廉 · 奥海姆（William Afham）是克尔凯郭尔假名著作《人生道路诸阶段》中“酒中有真言”的作者，该文即是由他讲述的回忆录。这里对“记忆”（hukommelse）和“回忆”（erindring）做出了区分。

（535）“选择其他的名字”指在《非此即彼》（维克多 · 埃莱弥塔，诱惑者约翰尼斯，威廉法官）和《重复》（康斯坦丁 · 康斯坦蒂乌斯和“年轻人”）之外的其他名字。

（536）在《酒中有真言》中，在维克多 · 埃莱弥塔在赞美了莫扎特之后，康斯坦丁 · 康斯坦丁乌斯让诸位酒友落座，“办一场宴会是多么容易，但康斯坦丁强调说，他绝不想再冒风险了！钦佩是那么容易，但维克多却强调，他再也不会为自己的钦佩给出说辞了，因为失败比在战争中成为残废更可怕！当一个人拥有一根愿望棒的时候，有所欲求是多么容易，但这有时却会比死于匮乏更可怕！”

（537）“法官说他能持续地重复”出自《人生道路诸阶段》中《一个丈夫对各种反对婚姻的看法的回应》。威廉法官说：“关于婚姻应该已经说得够多的了，这一刻我不想再多说什么了，下一刻，也许就在明天，我还要说，但说的‘总是相同的话并且关于相同的东西’”。关于“强盗和吉普赛人”的话出处同上。同时，在 JJ：268 中，克尔凯郭尔引用了德国作家沃尔夫（P. A. Wolff）的歌剧《普莱斯欧撒》中的唱词——“只有吉普赛人才会一朝到某地，便永不折返”，参注（383）。

（538）1845 年 5 月 8 日的《新晚报》（*Nyt Aftenblad*）上提及并引用《人生道路诸阶段》的片断。《贝林时报》（*Berlingske Tidende*）于 1845 年 5 月 6 日发表署名“—n”的书评，作者漫不经心地把假名作品《人生道路诸阶段》与署名作品《三则想象情境下的演说》放置一起进行评论，等于认可克尔凯郭尔为《人生道路诸阶段》的作者。为此，克尔凯郭尔于 1845 年 5 月 9 日在《祖国》上发表题为《一则解释及其他》（En Erklæring og lidt til）的文章，反驳书评的观点。

（539）“我本人已经预见了这一点的发生”指《人生道路诸阶段》中，“沉默的兄弟”（Fracter Taciturnus）为《有罪，还是无罪？》一文所写的“结语”。他说：“一个像我这样的晦涩作家一个读者都不会有，只会有很少几个人读到书的一半。”

（540）关于“磨难和痛苦造就艺术上的杰出性”可参日记 JJ：331，JJ：333，JJ：335，JJ：340。

（541）“尽力爱上帝”（man skal elske Gud af al sin Formue）语出《旧约·申命记》6：5：“你要尽心、尽性、尽力爱耶和华你的神。”（Og du skal elske HERREN din Gud, af dit ganske hierte, og af din ganske Siel, og af din Formue.）

（542）牧师作为教师是 18 世纪启蒙运动和理性主义的产物。在克尔凯郭尔的时代，这个定义已经丧失了其特有的理性主义的特点。

（543）研究者不清楚，克尔凯郭尔在日记中所说的批评者所指何人。

（544）对克尔凯郭尔假名作品《哲学片断》的评论出现在两卷本德文期刊《神学作品和教会统计新评》（*Neues Repertorium für die theologische Literatur und kirchliche Statistisk*，编辑 H. Th. Bruns，1845 年，柏林）中的第 1 卷，第 44—48 页。在评论的结尾处，书评作者指出，他不提出批评意见，因为他更关注的是《哲学片断》一书的“独特方法”。至于作者是严肃地对待“护教辩证法”还是要尝试一种反讽，他将评判权留给读者。原文如下：“Wir enthalten uns jeder Gegenbemerkungen, denn es lag uns wie gesagt blos daran, das eigenthümliche Verfahren des Verf. zur Anschauung zu bringen. Im Uebrigen stellen wir es dem Ermessen eines Jeden anheim, ob er in dieser apologetischen Dialektik Ernst oder etwa Ironie suchen will.”

（545）“哲学对于基督教的侮慢的辛辣讽刺”或许是指黑格尔把基督教作为哲学

体系的一个环节的做法。

（546）“我们这个时代几乎无法认出它”指书评的观点，《哲学片断》尝试以“普遍问题的形式”对基督教的前提进行讨论，结果在一个“拉平的”、“中立化的”和“调和的”当今时代，人们无法识别。原文如下：“Diese Voraussetzungen sind mit einer Klarheit dargestellt，mit einer Schärfe und Feinheit bestimmt，worin unsere Zeit，die alles nivellirt，neutrallisirt und vermittelt，sie kaum wiederkennen wird. ”

（547）根据注（546），边注所说的“这些都是书评人的话”并非完全引用，克尔凯郭尔只把“调和”作为时代特征，略去了“拉平”和“中立化”。

（548）①“所有假名作品”指：《非此即彼》（出版人：维克多·艾莱弥塔），1843 年；《重复》（康斯坦丁·康斯坦丁乌斯），1843 年；《畏惧与颤栗》（约翰尼斯·德·希兰提欧），1843 年；《哲学片断》（约翰尼斯·克利马克斯），1844 年；《恐惧的概念》（维吉利乌斯·豪夫尼恩西斯），1844 年；《前言》（尼古拉斯·诺特宾尼），1844 年；《人生道路诸阶段》（书籍装订人希拉瑞乌斯），1845 年。

②关于作者尼古拉斯·诺特宾尼（Nicolaus Notabene）的意思，参注（181）之②。

（549）Underholde 一词在丹麦语中既有“娱乐”、又有“支持”的意思。

（550）①“腓特烈斯贝花园”（Fredriksberg - Hauge/Have）位于哥本哈根西门外 3 公里处，19 世纪的时候免费向公众开放，成为哥本哈根市民夏季的重要休闲场所之一。日记中所说的“点心店”（Conditoren）即花园中一处名叫 Jostys Pavillon 的地方，原是城堡宾客所喜爱的避难处，1813 年由意大利建筑师 Agostino Taddey 所建，因此开始名曰 Taddeys Pavillon，1825 起由瑞士点心师 Anton Josty 接管，如今是哥本哈根城内有名的高档餐馆。

②日记中所载在“腓特烈斯贝花园点心店反思”一幕，曾出现在《最后的、非科学性的附言》第二部、第一章的结尾，意思相同，仅措辞不同。参《最后的、非科学性的附言》，王齐译，中国社会科学出版社 2017 年，第 142—143 页。

（551）①“无与伦比的丹麦式的好客”（den mageløse danske Gjestfrihed）指“斯堪得那维亚行动”（skandinaviske bevægelse）。作为该行动的一部分，约五百名瑞典和挪威大学生于 1845 年 6 月 23 日，星期一，抵达哥本哈根。还在海上的时候，他们就受到丹麦轮船的欢迎。在海关，八百名丹麦大学生前往迎接，随后在他们行进至大学的途中，约五万名哥本哈根市民用欢呼和鲜花对他们表示欢迎。这些北欧大学生夜宿市民家。星期二，他们参观丹麦皇家收藏和博物馆，晚上在克里斯蒂安堡举行了盛大的晚宴。星期三，“斯堪得那维亚协会”在鹿苑（Dyrehave）举行了盛大宴会，动用了一百名农夫将学生们运送至鹿苑。席间祝酒、歌声不断，有位市民捐赠了五百瓶香槟。星期四，热情的市民们邀请客人们午餐和正餐，下午免费参观博物馆和收藏展，晚上免费到皇家剧院欣赏特别演出。星期五，游乐园（Tivoli）向一千名大学生免费开放，举行了盛大的焰火表演；园内的音乐厅歌声笑语，颂扬“斯堪得那维亚观念”（den skandinaviske idé）和哥本哈根市民的好客。6 月 28 日星期六，在接待家庭交换祝福和感谢之前，就有众多市民自愿到港口送别，哥本哈根男市民们把帽子、妇女把鲜花扔到甲板上。哥本哈根各大报纸争相报道此次活动的全过程。

②“妓女提供免费服务”出自《非此即彼》上卷中的《轮作》一文，见《非此即彼》上卷，京不特译，中国社会科学出版社 2009 年，第 355 页。

（552）“诗意的”原文为拉丁文 poetice。拉丁语中的 poetice et eleganter（诗意的和优雅的），常被用于评论古罗马诗人的作品。

（553）①“马腾森的观点中立的东西根本不存在，而其原因只是因为我们尚未把握其伦理要旨”指他的《道德哲学体系纲要》（*Grundrids til Moralphilosophiens System*）中“义务规定性的界限”一章。马腾森指出：“职责和良心构成了人类全部的自由生活（frihedsliv）。它要求人类生活呈现为一个道德的统一体，其中任何一个精神环节都不能落在法则的规定性之外。因此职责不能在抽象命令的圈子内加以把握，它是个体全面的决定性的精神法则，或者是其以绝对命令形式呈现的理想表达。于是，对职责的精神性的把握要求个体的生活成为一件道德的艺术品，在那里甚至自在自为的偶然性也通过成为对理念的反思而获得了意义。因此，许可的（det Tilladelige）或者道德中立的（det moralsk Ligegyldige）概念是没有任何有效性的，它表达的只是对缺乏具体职责的认识。”

②克尔凯郭尔在日记中没有采用马腾森文本中使用的源自丹麦语的 det Ligegyldige，而是采用了拉丁语源的 Indifferent。在马腾森著作的英译本中，det Liggyldige 被译为 the trivial。

（554）哈根博士（Johan Frederik Hagen，1817—1859），黑格尔主义者，1845 年 7 月 14 日在哥本哈根大学神学系通过论文答辩，获神学从业资格学位（licentiatgrad）。论文题目为《从伦理—历史的角度出发看婚姻》（*Ægteskabet, betragtet fra et ethisk-historisk Standpunkt*），论文在脚注中引用了马腾森在《道德哲学体系纲要》中的观点，指出“中立概念（det Ligegyldige）在意志范围内根本没有有效性，它只是无知的避难所（asylum ignorantiæ），而且只当道德认识未能把握意志表现出的道德观点的时候才有效。”哈根为《非此即彼》和《畏惧与颤栗》写过书评。

（555）“过去比未来更必然”（det Forbigangne er mere nødvendigt end det Tilkommende）出自《哲学片断》中“间奏曲”一章。参《哲学片断》，王齐译，中国社会科学出版社 2013 年，第 87—108 页。

（556）①“试验中的无名氏”参注（477）。

②根据 1762 年首版的《丹麦—挪威教堂礼仪》，牧师要连续三个礼拜日，在讲经台上宣读结婚预告，这是《丹麦法》所要求的一项法律义务。预告将宣布即将举行婚礼人的姓名，表达上帝的祝福以及对新人继续完成基督教徒的事业的希望，同时还要

宣告："如果有任何人有任何话要讲，他要及时说出，之后就要保持安静。"

（557）"一个受召去改造整个世界的天才"可能指格伦德威。

（558）"报之以无上肯定的微笑"中"无上肯定"对应的是宫廷语言 allehøieste Velbehag，一般是讽刺用法，这里是为了与"女统治者"（Herskerinde）的用词相呼应。

（559）"埃斯基尔德森船"是一种红色的船。埃里克·埃斯基尔德森（Erik Eskildsen，约 1775—1856）是港口大王、商人，国王批准他在哥本哈根港口永久专营轮渡业务，此举在 19 世纪 40 年代遭到激烈批评。在克尔凯郭尔生活的时代，哥本哈根的运河和克里斯蒂安港的运河远比现在多，但并不清楚运河的轮渡业务是否也为埃斯基尔德森所垄断。

（560）日记中所说的"国王"为克里斯蒂安八世 Christian Ⅷ（1786—1848），"王后"指 Caroline Amalie（1796—1881），是国王的第二任妻子；"孀居王后"指腓特烈六世的王后 Marie Sophie Frederikke（1767—1852），自国王 1839 年去世后一直孀居；"王储" Frederik Carl Christian（1808—1863）是克里斯蒂安八世与第一任妻子所生的儿子，1848 年继位成为丹麦国王。

（561）"虚度光阴"对应于短语 gaae og løie，在日记正文中还写为 gaae og døse。

（562）"严肃地加入了游行队伍"可能指"哥本哈根国民卫队"（Kjøbenhavns Borgervæbning）的游行，地点在"北方共同地"（Nørre Fælled），今为一处公共娱乐地。

（563）"在轰炸中都没有的激情"中的"轰炸"指的是 1807 年 9 月英国对哥本哈根的轰炸。

（564）"我的医生"指克尔凯郭尔的私人医生奥陆夫·邦（Oluf Lundt Bang，1788—1877），他的著作被认为推动了对饮食的重要性的认识。在其《病人饮食》（Syge - Diætetik）中他写道，患者早餐后可饮"不超过一小杯咖啡"，下午不饮咖啡或茶；每日早、中、晚三次各散步半小时至一小时。

（565）①"变像山"（Forklarelsens Bjerg）出自《马太福音》17：1—9。"过了六天，耶稣带着彼得、雅各和雅各的兄弟约翰，暗暗的上了高山，就在他们面前变了形象，脸面明亮如日头，衣裳洁白如光。忽然有摩西、以利亚向他们显现，同耶稣说话。/彼得对耶稣说：'主啊，我们在这里真好，你若愿意，我就在这里搭三座棚，一座为你，一座为摩西，一座为以利亚。/说话之间，忽然有一朵光明的云彩遮盖他们，且有声音从云彩里出来说：'这是我的爱子，我所喜悦的，你们要听他！'/门徒听见，就俯伏在地，极其害怕。耶稣进前来，摸他们说：'起来，不要害怕。'他们举目不见人，只见耶稣在那里。/下山的时候，耶稣吩咐他们说：'人子还没有从死里复活，你们不要将所看见的告诉人。'"

②"总而言之"原文为拉丁文 summarum。

(566)“培尔·麦德森路”在日记中写为 Permadsens Gang，但实际上应为 Per Madsens Gang，即今天的新东街（Ny Østergade），普通百姓居住的一条小街，但常为妓女和嫖客所用，它从哥本哈根城最繁华的东大街（Østergade）进入。

(567)《自由者》（*Den Frisinded*）有 11 年发行历史，1845 年每周出版三期，以谜语娱乐读者。谜底出现在下期，但实际上不曾公布猜中者名单。《魔弹射手》（*Der Freischütz*，即传说中百发百中的神射手）是一份在德国汉堡出版的杂志，一周三期，常常出谜语，谜底出现在下期，常常伴有猜中者名单。

(568) 日记 JJ：374 连同边注［e］的内容，出现在《最后的、非科学性的附言》第四章、第二部分“问题本身”的 §2 中，措辞有所区别。参《最后的、非科学性的附言》，王齐译，中国社会科学出版社 2017 年，第 371—372 页。

(569) ①“燕麦敷剂”（Grød - Omslag）指用热的或冷的燕麦粥敷在患处，以减轻痛苦。克尔凯郭尔的医生奥陆夫·邦在著作中写到这个方法。

②“健全的精神同样渴望摆脱肉体的虚弱”（min sunde Aand efter at afkaste Legemets Mathed）是对谚语“（at have）en sund sjæl i et sundt legeme”的戏仿，谚语源自拉丁成语“mens sana in corpore sano”，即健全的精神寓于健全的身体。

(570) ①克尔凯郭尔在 1844 年 5 月写给哥哥彼得的信中这样写到：“我的精神以越来越大的马力工作，上帝才知道我的身体能否承受得住；因为我知道得再清楚不过，我把自己与一艘蒸汽船相比，比之于船的构造，它的马力过大了。”

②日记 JJ：375 连同边注内容，出现在《最后的、非科学性的附言》第四章、第二部分“问题本身”的 §2 中，在《附言》中边注中的句子是与其他句子融为一体的。参《最后的、非科学性的附言》，王齐译，中国社会科学出版社 2017 年，第 367 页。

(571) 在基督教教义中，有“被许可的本能”与“不被许可的本能”之分，其中，“性本能”（kjønsdriften）并不是罪，对其滥用才是罪。

(572)“启示性集会”（opbyggelige Forsamlinger）是直译，可能指那些所谓的“神圣集会”（gudelige forsamlinger），即私下举行的宗教复兴集会。活动起于 19 世纪 20 年代的“菲茵岛宗教复兴”（den fynske vækkelse）运动，在 40 年代扩大至西兰岛西部，教会和世俗政权对此都很警觉。

(573) 括号里“布道的权柄”原文为德文 er predigte gewaltig，这是路德对《马太福音》7：29 的翻译；破折号后的“权柄”原为希腊文 exousía。此处根据《圣经》新国际版研读本译出：“因为他教训他们，正像有权柄的人，不像他们的文士。”（路德的译文是：Denn er predigte gewaltig，und nicht wie die Schriftgelehrten.）

(574)“干犯圣灵的罪”（Synd mod den Hellig Aand）语出《马太福音》12：32，耶稣说：“凡说话干犯人子的，还可得赦免，惟独说话干犯圣灵的，今世来世总不得赦免。”（Og hvo som taler Noget imod Menneskens Søn，det skal forlades ham；men hvo som taler imod den Hellig Aand，ham skal det ikke forlades，hverken i denne Verden，ei heller i den tilkommende.）路德在《关于赎罪圣事的布道词》（Sermon vom Sacrament der Buße）一文中曾经这样说："没有比不相信对罪的宽恕的条款更大的罪了，罪的宽恕正是我们每日在信仰中所祈祷的。这个罪就叫做干犯圣灵之罪，它比所有其他的罪都强大且永远不可宽恕。"

（575）"苏格拉底的确定性"指苏格拉底所说的，他唯一知道的就是他什么都不确定地知道。

（576）1505年7月2日，路德在距离埃尔弗（Erfurt）不远的路上步行，被突如其来的电闪雷鸣惊吓，他当即许愿要成为一名修士。在斯唐（C. F. G. Stang）所著《路德传》（*Martin Luther. Sein Leben und Wirken*，*Leipzig & Stuttgart*，1835）中，这个事件被叙述为，路德被落在他身旁的闪电惊吓，他的朋友艾莱克斯（Alexis）在埃尔弗城被人杀害。于是整个事件被混淆为一则传奇，即闪电打死了路德身边的朋友。在《路德传》第18页有张版画，路德在他死去的朋友身旁，而闪电继续打在他身后的山上。版画的说明是这样的："路德的一位朋友被闪电打死，这使后者决心进入修道院。"（Ein Freund von Luthers wird vom Blitz getoedtet was letztern zum Klosterleben bestimmt.）克尔凯郭尔拥有1838年版的《路德传》。

（577）"最狂热的敌人变成了最狂热的捍卫者，这种情况发生过多次"，可参《使徒行传》9：1—9"扫罗悔改"，以及《加拉太书》1：11—24"保罗蒙神呼召"。

（578）①"好撒玛利亚人的比喻"见《路加福音》10：25—37。耶稣向前来试探他的律法师讲永生之道，"你要尽心、尽性、尽力、尽意，爱主你的神；又要爱邻舍如自己。"在解释何为邻舍的时候，耶稣讲了好心的撒玛利亚人帮助素昧平生的遭强盗抢劫的落难者的故事。这是在"三一主日"后第13个礼拜日、即1845年8月17日的福音书。

②研究者未查明"两个英国贵族的故事"。

（579）"利未人和祭司只是走过"语出《路加福音》10：31—32。在好心的撒玛利亚人帮助落难者的故事当中，"偶然有一个祭司从这条路下来，看见他就从那边过去了，又有一个利未人来到这地方，看见他，也照样从那边过去了。"

（580）①根据哥本哈根有营业执照者上交税金的情况，批发商是六个等级中的第一级，也就是上税最多的。

②"权威的尺度"原文为autoriserede Alen，其中Alen（丹尺）是丹麦长度单位。

（581）《阿米阿努斯·马赛里努斯》（*Ammianus Marcelinus*），德译本名为Ammian Marcellin，由J. A. Wagner翻译，三卷本，法兰克福1792—1794。阿米阿努斯是生于希腊家族的罗马士兵和历史学家，死于公元395年。早年从军，晚年定居罗马，撰写31卷的皇帝史，其中前13卷遗失。他的写作风格严厉、夸张，但却因被视为是权威而具有高度价值。

（582）“中世纪的抒情诗”（Middelalderens Lyrik）指中世纪民歌（folkeviser）。

（583）①《基恩》（*Kean*）是法国作家大仲马（Alexandre Dumas，1802—1870）在英国知名话剧演员基恩去世后创作的一出五幕戏剧。从 1838 年 6 月 5 日至 1844 年 9 月 19 日，该剧在皇家剧院上演 21 次。基恩以其出众的才华和勤奋成为其时最伟大的性格演员，同时也是伦敦上流社会被恭维和嘲笑、认可与嫉妒的对象，关于他的私生活中的情爱关系和酗酒有很多传言。最终，在第 4 幕、第 8 场中，基恩表达了对同时带给自己快乐和忧愁的戏剧艺术的反抗。他说：“噢，该死的艺术，那里没有情感、没有心情是属于我们的。在那里，我们既不是快乐的主人，亦不是痛苦的主人！带着一颗破碎的心，我们被迫扮演福斯塔福；怀着灵魂的喜悦，我们必须扮演哈姆雷特！总是戴着面具，从来不现一张脸！”

②1849 年，克尔凯郭尔在一封写给雷吉娜·奥尔森的信的草稿中说，在与雷吉娜解除婚约后不久，确切地说就是 1841 年 10 月 21 日，他去看戏，当天客串扮演基恩的是演员普林兹劳（F. F. J. C. Printzlau，1814—1859）。

③“那位老提词人”指《基恩》剧中的所罗门，他是基恩的提词人和忠实的仆人。当基恩被英国国王下令封杀一年时，所罗门跟基恩与一位年轻女演员一起远赴纽约。扮演提词人的是知名演员菲斯特尔（J. L. Phister，1807—1896）。

（584）“埃拉斯姆斯证明尼莉是一块石头”典出贺伯格喜剧《埃拉斯姆斯·蒙苔努斯》（*Erasmus Montanus*）第 2 幕、第 3 场。埃拉斯姆斯对他的母亲尼莉说：“小妈妈，我想把你变成一块石头。/尼莉：什么话，这太愚蠢了。/蒙苔努斯：现在你听好了。一块石头是不能飞的。/尼莉：不，非常肯定，除非人们扔它。/蒙苔努斯：你不能飞。/尼莉：这也是真的。/蒙苔努斯：因此，小妈妈是一块石头。”

（585）①“尼尔森夫人”（Md. Nielsen，即 Madam Nielsen）指安娜·尼尔森（Anna Nielsen，1803—1856），自 1821 年起担任皇家剧院演员，戏路宽广，在演绎主妇和母亲的角色时，表现出了特殊的真挚、深度和热情。她在《莱昂斯夫人》中饰演的寡妇麦尔诺特受到好评，《贝林时报》1844 年 7 月 3 日的评论中指出，“尼尔森夫人演绎了寡妇麦尔诺特的高贵的质朴性”。

②《莱昂斯夫人》（*The Lady of Lyons*，日记中写丹麦语译名 *Pigen af Lyon*）是英国戏剧家吕坦（Edward. Bulwer Lytton）的一出五幕戏剧，自 1844 年 7 月 2 日至 1845 年 12 月 4 日，在皇家剧院共上演 11 场。剧中寡妇麦尔诺特得知贵族宝琳出于爱情要下嫁自己的儿子艾莱克斯时，表达出了母亲对儿子的单纯的骄傲。

（586）“报雨鸟”（Regnspaaer），拉丁名为 Scolopax phoeopus，非丹麦本土生长，但每年春、秋两季（5～6 月、8～9 月）喜来日德兰半部西部的石南荒地、西海岸和一些小岛，据说其叫声预示天将下雨，故译为“报雨鸟”。

（587）“沉湎于感性享乐”原文为拉丁文 diliciis diffluentes，语出西塞罗《莱立乌斯，或关于友谊的对话》（*Lælius, sive de amicitia dialogus*）当中的“non ergo erunt homines deliciis diffluentes audiendi”（因此永远不要听那些沉湎于感性享乐的人的话）。“被毁”对应于 ere diffluentes。

（588）丹麦自 17 世纪 60 年代起成为君主专制政体国家，19 世纪 40 年代自由派开始讨论君主立宪制的可能性，这场运动以 1849 年 6 月 5 日国王腓特烈八世签署宪法而胜利告终。这一天标志着丹麦社会完成了由君主专制国家向君主立宪制国家的和平转换。从此，“臣民”（undersåterne）成为自由的“公民”（borgere）。

（589）①“哈姆雷特凭着火钳发誓”指莎士比亚悲剧《哈姆雷特》第 3 幕、第 2 场的情景，其时哈姆雷特发誓说，他仍然喜欢罗森克朗兹。

Rosencrantz：My lord, you once did love me.

Hamlet：And do still, by these pickers and stealers.

在克尔凯郭尔所拥有的施莱格尔（A. W. Schlegel）的莎士比亚作品德译本中，“by these pickers and stealers”被正确地译为“bei diesen beiden Diebeszangen”，指哈姆雷特发誓时伸在空中的两根手指。但在 Peter Foersom 的丹麦文译本中，此句被误译为“ved denne Tyvekloe”（即“凭着这贼爪子”）。克尔凯郭尔文本中何以成为“凭着火钳发誓”，注释者无从查考。

②“海贝尔的《天文女神》在装订上至少要花 4 斯基令”指海贝尔主持出版的天文学年鉴《天文女神》（*Urania*）1846 年卷的装订费用。它花了 3 块钱（rigsdaler）用于纸板装订，又花了 48 斯基令用于烫金布面。日记中所说的“4 斯基令”原文写为 4β，即 4 个 skilling，是丹麦语中“零钱、小钱”的固定说法。

（590）日记 JJ：396 的内容出现在《最后的、非科学性的附言》第四章、第二部分“问题本身”的 §2 中的一则超长的脚注当中，文字略有区别。比如，在《附言》中，说的是“拿我的生命（liv）打赌”，而且没有直呼海贝尔其名，亦没有提及天文学年鉴《天文女神》，而只是说“书籍装订”。《附言》的注释者根据本日记内容增补了完整背景。参《最后的、非科学性的附言》，王齐译，中国社会科学出版社 2017 年，第 415 页，第 486 页（相关注释）。

（591）“西门”（Vesterport）是哥本哈根城墙西边的门，在腓特烈斯贝大街的终端。哥本哈根的城门除北门（Nørreport）不关闭外，其余城门午夜时分将关闭，仲夏 3：30 开门，仲冬 7：30 开门，10 月 5：30 开门，11 月 6：30 开门，12 月 7：00 开门。

（592）“派伯令湖”（Peblingesøen）是哥本哈根三个堰塞湖之一，属于城市水系防御的一部分。与湖平行且靠近城区的一条小路，人称“婚姻之路”（Ægtestandsstien）或“爱情之路”（Kærlighedsstien）。

（593）①“我们在雷鸣声中听不见他”指《旧约》中上帝在电闪雷鸣中现身。在《出埃及记》20：18 中，“众百姓见雷轰、闪电、角声、山上冒烟，就都发颤，远远的站立，……”在《约伯记》37：4—5 中，“随后人听见有雷声轰轰，/大发威严；/雷声接连不断。/神发出奇妙的雷声；/他行大事，我们不能测透。”在《新约·启示录》14：2 中也有对雷声的描写。

②“真挚情感”原文为 Inderlighed。在更多情况下，该词被译为“内心性”。

(594) 格瑞慕尔·汤姆森（Grímur T. Thomsen, 1820—1896）是冰岛—丹麦文学家，日记指的是他出版于 1845 年的学位论文《论拜伦》（*Om Lord Byron. Udgivet for Magistergraden*）。时任哥本哈根大学哲学系主任的约斯泰德（H. C. Ørsted）认为，这篇论文值得进行公开答辩，答辩最终于 1845 年 4 月 29 日进行，《贝林时报》当天发表了评论。他在论文没有标注页码的“前言”中写道：他“要归功于很多人，包括歌德、黑格尔、霍托（Hotho）、夏多布里昂（Chateaubriand）等等，他们多数人在论文的不同地方被引用。”论文提到了“《非此即彼》中的一篇文章”（即《直接性的情欲阶段或者音乐—情欲》），克尔凯郭尔借假名作者之口批评拜伦的《唐璜》与唐璜的理念不一致。对此汤姆森反驳说，作者预先设定了某个理念，并且以评论者自己的理念去评判作品。论文没有引用《非此即彼》、《畏惧与颤栗》和《忧惧的概念》，但是汤姆森和克尔凯郭尔一样，对于“魔性”、“悲剧性”、“疑症”、“预感”这些主题有兴趣。

(595)“灯放在斗底下……灯放在山上”（sætte sit Lys under en Skjeppe... anbringe et Lys paa et Bjerg）典出《马太福音》5：15：“人点灯，不放在斗底下，是放在灯台上，就照亮一家的人。”还可参《路加福音》11：33：“没有人点灯在地窖子里或是斗底下，总是放在灯台上，使进来的人得见亮光。”

(596)“童子军报”（Speideren）应是虚构的，研究者没有发现叫这个名字的期刊或报纸。

(597)“歌德并没有这样做”（Goethe havde ikke gjort det），但这里不清楚的是，日记所说的“没有这样做”是指歌德没有跟熟人打招呼，还是没有“对这种组合感到绝望”。如果是后者，则克尔凯郭尔或许指贝蒂娜·阿尼姆（Bettina von Arnim, 1785—1859）记述的一则逸事：歌德与贝多芬一起散步，他们碰到了皇室成员，贝多芬既不让道，也不行礼，但歌德却站在路旁，脱帽致意。这个逸事在克尔凯郭尔的时代广为人知。

(598) 彼得·罗丹姆（Peter Rørdam, 1806—1883），1829 年获神学博士，19 世纪 30 年代时在哥本哈根任教，其间跟克尔凯郭尔有交往，1841 年 7 月 10 日赴西兰岛南部任牧师，为此举办了告别晚会，克尔凯郭尔当时参加了。根据罗丹姆的侄子霍尔格（Holger Frederik Rørdam）的回忆，克尔凯郭尔经常跟罗丹姆上他母亲位于腓特烈斯贝的家，他活跃的谈吐、在精神问题上的罕见辩才使他在家族圈中表现突出。但二人在很多方面都是对立的，对他们的友谊的合理解释是，罗丹姆“直接的自然天性”是克尔凯郭尔试验心理学研究的对象。他们的友谊突然破裂，原因是在一次散步时，克尔凯郭尔无情地嘲笑了格伦德威，这触怒了罗丹姆，因为他爱格伦德威，视其为自己最大的恩人。罗丹姆发了脾气，克尔凯郭尔害怕了。二人的友谊从此断裂，没有和好。

（599）“意大利民间故事”无从查考。但是克尔凯郭尔在1836～1837年的一则笔记中曾这样写道：“一个绝望的罪人在地狱中醒来并且呼喊道：几点了；魔鬼回答说‘永恒’。”克尔凯郭尔说他不知道此说从何处而来，但认为它带有那种从整个人类口中说出来的特征。在《非此即彼》下卷中，威廉法官认为故事出自中世纪。

（600）“共感式悔悟”（den sympathetiske Anger）指《人生道路诸阶段》结尾，“沉默的兄弟”《给读者的信》当中讲到的赌徒的例子。赌徒金盆洗手，悔悟使他放弃了赌博行为。但有一天，从塞纳河捞起一个死人，这人曾是赌徒，曾绝望地抵抗赌博的欲望。这个事件震惊了赌徒，他与死者产生了“共感”。

（601）“最后的、简单的附言”（*Afsluttende eenfoldigt Efterskrift*）指克尔凯郭尔《最后的、非科学性的附言》（*Afsluttende uvidenskabelig Efterskrift*），该书于1846年2月20日完成印刷（Bianco Lunos Bogtrykkeri），2月27日送至瑞兹书店销售。克尔凯郭尔在1845年12月30日把手稿交付印刷厂时，才把eenfoldigt改为uvidenskabelig。

（602）“最后一段”指《最后的、非科学性附言》结尾处的“附录 与读者达成的共识”（Forstaaelsen med Læseren），参《最后的、非科学性的附言》，王齐译，中国社会科学出版社2017年，第523—527页。在《附言》中，完整的句子为：“我本人要说，我只是一个哲学门内的冒失鬼，受召开辟一个新的方向。”（中译本第526页）

（603）①“两面性的艺术”（den tvetydige Kunst）在《附言》中的语境如下：“我所说的、且用另一种方式——两面性的、令人怀疑的方式——所说的导师，是思考生存和‘去生存’的两面性艺术的导师。”（中译本第527页）

②“不管这是令人高兴还是令人悲伤的标记”引自《附言》，参中译本第527页。

（604）“真该从中得出点东西”不是对《附言》的严格引用。

（605）①“让当这样的导师的空洞的、虚荣的想法远离我吧”（langtfra mig være den tomme og forfængelig Tanke at være en saadan Læremester）引自《附言》，参中译本527页。

②“‘虚荣’在这里是在《圣经》意义上说的”，“虚荣的”（forfængelig/vain）源自拉丁文Vanus，对应于tom/empty，hul/hollow；forfængelig/vain，在《传道书》2：17中，因为体会到人生稍纵即逝，所以传道者感叹，世间的一切“都是虚空，都是捕风。”类似的意思还可参《罗马书》8：20。

（606）在《最后的、非科学性的附言》第四章中，假名作者克利马克斯在反对单凭婴儿洗礼式就能使人成为基督教徒的问题上，引用了路德的话。在《附言》中是这样的：“但是，我们那些吹毛求疵的诡辩论者根本没有论及圣事中的信仰，而是勤勉地叽里咕噜地说着圣事所拥有的真正的力量（客观表现），因为他们总是在学习，但却从未企及有关真理的知识。（《论巴比伦的俘获》，格拉赫版，第4卷，第195

页)。”参《最后的、非科学性的附言》,王齐译,中国社会科学出版社 2017 年,第 313—314 页。

(607)“五种天主教圣事”指路德在《论巴比伦的俘获》(*Büchlein von der babylonischen Gefängniß der Kircke*, 1520)中,对天主教七种圣事当中的五种的拒斥,它们是:坚振/坚信(Confirmation)、婚配(Matrimony)、派立(Ordination)、终傅(Extreme Unction)、告解(Confession)。路德只认可“圣体”(Eucharist)和“洗礼”(Baptism)两种圣事,因其为耶稣所立。

(608)根据上下文,“有人提出反对意见”当指反对假名作者对路德的引用,因《最后的、非科学性的附言》于 1845 年末送至印刷厂,1846 年 2 月 27 日已开始销售,而本则日记之后的 JJ:415 的日期是 1846 年 2 月 7 日,因此“有人提出反对意见”应是假设性的。

(609)格拉赫(Otto von Gerlach)是 10 卷本《路德文集》(*Luthers Werke*)的编辑,全集首版于 1840—1841 年,日记指该《文集》第 4 卷。因未见克尔凯郭尔的藏书,因此无法确定这里所说的“更重要的部分”的具体内容。

(610)根据 1815 年 9 月 14 日的警察局规定,工作马车或雪橇的速度不得超过步行速度,而所有其他交通工具应以“中速”或者“缓速”运行。

(611)“最初的和最后的说明”在《最后的、非科学性的附言》的结尾处,字号比正文小,署名“S. 克尔凯郭尔”,且标注有日期“1846 年 2 月”。文中,克尔凯郭尔承认自己是一系列假名作品的真实作者。(参《最后的、非科学性的附言》,王齐译,中国社会科学出版社 2017 年,第 530—534 页。)“最初的和最后的说明”的誊抄稿未能保存,草稿比正式出版的内容要短一些,用黑墨水写在一张从笔记本上撕下的纸上,标题为“评论”(Anm. [ærkning])。在标题的上方和侧面,克尔凯郭尔两次用铅笔写上了“Nei!”(即“不!”)。

(612)在克尔凯郭尔自己的《最后的、非科学性的附言》样书的空白页上,对第 217 页假名作者评述《人生道路诸阶段》中《有罪,还是无罪?》的那段文字(参中译本第 235 页)加了一个注解:“关于第 217 页。/有一个评论没有印出来,因为它写成得晚,尽管它是草成的;而且我有一些理由不愿在书稿上改动或者增添一丁点东西,书稿于(18)45 年 12 月的最后几天完整地交到了印刷厂。”在一校中,克尔凯郭尔的秘书列文(Israel Levin)在相应位置的空白处加了星号,并在页脚处写道:“注意(NB)。附加评论属于此栏。——至第 2 行。”星号和页脚笔记都被画掉了。

(613)①《海盗船》(*Corsaren*)于 1846 年出版了一系列讽刺文章,影射并且嘲弄克尔凯郭尔,共 18 期,具体时间为:1 月 2 日(第 276 期)、9 日(第 277 期)、16 日(第 278 期)、23 日(第 279 期)、30 日(第 280 期);2 月 20 日(第 283 期)、27 日(第 284 期);3 月 6 日(第 285 期)、13 日(第 286 期);4 月 3 日(第 289 期)、17 日(第 291 期);5 月 1 日(第 293 期)、29 日(第 297 期);6 月 12 日(第 299 期)、19 日(第 300 期);7 月 17 日(第 304 期);10 月 23 日(第 318 期);12 月 24

日（第327期）。在最初两期后，克尔凯郭尔假借Frater Taciturnus（“沉默的兄弟”）之名，在《祖国报》1846年1月10日撰文《一桩文学的警务事件的辩证结果》（Det dialektiske Resultat af en literair Politi – Forretning）加以回应。

②1845年12月22日，彼得·穆勒（P. L. Møller）出版了1846年美学年鉴《盖亚》（*Gæa*），在题为《索湖之行》（Et Besøg i Sorø）的文章中，他对《人生道路诸阶段》提出了严厉批评。为此，克尔凯郭尔以“《人生道路诸阶段》第三部分作者，Frater Taciturnus”为名，在《祖国报》12月27日撰文《一位云游美学家的行为，以及他如何前来为宴会付账》（En omreisende Æsthetikers Virksomhed, og hvorledes han dog kom til at betale Gjæstebudet）加以回应。文中克尔凯郭尔把穆勒认同为《海盗船》，并且说“真希望我现在就上《海盗船》”（Gid jeg nu blot maatte komme i ‘Corsaren’），因为他无法接受自己是唯一只受报刊好评而不被攻击的作家。

（614）“上帝会给予我坚定而智慧的精神”（give mig en sikker og vis Aand）可能典出《福音教会赞美诗》（*Evangelisk-kristelig Psalmebog*）中的诗句“给予我新的智慧的精神”（giv mig en nye viis Aand）。此语还有可能出自路德对《诗篇》51：10的翻译：Schaffe in mir, Gott, ein reines Herz, und gieb mir einen neuen gewissen Geist.（“神啊，求你为我造清洁的心，/使我里面重新有正直的灵。[‘正直’或作‘坚定’]”）此处选择以“坚定”与sikker或gewissen相对应。

（615）“培养自己成为牧师”对克尔凯郭尔来说，就是寻求圣职，因为他已经完成了成为牧师所要求的学历和专业训练。参注（507）①。

（616）①“看校样”指看《最后的、非科学性的附言》的校样，具体时间应在1846年1月中旬至2月初之间。

②《两个时代》（*To Tidsaldre. Novelle af Forfatteren til ‘En Hverdags – Historie’*）是海贝尔的母亲托马西娜·居伦堡（Thomasine Gyllembourg）发表的小说，1845年由海贝尔出版。《地址报》于1845年10月30日发布了小说出版的消息，克尔凯郭尔1846年3月30日出版《文学评论》（*En literair Anmeldelse. To Tidsaldre, Novelle af Forfatteren til ‘En Hverdags – Historie’*），写作开始时间可能是1846年1月10日左右，因为根据札记NB，克尔凯郭尔把该文稿放在他为回应《海盗船》的攻击而于1846年1月10日发表在《祖国报》的文章之后。《文学评论》书稿于3月4日交付印刷厂（Bianco Lunos Bogtrykkeri）。

（617）研究者认为，JJ：416说的人是克尔凯郭尔的父亲——米凯尔·克尔凯郭尔，他去世时享年82岁。

（618）“教会不审判隐藏起来的东西”原文为拉丁文de occultis non judicat ecclesia。这句话在日记JJ中出现多次，所引页码为克尔凯郭尔日记本JJ上原有页码，涉及JJ：317，JJ：331的后半部分，JJ：339，JJ：431——这则日记在本则日记之后。

（619）“上帝在无人说话时审判”原文为德文：Gott richt't, wenn niemand spricht。

语出《德国童话和传说》(*Deutsche Märchen und Sagen*, J. W. Wolf, Leipzig 1845)。故事讲一位主教欲整肃一座修道院，他开除了院长，但有一个叫鲍索的修士不顾多次警告，仍然违反纪律。主教非常生气，把他召到上帝的法庭（Gottes Gericht)，警告他必须终止亵渎上帝的行为。鲍索不仅不听，还当面嘲笑主教。结果主教刚故去，鲍索也死了，死在为他修面的理发师之手。于是人们有了这句谚语：上帝在无人说话时审判。

(620) 日记中歌德的诗为德文：Ach, da ich irrte, hatt' ich viel Gespielen, / Seit ich die Wahrheit kenne, bin ich fast allein。这首诗出自歌德的《献词》(Zueignung)，但第三句应为：Da ich dich kenne，其中 dich 指“真理女神”。

(621)“批评文章”指克尔凯郭尔正在从事写作的《文学评论》，参注（616）②。

(622) ①赛亚（Hans Carl Sager, 1808—1885)，高级面包师，哥本哈根贫困救济办（Københavns Fattigvæsen）主任。

②尼尔森教授（Michael Nielsen, 1776—1846)，自 1811 年至 1844 年 10 月 1 日，任哥本哈根贵族私立学校“公民美德学校”（Borgerdydsskolen）校长，1822 年起任名誉教授。克尔凯郭尔和他的哥哥彼得均毕业于此校，而且都是尼尔森教授的学生，后来他们都曾担任过该校的教师。下文中的“米凯尔”（Mikkel）是 Michael 的儿语。

③尼尔森于 1844 年搬进位于 Frederiksberg Smallegade 13 号的住所，直至 1846 年 2 月 11 日去世。

(623)“淡定，淡定”原文为 sinne, sinne，此为日德兰半岛南部的方言，相当于丹麦语中的 rolig, rolig。以此克尔凯郭尔指示了尼尔森的出身，他来自日德兰半岛南部名为一个叫南维尔斯楚普（Sønder Vilstrup）的乡村（在 Kolding 与 Fredericia 之间)。

(624) ①克尔凯郭尔在《文学评论》中，把《海盗船》的所做所为视为是“文学上的卑劣行径”（litteraire Foragtelighed，英译 literary comtemptibility)，同时他在该书中还展开了“理念”、“人生观”和“匿名写作”问题的讨论。

②根据 1799 年 9 月 27 日颁布的《新闻自由法令》(Trykkefrihedsforordning）的前言，公开出版物不允许匿名，须署全名和真名，以防作者掩盖其阴险和卑劣的不良意图。《海盗船》自发行起一直由不具名的“稻草人”作主编，但 1843 年 6 月 7 日，高等法院判哥尔德施密特为该报实际的编辑和出版人。——根据《新闻自由法令》，克尔凯郭尔用假名发表作品的行为违反了该法令第 16、17 条。但是，克尔凯郭尔在《最后的、非科学的附言》结尾处“最初的和最后的说明”里这样写道：“在这方面我不觉得自己触犯了哪一条法律，在著作出版的同时，印刷商和作为政府官员的新闻检查官总是要被正式告知作者是何许人氏。”（参《最后的、非科学性的附言》，王齐译，中国社会科学出版社 2017 年，第 530 页）该法令随着时间的推移并未坚持下去，

到克尔凯郭尔的时代，匿名写作或假名写作已相当普遍。

（625）阿里斯托芬（约公元前445—385年），古希腊喜剧作家，著有喜剧44部，流传下来11部。克尔凯郭尔拥有《阿里斯托芬喜剧集》的希腊文版、德文版和丹麦文选集。

（626）克里翁（死于公元前422年），希腊政治家和军事家，在他生活的时代被视为独裁者和蛊惑民心的政客，在阿里斯托芬喜剧《武士》中受到嘲笑。根据《阿里斯托芬全集》德文版前言，克里翁作为独裁者力量太大，以至于演员都不敢扮演他。传说阿里斯托芬亲自上阵，他在脸上涂了葡萄酒的沉淀物，以此嘲弄克里翁因酗酒而浮肿的面孔。

（627）“苏格拉底在《申辩》篇中说得好”参柏拉图《申辩篇》18 b—d。《申辩篇》未收入海斯翻译的丹麦文《柏拉图对话选》（*Udvalgte Dialoger af Platon*），在克尔凯郭尔拥有的德文版中，施莱尔马赫把希腊词 skiamacheín（“与影子搏斗”）译成 in der Luft fechtend，即“在空中斗拳”，此为《圣经》用语。克尔凯郭尔使用“影子”（Skygger）一词说明，他读的可能是希腊文版。

（628）①“施展魔法变出一营影子”（fremkogle en Legion af Skygger）是对《马太福音》26：53中的“十二营多天使”（tolv Legioner Engle）的戏仿。耶稣说：“你想我不能求我父现在为我差遣十二营多天使来么?”

②“营”（Legion）是古罗马军队编制，一营有士兵三千至六千人。19世纪40年代中期，《海盗船》有三千订阅者；至1845年11月21日，订阅者人数将近五千。

（629）“大厚书和小玩意”指海贝尔在《智识杂志》（*Intelligensblad*）上发表的《文学越冬作物》（Litterær Vintersæd）中在评价《非此即彼》时所说的话：“考虑到容量，书可以被称为巨著（Monstrum）。”但论及斯可里布的独幕喜剧《初恋》（*Den første Kjærlighed*）时，他说这是“一出美丽的短剧”（en smuk lille Bagatel）。Bagatel指短诗或短剧，译为“小玩意”。

（630）“小册子”（Flyveskrifter）的历史可追溯至印刷术兴起时，在报纸流行之前，小册子在宗教和政治斗争方面做出了很大贡献。格伦德威在1825年后与教会论战，使小册子获得了更大的意义；自由派神学家蒙拉德（D. G. Monrad，1811—1887）出版的《飞行政治杂志》（Flyvende politiske Blade）亦使这种文体获得了政治学新生。根据1799年的《新闻自由法令》以及1814年颁布的强化法令，相比于“大厚书”（即24张，或8开纸384页），“报纸、期刊和杂志”需接受出版前的新闻检查。

（631）明谷的伯纳德（Bernard af Clairvaux，1091—1153），又称圣伯纳德，法国西多教团修士，神秘主义者。这句话原为拉丁文：impleri visitationibus Dei anima non potest，quæ distractionibus subjacet.

（632）“对道德的现代统计学的考量”可能指关于民众道德状况的公开辩论，其中统计学起了很大作用，提供了私生子女、自杀、犯罪和精神病情况的调查结果。参

《统计图表》（*Statistisk Tabelværk*），第 6 册，哥本哈根 1842 年。在《人生道路诸阶段》中“写给读者的信”中，“沉默的兄弟”对“图表式整体研究”（tabellariske oversigter）提出了批评。

（633）①“新的一期‘娱乐’期刊”指娱乐文学期刊，如《丹麦农民之友周刊》（*Den danske Bondeven, et Ugeblad til Nytte og Fornøielse*），创刊于 1836 年；以及《丹麦百姓消遣阅读》（*Morskabslæsning for den danske Almue*），1839—1841 年间出版，1845 年 10 月恢复出版。

②“跳海”（springe i Stranden）意为自杀，溺水而亡在哥本哈根较为普遍，例如在长桥西边的卡里堡海滩（Kalleboe Strand）。

（634）JJ：427 的内容与《文学评论》直接相关，“代表”和“反思”是后者的主题。在克尔凯郭尔的时代，“代表”可以指哥本哈根市民代表，或者议会成员。日记中楷体“作为代表的个体”对应于 repræsenterende Individ，“被代表”对应于 repræsenteret。

（635）①克尔凯郭尔从未得到过稿酬，因为他（直到 1847 年）都是自费出书。

②“雇佣文人”（literaire Sjouere）中的 Sjovere，原意为“打日工的人”，通常被视为粗野、缺乏责任感。

（636）在贺伯格喜剧《埃拉斯姆斯·蒙苔努斯》（*Erasmus Montanus eller Rasmus Berg*）第 3 幕、第 2 场，雅斯泊针对哥本哈根人认为地球是圆的，说：“在山区没人会相信这个。”

（637）“他知道万物皆不确定……恰是不确定的”，是克尔凯郭尔对斯宾诺莎《知性改进论》“导言：论哲学的目的”前两小节的理解性重构。斯宾诺莎这样写到：“（一）当我受到经验的教训之后，才深悟得日常生活中所习见的一切东西，都是虚幻的、无谓的，并且我又确见到一切令我恐惧的东西，除了我的心灵受它触动外，其本身既无所谓善，亦无所谓恶，因此最后我就决意探究是否有一个人人都可以分享的真正的善，它可以排除其他的东西，单独地支配心灵。这就是说，我要探究究竟有没有一种东西，一经发现和获得之后，我就可以永远享有连续的、无上的快乐。/（二）我说‘最后我就决意’这样做，因为初看起来，放弃确实可靠的东西，去追求那还不确定的东西，未免不太明智。我明知荣誉和财富的利益，倘若我要认真地去从事别的新的探讨，我就必须放弃对于利益的寻求。假如真正的幸福在于荣誉和财富，那末，我岂不是交臂失之，但假如真正的最高幸福不在于荣誉、财富，而我用全副精力去寻求它们，那末我也同样得不到最高的幸福。”参斯宾诺莎：《知性改进论》，贺麟译，商务印书馆 1986 年，第 18 页。

（638）“任务不是从个体出发到族类，而是从个体出发，经过族类而企及个体”出自《最后的、非科学性的附言》，只是原书中第二个“族类”后还有“（普遍的东西）”，参《最后的、非科学性的附言》，王齐译，中国社会科学出版社 2017 年，第

356 页。

（639）贝耶尔博士（Karl Bayer，1806—1883），德国哲学家，日记中所说论文《伦理共同体概念》（*Der Begriff der sittlichen Gemeinschaft*）发表于小费希特（Immnuel Hermann Fichte，1796—1879）编辑的《哲学和思辨神学学报》（*Zeitschrift für Philosophie und speculative Theologie*）第 13 卷，第 69—102 页。该期刊自 1847 年起由乌尔瑞奇（H. Ulrici）编辑，标题改为《哲学及哲学批评学报》（*Zeitschrift für Philosophie und philosophische Kritik*）。贝耶尔在论文中指出，社会的团结不是出自外在的必要性，而是出自内在的必要性，只有自由才能使社会成为一个爱的团体。他将社会划分为三个领域："相互关联的共同体"（Gemeinschaftsgebiet der Beziehung），即无生命的自然领域；"关系共同体"（Gemeinschaftsgebiet des Bezugs），即有生命者的共同体，通过自我牺牲、自我尊重以形成一个完美集体的理想；以及"完美统一共同体"（Gemeinschaftsgebiet der vollendeten Einigung），即和谐、统一的社区，其中，整体的独立取决于各个环节的独立，所有相互关联的关系是在个性化的、道德的和精神的社会中的自由的关系，爱的关系。在日记中这三个部分被简写为：关联（Beziehung），关系（Bezug），统一（Eeinheit）。

（640）"受难故事"（Lidelses - Historie）可参 JJ：317。

（641）"他为自己所做的墓前演说"，根据 1817 年 6 月 21 日致西兰岛主教的官方文件，在牧师许可的情况下，墓前演说（Liigtale）可由非神职人员完成。

（642）"走进屋，关上门，向上帝祷告"是对《马太福音》6：6 的戏仿。耶稣说："你祷告的时候，要进你的内屋，关上门，祷告你在暗中的父，你父在暗中察看，必然报答你。"

（643）楷体文字原为拉丁文：sapientem nulla re indigere, et tamen multis illi rebus opus esse.（此句是对塞涅卡信 9：14 的重写）—— Ergo quamvis se ipso contentus sit sapiens, amicis illi opus est, non ut habeat, qui sibi ægro assideat, sed ut habeat aliquem, cui ipse assideat, pro quo mori possit.（此句是对塞涅卡信 9：8—10 的重写）

（644）克尔凯郭尔引自贝耶尔博士的论文，参注（639），但标点有所改动。引文页码误记为《哲学和思辨神学学报》86 页，应为第 88 页。

（645）《贝林时报》全称应为 Den Berlingske politiske og Avertissements - Tidende，创刊于 1748 年，自 1845 年 1 月起每日出两期，主要刊登政治、新闻、评论、商业信息、连载故事以及广告。报纸享有刊登政治新闻的皇家特许，直到 1848 年。

（646）《贝林时报》在 1846 年约有四千名订阅者，阅读者的数量可能还要高很多。克尔凯郭尔从未在该报纸发表过文章，他常撰文的《祖国报》同年订阅量约一千五百份，他自己自费出版的书的印刷量为五百册。

（647）①在《最后的、非科学性的附言》的结尾处"最初的和最后的说明"当中，假名作者这样写道："正如感谢是在告别的瞬间真诚呈现的，我顺便诚恳地向每一位保持沉默的人表达谢意，并且对讲过话的 Kts 表达我深刻的敬畏。”参《最后的、非科学性的附言》，王齐译，中国社会科学出版社 2017 年，第 532 页。——Kts 是雅各布·彼得·明斯特（Jakcob Peter Mynster）发表作品时的个性署名。明斯特在《智识杂志》上发表的《教会论争》（Kirkelig Polemik）一文中，赞扬了克尔凯郭尔 1844 年的《四则建设性演说》。

②“人们指责我”指在《附言》出版之际，《海盗船》1846 年 3 月 6 日发表了题为《伟大的哲学家》（Den store Philosoph）一文，其中提到了克尔凯郭尔，说他“‘感谢所有沉默的人’；但明斯特主教却享有赞扬他的专有权，而每一个干预这种特权的人，都将被召唤至法庭并且受到重罚。结果我们所有其他的人都应该闭嘴。/这一点相当奇怪，我们无权处置我们购买并支付了 3 元 64 斯基令的书。如果克尔凯郭尔博士邀请一个人到家里，给他一杯咖啡，并且说：您将要品尝到您这辈子所品尝过的最美味的咖啡。但是您应该对这喜悦完全麻木，您不可赞扬它——唯一有权赞扬我的咖啡的，是明斯特主教。”

（648）①作为《三则想象性情境演说》的作者，以及人们所认定的《人生道路诸阶段》的作者，克尔凯郭尔被 1845 年 5 月 6 日《贝林时报》上一篇署名“—n”的文章称赞为“有思想的深度，追踪其对象到线索的最末端，而且展现出了一种独特的语言的美和优雅，尤其是一种灵活性，在此方面当代丹麦作家无人能敌。”克尔凯郭尔在《祖国报》1845 年 5 月 9 日撰文《一个解释及其他》（En Erklæring og lidt til），请求“—n”不要称赞他，说此人的匿名写作无法证明其文学上的权威性。但是，“当丹麦文学界的合法统治者，比如海贝尔教授说话的时候，当一个像麦德维教授这样欧洲级别的人物说话的时候，当那个有权威的、令人尊重的 Kts 说话的时候，——是的，一个暗示都是有意义的，一个鼓励的字眼都是有效的，一个友好的文学性的问候都是喜乐的。”

②从 1838 年最早的作品《尚存者手记》（*Af en endnu Levendes Papirer*）、1841 年的《论反讽的概念》，到 1843 年的《非此即彼》，克尔凯郭既没有请求免于被称赞，又没有“靠着明斯特”。日记中的意思或许指的是他发表于《祖国报》1842 年 6 月 12 日的一篇讽刺文章《公开的忏悔》（Aabenbart Skriftemaal），文中他请求不要称赞他，而且颂扬了明斯特。

（649）“《最后的附言》的结尾”指“最初的和最后的说明”，克尔凯郭尔在承认了假名写作的事实后曾经说：“我的假名或者多重假名在我的人格中并无偶然根据……相反，这根据本质上就在创作本身，它因对白和心理学层面上形形色色的个性差异之故，诗性地要求不在善与恶、伤心欲绝与欢天喜地、绝望与自大、痛苦与欢愉等等之间做出区分，这些只是从心理学的后果出发以理想的方式做出的界限划分，实际上没有真正的人敢于或者愿意涉足现实中的道德界限。”参《最后的、非科学性的附言》，王齐译，中国社会科学出版社 2017 年，第 530 页。

（650）“让他去死”原文为拉丁文 pereat。

（651）克尔凯郭尔在《祖国报》上的文章《一个解释及其他》中说：“一个没有根基的认可就像一个没有根基的攻击一样是可拒绝的。恰恰在我们这个时代，第一项非常危险，因为人们以多种方式试图从那些我们的祖国为之骄傲的少数杰出个体身上去抢夺这些人经过多年才凭其罕有的杰出而赢得的声望，即享受年轻一代的尊敬，为新手在文学界指派位置的权威，以及用挥手喝彩鼓励他们。”在《文学评论》中，“杰出之士”（den udmærkede）也是一个反复出现的主题。

（652）在日记中，斯宾诺莎论文《知性改进论》写为 de emendation intellectus，但实际应为 Tractatus de intellectus emendatione，这是通用的简写，原作标题长得多。日记中所说页码是指《斯宾诺莎全集》（*Spinoza opera*）中的页码。《知性改进论》开始部分的意思，克尔凯郭尔在 JJ：429 的结尾处进行了重构，参注（637）。

（653）①斯宾诺莎《伦理学》在日记中写为 Ethica，这是学界通行的简称，原标题为 Ethica ordine geometrico demonstrate et in quinque partes distincta，其中第一部题为“论神”。日记中的论点涉及如下内容：“此外还有一点不可忽视的就是这些煞费巧心说神想证明事物都是有目的的人，还发明了一种新的辩论法，他们，不用穷诘至不可能（reductio ad impossible）的辩论法，而用穷诘至不知道（reductio ad ignorantium）的辩论法以证明其说，——这也足见他们实在无可奈何找不到别种方法来辩护了。我可以举一个例子，譬如，忽然有一块石头自高处坠下，恰好打在从下面走过的人的头上，竟把这人打死了。于是他们便用这种新方法论证道：这块石头坠下的目的就在打死那人。因为假如神没有意旨居心命那块石头达到打死那人的目的，天地间哪里会有种种因缘那样凑巧发生的事（因为常常有许多同时凑巧发生的事）呢？我们也许回答说：这件事情发生是由于刮大风，而那人恰好在那时打那里走过；但是他们又要追问道：若不是天神作主，那天哪会起大见，又哪会那样凑巧，那人恰好打那里走过，偏偏把他打死？若是我们又回答道：那天起大风，因为海上有了大风浪，而前此天气又清明，无人提防；而那人因朋友有事邀请他去，所以从那里走过，因而遇难。但他们又追问道：——因为这样追问是没有止境的——若不是天公有意，为什么那天海上会起风浪？为什么朋友恰好要邀请他？似此辗转追诘，以求因中之因，一直把你穷追到不能不托庇天意以自圆其说为止——天意便是无知的避难所。又如他们见到人体构造的神妙，因昧于其所以然之故，遂不禁惊讶，便断言人体的结构不是机械般造成的，乃是有一种神圣的或超自然的匠心创造而成，所以能使各部分互不相妨害。”参斯宾诺莎：《伦理学》，贺麟译，商务印书馆 1997 年，第 40—41 页。

②“无知的避难所”原文写为 asylum ignorantiæ，但在斯宾诺莎著作中应为 ignorantiae asylum。

③“致动因”原文为拉丁文 causa efficiens。亚里士多德及经院哲学家列出了一长串原因，但其中有四种主要原因，它们是：质料因（causa materialis）、形式因（causa formalis)、致动因(causa efficiens)和目的因(causa finalis)。在斯宾诺莎及永恒的视角看来，“致动因”是内在性的，而“目的因”是超越的。

(654) 斯宾诺莎《伦理学》第二部分“论心灵的性质和起源”中这样写道：“人之被欺骗由于他们自以为他们是自由的，而唯一使他们作如是想的原因，即由于他们意识到他们自己的行为，而不知道决定这些行为的原因。”参斯宾诺莎：《伦理学》，贺麟译，商务印书馆 1997 年，第 75 页。

(655) 日记中所指的应是《最后的、非科学性附言》第二部、第二册、第二章“主体性真理，内心性；真理即主体性”。其中假名作者这样写道：“如果主体性是真理，那么在真理的定义当中还应该包含对与客观性的对立的表达，一种对那个分岔的记忆，而这个定义同时也会显示出内心性的张力。对真理的定义是这样的：真理就是通过最具激情的内心性在占有之中牢牢抓住的一种客观不确定性，这是对于一个生存者来说的至上真理。道路分岔之处（我们无法客观地指出这一点究竟何在，因为它就是主体性），客观知识处于悬置状态。于是，客观地说他只拥有不确定性，但是正是这一点强化了内心性的无限激情，真理恰恰成为怀着对无限的激情去选择客观不确定性的一桩冒险。为了发现上帝，我观察自然，我的确看到了全能和智慧，但我同时也看到了令人焦虑不安和感到麻烦的东西。这个全体就是客观不确定性，但正因为如此，内心性才变得强大，因为内心性要以对无限的全部激情把握那种客观不确定性。在一个数学命题中，比方说，客观真理是给出的，但是因此它的真理也就是一种漠不相关的真理。”参《最后的、非科学性的附言》，王齐译，中国社会科学出版社 2017 年，第 165 页。

(656)“隐居者活得惬意”在日记中写为拉丁文 latere, bene latuit，克尔凯郭尔犯了错误，正确的句子应为 latere, bene vixit，语出罗马诗人奥维德《悲歌》(*Tristia*)：bene qui latuit bene vixit。克尔凯郭尔藏有《奥维德作品集》(*P. Ovidii Nasonis opera quae supersunt*)。

(657) 关于“黑格尔论哲学的开端”在克尔凯郭尔时代是丹麦学界一个饱受争议的问题。

(658)“哲学源起于惊异”出自亚里士多德《形而上学》982b 12f。楷体的“惊异”对应于日记中的丹麦文 Forundring。关于自然界的“惊异”情感的论述还可参日记 JJ：218。

(659) ①“笛卡尔论激情的著作”指其《论灵魂的激情》(*Tractatus de passionibus animæ*)第二部中第 53 条，题为 Admiratio，此为“惊异”的拉丁语。日记中所说的“惊异没有对立面”写为 Forundring ingen Modsætning har，在笛卡尔著作中写为 Nec habet contrarium。

②“斯宾诺莎注意到了‘惊异’”中的“惊异”写为拉丁文 admiratio，指斯宾诺莎《伦理学》第 3 部分“论情感的起源和性质”中对“惊异”的界定：“惊异是心灵

凝视于一个对象的想象，因为这个特殊的想象与别的想象没有联系。”（参斯宾诺莎：《伦理学》，贺麟译，商务印书馆 1997 年，第 152 页。）在克尔凯郭尔所藏《伦理学》中，这段话被画了重点。

③“三种激情（欲望，快乐，痛苦）”，日记中这三种激情写为拉丁文 cupiditas, lætitia, tristitia。斯宾诺莎在《伦理学》第 3 部分“论情感的起源和性质”中第 57 个命题中这样说：“一切情绪都和欲望、快乐和痛苦相关联，像我们对于这三种情绪的界说所指出的那样。”（参斯宾诺莎：《伦理学》，贺麟译，商务印书馆 1997 年，第 147 页。）——Tristitia 既有“抑郁”、“忧伤”、“烦闷”的意思，又有“不幸”、“逆境”、“冷酷”的意思，《伦理学》丹麦文译本将之为 Sorg，即“忧”、“忧愁”、“忧郁”，而英译本为 Pain。

④对于没有把“惊异”纳入三种情感之中的原因，斯宾诺莎做了如下解释：“所以这种关于新奇事物的想象，就其本身而论，与其他的想象，性质本身是相同的。因此我不将惊异列入情绪之内，我也寻不出原因，为什么我应将惊异列入情绪之内。因为像惊异中所表现的心灵的这种抽象作用，并非起于心灵从别种事物抽象出来的一种积极的原因，而仅是起于心灵缺乏一种原因，缺乏一种由观察一物立即被决定而思想他物的原因。所以我只承认……三个原始的或基本的情绪，即快乐、痛苦和欲望。我所以提到惊异的唯一原因，即由于每当从那三个原始情绪派生出来的一些情绪，与我们所惊异的对象相关联时，人们总是习于给予它们以别的名称。”（参斯宾诺莎：《伦理学》，贺麟译，商务印书馆 1997 年，第 152—153 页。）

（660）“作为次要问题”原文为拉丁文 subsidialiter。

（661）“推动人们开始的是惊异，而人们所由之开始的是决心”中“惊异”写为 Forundring，“决心”为 Beslutning。

（662）①这段评论中，“运动”在日记中写为希腊文 kínēsis。根据亚里士多德，这个概念指的是从可能性向现实性的转换。克尔凯郭尔在《哲学片断》“间奏曲”第 1 节当中讨论了这个概念。参《哲学片断》，王齐译，中国社会科学出版社 2013 年，第 88—90 页，第 100 页（注释）。

②“过渡”写为拉丁文 transitio；“向圆满的过渡”写为 transitio in perfectionem；“圆满”写为 perfectio。

③斯宾诺莎《伦理学》第 3 部分“论情感的起源和性质”中对“情绪”进行了界定：“欲望是人的本质自身，就人的本质被认作为人的任何一个情感所决定而发出某种行为而言”。/“快乐是一个人从较小的圆满到较大的圆满的过渡。”/“痛苦是一个人从较大的圆满到较小的圆满的过渡。”（参斯宾诺莎：《伦理学》，贺麟译，商务印书馆 1997 年，第 151—152 页。）日记及页边注所标页码均为斯宾诺莎 Ethica 一书的页码，克尔凯郭尔在自己的藏书中对上述观点中的一部分做了标记。

（663）①“保存其存在”原文为拉丁文 suum esse conservare。根据斯宾诺莎《伦理学》第 3 部分"论情感的起源和性质"中命题六所述:"每一个自在的事物莫不努力保持其存在"。(参斯宾诺莎:《伦理学》,贺麟译,商务印书馆 1997 年,第 105 页。)在命题九中,斯宾诺莎又提出心灵努力保持自身的存在。"心灵具有清楚明晰的观念,或者具有混淆的观念,都努力在不确定的时间中保持其自身的存在,并且自己意识着它的这种努力。"(参斯宾诺莎:《伦理学》,贺麟译,商务印书馆 1997 年,第 106 页。)在对命题九的"附释"中,斯宾斯诺莎进一步指出:"这种努力,当其单独与心灵相关联时,便叫做意志。当其与心灵及身体同时相关联时,便称为冲动。所以冲动不是别的,即是人的本质之自身,从人的本质本身必然产生足以保持他自己的东西,因而他就被决定去作那些事情。"

②"理智的爱"(den intellectuelle Kjerlighed)可参斯宾诺莎《伦理学》第 5 部分"论理智的力量或人的自由"中命题 32 的"绎理"。斯宾诺莎指出,"对神的爱,这并不是就我们想象着神就在当前(……),而是就我们认识神是永恒的而言。这就是我所谓对神的理智的爱"。(参斯宾诺莎:《伦理学》,贺麟译,商务印书馆 1997 年,第 259 页。)在克尔凯郭尔自己的藏书中,命题 36 的"绎理"部分被画了重点:"由此可以推知,说神爱其自身,即无异于说神爱人类,因此,神对人类的爱,与心灵对神的理智的爱是同一的。"(参斯宾诺莎:《伦理学》,贺麟译,商务印书馆 1997 年,第 261 页。)在书的空白处,克尔凯郭尔批注说此处参命题 19——"凡爱神的人决不能指望神回爱他"。(参斯宾诺莎:《伦理学》,贺麟译,商务印书馆 1997 年,第 250 页),后者同样被画了重点。

(664)①"第 430 页结尾"指斯宾诺莎《伦理学》第 5 部分"论理智的力量或人的自由"中命题 42 的"附释"的内容:"如果我所指出的足以达到这目的的道路,好像是很艰难的,但是这的确是可以寻求得到的道路。由这条道路那样很少被人发现看来,足以表明这条道路诚然是很艰难的。因为如果解救之事易如反掌,可以不劳而获,那又怎么会几乎为人人所忽视呢?但是一切高贵的事物,其难得正如它们的稀少一样。"(参斯宾诺莎:《伦理学》,贺麟译,商务印书馆 1997 年,第 267 页。)在克尔凯郭尔所藏的《伦理学》中,他用铅笔在此处批注:"但是在内在性当中的道路究竟如何能是一个问题呢。脑子(Hjerne),道路即目的论。"

②"因为这道路实际上正是目的论的辩证法"之说可参日记 JJ:439。

(665)在《地址报》1846 年 3 月 26 日,在"死讯"(Dødsfald)的标题下,宣告一个离八岁生日仅有八天的男孩 Harald Christian Ludvig Jordan 死亡的消息,结尾一句确为"以此告知他的几个小朋友"(derom underrettes herved hans faa Smaavenner)。

(666)在《罗兰岛邮报》(*Lollands-Posten*)1846 年 3 月 5 日,报道了一宗杀人案。Maren Jensdatter(女)及同谋 Hans Nielsen 因杀人罪被判处死刑,但受国王恩准,前者执行死刑的方式减缓,后者被处以鞭刑。报纸详细报道了行刑人的名字及成果。该报道于 1846 年 3 月 10 日为《索湖时报或西兰岛西部报》(*Sorøe Amtstidende eller Den*

Vest - Sjællandske Avis）转载，克尔凯郭尔很可能是在后者读到的消息，因为 1846 年 4 月 3 日他曾到位于索湖（Sorø）的皮特斯堡（Pedersborg）探访他的哥哥彼得·克里斯钦，并在那里小住数日。

（667）“灵修书上的图画”很可能出自克尔凯郭尔藏书中约翰·阿伦特（Johann Arndt）编辑的《真基督教灵修书合集》（*Sämtliche geistreiche Bücher vom wahren Christenthum*），但该版本已无法寻得。但日记所说图画在另一本书《真基督教灵修六书》（*Sechs geistreiche Bücher Vom Wahren Christenthum*）中可以看到。

（668）这段话是对斯宾诺莎《神学政治学论》（*Tractatus theologico-politicus*）中的引文，个别标点有改动。原文如下：…reliquis autem hunc tractatum commendare non studeo, nam nihil est quod sperem, eundem iis placere aliqua ratione posse; novi enim quam pertinaciter ea præjudicia in mente inhærent, quæ pietatis specie amplexus est animus; novi deinde æque impossibile esse vulgo superstitionem adimere ac metum; novi denique constantiam vulgi contumaciam esse, nec ratione regi, sed impetu rapi ad laudandum vel vituperandum. Vulgus ergo et omnes, qui iisdem cum vulgo affectibus conflictantur, ad hæc legenda non invito, quin potius vellem, ut hunc librum prorsus negligant, quam eundem perverse, ut omnia solent, interpretando molesti sint, et dum sibi nihil prosunt, allis obsint.

本段主要参照丹麦文译文和英译文译出。在英译本中，“novi enim quam pertinaciter ea præjudicia in mente inhærent, quæ pietatis specie amplexus est animus”译为“I know how deeply rooted are the prejudices embraced under the name of religion”，丹麦文中 pietatis 被译为 fromhed，即“虔敬”，更准确。

（669）日记中的“墓园”可能指 Assistents Kirkegård，所说的碑文并未找到对应实物。碑文中的“人啊”原文写为“Mand!”括号中“丈夫”对应于 Mand。当时哥本哈根有五位拥有执照的合法“殡葬承办人”（Bedemand），他们垄断了全市的殡葬服务。

（670）①“嫉妒的人是殉道者，但却是魔鬼的殉道者”原文为德文：Der Neidige ist ein Martyrer, aber des Teufels。引文出自《圣克拉拉的亚伯拉罕全集》（*Abraham a St. Clara's Sämmtliche Werke*, bd. 1—22, Passau 1835—1854）第十卷。在克尔凯郭尔自己的藏书中，这句话用铅笔画为重点。

②圣克拉拉的亚伯拉罕（Abraham a St. Clara）本名 Ulrich Megerle（1642—1709），奥地利修士、作家，以其修士名而为人所知。

（671）克尔凯郭尔引用了《希伯来书》10：39 全句为“我们却不是退后人沉沦的那等人，乃是有信心以致灵魂得救的人”，这里只引用了前半句，楷体对应于原文中的斜体，是克尔凯郭尔自己表示的重点。克尔凯郭尔在《一则情境演说》（*En Leiligheds - Tale*）（收入《不同情境下的建设性演说》1847 年）的誊清稿中删去《希伯来书》10：39 和出处后，将之写进日记 JJ。

(672) ①“古老的灵修书（阿伦特的《真基督教书》）”指约翰·阿伦特（Johann Arndt）编辑的《真基督教四书》（*Vier Bücher vom wahren Christenthum*, Magdeburg 1610）。1610 年以后的版本中多为六书，另两部书取自阿伦特的其他著作。克尔凯郭尔拥有 1829 年出版的丹麦文缩译本《真基督教四书》。《一则情境演说》（*En Leiligheds - Tale*）收入《不同情境下的建设性演说》，该书于 1847 年 1 月 25 日送至印刷厂，克尔凯郭尔在文中写下了几乎完全一样句子：“上帝何以能擦干你的眼泪，假如你没有流泪？”

②“上帝擦干我们的眼泪”语出《以赛亚书》25：8：“主耶和华必擦去各人脸上的眼泪，/又除掉普天下他百姓的羞辱。”又见《启示录》21：4：“神要擦去他们一切的眼泪，不再有死亡，也不再有悲哀、哭号、疼痛，因为以前的事都过去了。”

(673)“感觉是有限的，精神是脆弱的，生命是短暂的”应是克尔凯郭尔对瑞特尔《古代哲学史》（H. Ritter, *Geschichte der Philosophie alter Zeit*）中“eng sei der Sinn, schwach der Geist, kurz der Lauf des Lebens”的翻译性引用，此言注释中提到在书的出自西塞罗《学术著作集》（*Academici libri*）第 1 册、第 12 章、第 44 节，日记中出处写为《学术问题》（*quæstiones academicæ*）。

(674) 克尔凯郭尔在《一则情境演说》（*En Leiligheds - Tale*）的誊清稿中，删去了跟日记 JJ：454 类似的一段话，但删除时间无法确定，但可能性极大的是，就在他删除了这段话之后，他于 1846 年 5 月将之保存在日记 JJ 之中。

(675) 恩培多克勒的观点是克尔凯郭尔对瑞特尔《古代哲学史》中观点的翻译性引用，原句如下：Wenigstens finden wir, daß er [Empedokles] zwei Arten des Wahnsinns unterschied, von welchen die eine aus körperlicher Krankheit entstehe, die andere aber aus der Reinigung der Seele.

(676) 楷体部分引自瑞特尔《古代哲学史》注释，原为拉丁文：Coel: Aurel: de morbis chron: 1, 5, Empedoclem sequentes alium (sc. furorem) dicunt ex animi purgamento fieri, alium alienation mentis ex corporis causa sive iniquitate. 其中作者名和书名均为简写，作者全名为塞利乌斯·奥勒利安努斯（Cælius Aurelianus），大约生活在公元 400 年间，著作全称为 *De morbis chronicis*（《论慢性病》）。

(677)“瑞特尔的评论”指瑞特尔《古代哲学史》第 1 卷，第 22 页以下。“建构观念”（Construktionens Idee）是德国古典哲学中的核心观念，尤其在康德和谢林那里。

(678) ①实际上，直到 1840 年，期刊杂志的订阅者通常是实名（包括头衔）而非匿名的。

②“订阅者甚至允许农民来代表自己”很可能指克尔凯郭尔感觉他受到了农民、街头顽童和女仆的言语嘲弄，这些人占公民总数的多数，但他们往往并不是《海盗船》的订阅者。

（679）“粗壮的或有型的双腿并且穿着时尚”指1846年在《海盗船》上所刊登的克莱斯楚普（Klæstrup）画的克尔凯郭尔漫画，1月9日和23日、3月6日的漫画嘲笑克尔凯郭尔的衣着和长短不一的裤腿，1月16日的漫画嘲笑的是他过于瘦弱的双腿和过于巨大的靴子。1月9日和4月3日还有讽刺性文字刊出。

（680）“穷人节俭下来的小钱”是对《马可福音》12：41—44的戏仿，参注（523）。这段话可能是《一则情境演说》（*En Leiligheds – Tale*）的誊清稿中一个段落的改写。

（681）“声音图形”（Klangfigure，又译“声音图案”），是对称图形，它源于1787年德国物理学家恩斯特·克拉尼（E. F. F. Chladni,）的实验，因此也被称之为“克拉尼图形”。克拉尼在一个小提琴上安放一块较宽的金属薄片，上面均匀撒上细沙，然后用琴弓拉小提琴。薄片以复杂的方式振动，有一些部分保持不动，因此留住了由附近振动区域抖来的细沙。细沙自动排列成不同的美丽图形。丹麦物理学家H. C. Ørsted曾研究过此现象，1808年，他的论文《论声音图形》（Forsøg over Klangfigurerne）获“丹麦皇家科学家协会”（Det Kongelige Danske Videnskabernes Selskab）银质奖章。

（682）“所有的问题最终都是共产主义式的”中的“共产主义式的”原文为communistiske，在19世纪40年代的丹麦，该词指报纸刊登的对法国和英国政治讨论的报道，如迈耶（L. Meyer）在《外来语词典》（*Fremmedord – Bog*）中的解释：“共产主义者，当代法国和英国的政党追随者，该党宣扬财产共有（*Eiendoms – Fælledsskab*）。”当时的丹麦社会基本认为这个词是贬义的，报刊讨论中将之与财产私有相对立，但对两种方式均持批判态度。

（683）①《哥本哈根邮报》（*Kjøbenhavnsposten*）是一份激进民主派报纸，创始于1827年，自1845年7月起，在J. P. Grüne的带领下，报纸倡导共和思想和反民族主义思想，因而被视为是共产主义的。1846年5月30日，该报刊登题为《来自日德兰半岛》的文章，署名为“A”，文中引述了对麦德维教授的《拉丁语语法》一书的负面评价，评价登载在德国《语言学和教育学新年鉴》（*Neue Jahrbücher für Philologie und Paedagogik*）的第43卷（Leipzig 1843）和第44卷（Leipzig 1845）中，作者分别为维斯伯恩（W. Weisenborn）和瓦格斯（W. A. Varges）。

②麦德维（Johan Nicolai Madvig，1804—1886）是丹麦语言学家，哥本哈根大学教授，著有《拉丁语教程》（*Latinsk Sproglære til Skolebrug*），1841年首版，该书于1844年由L. Oppermann译为德文Lateinische Sprachlehre für Schulen。

（684）麦德维教授于1846年在哥本哈根出版《希腊语句法》（*Græsk Ordføiningslære, især for den attiske Sprogform*），1846年3月5日发表在《贝林时报》的书评对该书进行了高度评价，建议把该书与《拉丁语教程》一起作为古典语言学教师的参考书。

（685）“等级制”（Kastevæsenet）可能指国王腓特烈三世（Fredrick III，1648—1670）在1660年建立君主专制制度之前的等级社会；君主专制制度下，原则上所有臣民平等，贵族不再享有特权。“等级制”还可能指“附庸制”（stavnsbændet /英 adscription），该制度自1788年起受到抵制，或指“行会制度”（lavsvæsen），1857年起遭到倡导自由贸易的自由派的强烈批评。

（686）“高级中学”是对 den lærde skole 的意译，即为上大学做准备的学校，当时在丹麦被称之为“拉丁语学校”，欧洲大陆称之为 gymnasium，在英国被称为 grammar school。1808年，“高级中学”每年的学费是20—30元（rigsdaler）。

（687）①巴登（Torkel Baden，1765—1849）是丹麦神学家和语言学家，自19世纪30年代以来，他撰写了一些文章批评麦德维教授。

②P. L. 穆勒（Peder Ludvig Møller，1814—1865）是丹麦美学家、作家和批评家，1843年他出版一份批评性的报纸《阿瑞娜》（*Arena*），1845—1847年间出版美学年鉴《盖亚》（*Gæa*），还为《海盗船》等报刊撰写文章。参注（613）之②。

（688）“直接性的人说了很多话，因此他祷告的时候实际上是在提要求；真正的祷告者只是在专注地倾听”，克尔凯郭尔在最近一次的柏林之行时专注于这个主题，他写在活页纸上，后来集中起来，并在封面上写下“柏林，1846年5月5日至13日”（Berlin，5t Mai—13d 46）。克尔凯郭尔5月16日从柏林返回哥本哈根。

（689）“死者的园地”指 Assistens Kirkegård，克尔凯郭尔家族墓地所在地。

（690）“孩童将评判你们”（Drenge skulle dømme Eder）语出《以赛亚书》3：4，“主说：‘我必使孩童作他们的首领；/使婴孩辖管他们。”（Og jeg vil give dem Børn til Fyrster，og Barnagtige skulle regiere over dem.）还可参《传道书》10：16，“邦国啊，你的王若是孩童，/你的群臣早晨宴乐，你就有祸了。”（Vee dig，du Land！hvis Konge er et Barn，og hvis Fyrster ville æde om Morgenen.）

（691）“苏格拉底在柏拉图《理想国》中所说的”参柏拉图《理想国》第8卷，562e—563a。苏格拉底说：“噢，当前的风气是父亲尽量使自己像孩子，甚至怕自己的儿子，而儿子也跟父亲平起平坐，既不敬也不怕自己的双亲，似乎这样一来他才算是一个自由人。”参柏拉图：《理想国》，郭斌和、张竹明译，商务印书馆1994年，第340页。

（692）“赞扬一个人，然后再中伤之，这就撒两次谎了”原文为德文：“Wer Jemanden lobt，dann schmät，der lügt zweimal.”《一千零一夜》在日记中写为“1001 Nat”，克尔凯郭尔引用的是德文本 *Tausend und eine Nacht. Arabische Erzählungen*（译者 G. Weil，bd. 1—4，Stuttgart & Pforzheim，1838—1841）。这里所说的“大开本”是相对而言的，即四开本。

（693）①“政府要在报刊上证明自己的正当性”可能指1846年7月8日的“一封公开信”，讨论丹麦王国中的继承权问题。罗斯基尔德（Roskilde）和维堡（Viborg）的地方议会根据《国王法》（*kongsloven*），对丹麦国王是否拥有、以及在多大程度上拥有对斯莱斯维（Slesvig）、霍尔斯坦（Holsten）和劳恩堡（Lauenbog）三地的统辖权表示怀疑。为此国王成立了调查委员会，并根据调查结果在“公开信”中得出结论，除了一部分霍尔斯坦的统辖权悬而未决外，国王拥有对其余两地的统辖权。这封公开信不同寻常地由国王、王储、继任王子和四位枢密院大臣联合签署。这封信于7月11日在《祖国报》（第162期）、《哥本哈根邮报》（第158期）和《贝林时报》（第158期）公开发表。

②“顺从的权利”指《丹麦法》（*Dansk Lov*）第1册、第1章，“关于顺从，人们要顺从法律制定者和法律。”在§1和§2中，还讲到“仅除上帝之外”，国王无论在教会事物还是在世俗事物方面，都是至上者。

（694）①根据《国王法》，丹麦王权是不受约束的、继承的，因此地方议会无权赶国王下台。但在1660年君主专制制确立之前，国王是选出来（valgkonge），因此有可能被国家议会解除王权。

②“地方议会”（Stænder－Forsamling）即顾问机构或地方议会。克尔凯郭尔的时代，地方议会每两年开一次会，讨论国王的法律提案，提出自己的提案，但他们无权决定税收、任命部委官员以及解除国权。

（695）1845年，人口普查显示，丹麦王国及公爵领地的总人口数量为2，236，077。

（696）《马太福音》10：30，“就是你们的头发也都被数过了。”

（697）①参德国哲学家谢林的文章《纪念H. 斯蒂芬斯的公开演讲》（Aus einem öffentlichen Vortrag zu H. Steffens Andenken gehalten am 24. April 1845. [Mit einigen Erweiterungen]），收入《斯蒂芬斯遗著》（*Nachgelassene Schriften von H. Steffens mit einem Vorworte von Schelling*, Berlin 1846）。日记所引谢林的话是克尔凯郭尔的意译，谢林说：“…als die wichtigsten und innerlichsten Fragen zur Entscheidung durch die *Zahl* und die *Menge* zu bringen（wovon zur Entscheidung durch die Fäuste nicht mehr weit ist）…”。1846年6月23日的《地址报》上登有《斯蒂芬斯遗著》在克莱恩（H. C. Klein）书店“即将到货”的资讯，但克尔凯郭尔5月在柏林期间已购得此书。

②关于斯蒂芬斯，参注（230）。

（698）“他和鞋匠”（Han og Skomageren），如果克尔凯郭尔在这里是暗指自己在哥本哈根城内的苏格拉底式的实践，那么鞋匠很可能就是指犹太出版商西斯比（Gottlieb Siesby, 1803—1884），他曾经是鞋匠，自1839年起出版发行了几份报刊，被戏称为“鞋匠西斯比”（Skomager Siesby）。1846年6月12日，西斯比在《海盗船》上发表文章，批评该报对克尔凯郭尔的攻击。后来在《致公众的附言》中，西斯比引用了《文学评论》，其主题和文风表明他读过克尔凯郭尔的书。因此《海盗船》发表讽刺文章，暗示克尔凯郭尔与西斯比认识，并说“西斯比的克尔凯郭尔”（Siesbys Kierkegaard)。

(699) H. 赫尔兹 (Henrik Hertz, 1797—1870), 丹麦诗人、批评家, 1830 年出版《天堂来信》(*Gjenganger – Breve eller poetiske Epistler fra Paradis*) 获得巨大成功, 该书对作家延斯·巴格森 (Jens Baggesen) 和亚当·欧伦施莱格尔 (Adam Oehlenschläger) 的文学论争起到了推波助澜的作用, 赫尔兹本人倾向于支持其时已去世四年的巴格森。1842 年 6 月 10 日, 他创作的戏剧《西洋镜》(*Perspectivkassen*) 在皇家剧院上演后受到了激烈批评, 为此赫尔兹于 7 月 1 日在海贝尔主持的《智识杂志》上撰文回应, 受到海贝尔的支持, 因而引发一场争论。克尔凯郭尔在《文学评论》的草稿中评论了该事件, 指出"赫教授 (Prof. H) 错误地以近乎道歉的方式为他的戏做辩护, 说那是一个小玩意, 而没有大胆地、连贯地依其被嘘声轰下台的事实进行辩护。"

(700) "卖头绳的犹太人" 很可能指《海盗船》的编辑哥尔德施密特 (M. A. Goldschmidt), 他于 1845 年 11 月以 Adolph Meyer 的笔名出版《犹太人》(*En Jøde*), 该书售价 2 元钱 (Rigsdaler)。

(701) "苏格拉底自比牛虻" 参柏拉图对话《申辩篇》30 e— 31a。苏格拉底说: "……这座城邦就像一匹高贵的骏马, 因身形巨大而行动迟缓, 需要一只牛氓来刺激它。我相信, 神把我安放在这座城里, 就是为了让我起这样的作用。我一刻不停地去激励你们中的每个人, 整天指责和劝导你们, 无论在哪里, 只要我发现自己在你们中间。" 参《柏拉图全集》(增订版), 上卷, 王晓朝译, 人民出版社 2018 年, 第 18 页。

(702) 关于柏拉图的观点, 参《理想国》第 8 卷, 544d— 545c, 555b— 561e。关于黑格尔的观点, 参《法哲学原理》。

(703) "认识了一个, 就认识了所有" 原文为拉丁文 unum noris omnes, 语出罗马作家特伦特 (Terent) 的喜剧《佛密欧》(*Phormio*), 剧中原话为: unum cognoris, omnes noris。

(704) "青少年教养院" 原文为 Tvangsskole, 其中 tvang 有 "强迫"、"强制" 的意思, 英译为 reformatory school, 相当于中国 20 世纪 8、90 年代的 "工读学校"。该制度已遭废弃。

(705) 地米斯托克利的故事出自希腊历史学家普鲁塔克为希腊政治家地米斯托克利 (Themistokles, 约公元前 524—前 459) 所著传记《平行生活》(*Vitae parallelae*)。青年时代的地米斯托克利向往荣誉和声名, 因此当雅典统帅米利蒂亚德 (Militiades) 于公元前 490 年在马拉松大胜波斯的事迹家喻户晓的时候, 他很受震动, 夜不成寐。日后地米斯托克利也成为了英雄, 他于公元前 480 年在撒拉米斯 (Salamis) 大胜波斯。米利蒂亚德在获胜后行为不轨, 最后死于监狱; 同样, 地米斯托克利因遭人嫉妒, 最后惨遭流放。

（706）“希腊人无法在不思考美的情况下思考善”参柏拉图《会饮篇》201c，苏格拉底说“如果爱需要美的东西，如果所有好事物都是美的，那么他也需要好东西。”参《柏拉图全集》（增订版），上卷，王晓朝译，人民出版社 2018 年，第 732 页。

（707）克尔凯郭尔在其学位论文《论反讽的概念》当中注意到了，柏拉图对话没有得出结论，他以《普罗泰戈拉》为例，总结其原因，克尔凯郭尔写道：“依我看来，苏格拉底方法并不在于提问形式中的辩证因素本身，而在于由反讽为出发点并归回反讽的、由反讽所支撑着的辩证法。”参克尔凯郭尔：《论反讽概念》，汤晨溪译，中国社会科学出版社 2005 年，第 41 页。

（708）“道德故事的应用”或许指伊索寓言结尾的道德训诫。日记中“愚蠢无聊”原文为德文 abgeschmakt，“应用”亦为德文 Nutzanwendung。

（709）“吼叫的夜警”（brølende Vægter）指哥本哈根和丹麦其他城市的夜警队，他们负责点亮街灯，维持秩序，阻止市民乱扔垃圾，并且在火灾发生时提醒大家。在巡视大街小巷时，他们还要整点报时，并且唱诵指定的（基督教）夜警诗句。哥本哈根的夜警队成立于 1683 年，在克尔凯郭尔的时代因其“吼叫”（brølende）声干扰了市民夜间休息而受到广泛批评，1862 年夜警队解散。

（710）“自己接管财务”指克尔凯郭尔自己做自己的出版商，自费出版书籍，直到 1847 年。

（711）“管家”（Avlsforvalteren）是负责乡村牧师田地的耕种和收成的监工，不处理教堂事务。在城市，市民有义务捐给牧师一定数量的钱（称之为 Præstepenge）；在乡村，农夫相应地要把自己的农产品、尤其是粮食的一部分给牧师（称之为 Tiende，即“什一税”或“什一捐赠”）。在教堂日，教众则自愿捐钱（称之为 Offer）。牧师在主持像婚礼、洗礼和葬礼活动时会收取一定费用。

（712）“教堂进账”（Tavle－Pengene）指教堂礼拜活动时收到的用于教堂事务以及资助教区穷人的钱。

（713）“时代和教众的要求”（Tiden og Menighedens Fordring）可能指格伦德威及其追随者的主张，即解除教众与教区牧师之间的纽带关系，尤其参见格伦德威派出版的周刊《丹麦教会时报》（*Dansk Kirketidende*，R. Th. Fenger & C. J. Brandt 编辑，1845—1853）；还可见芬格尔（R. Th. Fenger）的文章《当今时代对良心自由的争取》（Om Nutidens Stræben efter Samvittighedsfrihed），其中要求“教众的自由在于，如果一个教士的学识和行为对教众没有启发，教众可以解除与教士的纽带关系。”

（714）“每个人都是其谋生之道的窃贼”原文为 Enhver er Tyv i sin Næringsvej，丹麦谚语。

（715）“日报雇工对金钱的看法”可参 JJ：475。

（716）明斯特主教两则布道词的完整标题分别是：《关于这则祷文：今天就给我们今天的口粮》（Over den Bøn：giv os i Dag vort daglige Brød！），及《关于耶稣行奇迹的反思》(Betragtninger over Jesu Undergierninger)，二文均收入明斯特《年度礼拜日和节日布道书》(*Prædikener paa alle Søn - og Hellig - Dage i Aaret*)。在第一则布道词中，明斯特针对《约翰福音》6：1—15 中“耶稣喂饱五千人”的故事，讲出“总有一天，你的罪被宽宥”的意思；在第二则布道词讲解的是《马太福音》8：23—27 中“耶稣平静风浪”的故事。

(717) ①“这人是新造的人”(Den er den ny Skabning) 语出《哥林多后书》5：17，保罗说：“若有人在基督里，他就是新造的人；旧事已过，都变成新的了。”(Saa at, dersom Nogen er i Christo, da er han en ny Skabning: det Gamle er forbigangent, see, Alt er blevet nyt.)

②在忏悔结束后，牧师或神父会把手放在忏悔者头上，并且说一段话，大意为：鉴于你在内心悔悟，懊悔所犯下的罪，在持续不变的信仰中转向耶稣基督，以上帝的仁慈保证过更好的生活，以圣父、圣子、圣灵的名义，你在尘世的罪被宽宥了。

(718)“街头顽童和女仆走上街头看他”暗指克尔凯郭尔被《海盗船》的漫画和文字嘲弄的事件。

(719)“他扛着他的人民，而偶像崇拜者必须扛着他的偶像”是克尔凯郭尔对《以赛亚书》46：3—4 和 46：7 的总结。耶和华呼吁：“雅各家、以色列家，/一切余剩的要听我言：你们自从生下，就蒙我保抱；/自从出胎，便蒙我怀搋。/直到你们年老，我仍这样；/直到你们发白，我仍怀搋。/我已造作，也必保抱；/我必怀抱，也必拯救。”(46：3—4) 关于偶像崇拜，耶和华说：“他们将神像抬起，扛在肩上；/安置在定处，他就站立，/不离本位。/人呼求他，他不能答应；/也不能救人脱离患难。”(46：7)

(720) 托马斯·京果 (Thomas Kingo, 1634—1703)，丹麦主教、诗人 (赞美诗)，其著作《灵歌集锦》(*Aanelige Siunge - Koor, Morgen - og Aftensange*) 以及《心的叹息》(*Hjerte Suk*) 一直很重要。他于 1699 年出版《教会赞美诗集》(*Kirke - Psalme - Bog*)，其中收入他的 85 首作品，因此该书常被称为“京果赞美诗集”。日记批评的是京果根据福音故事所做的多首赞美诗，出自《托马斯·京果赞美诗和灵歌集》(*Psalmer og aandelige Sange af Thomas Kingo*, 编辑 P. A. Fenger, Copenhagen 1827)。

(721) 黑格尔逻辑学中包含了判断的质和量，而 JJ: 492 反映出了克尔凯郭尔对逻辑学的理解，他关注的是逻辑学中判断的量 (具相、共相和普遍性)，还关注模态 (可能性、现实性和必然性)。

(722)“受到了《海盗船》的头等照顾” (paa første Pleie i “Corsaren”) 指《海盗船》1846 年 1 月 16 日 (第 278 期) 中的文章，克尔凯郭尔以其假名“沉默的兄弟” (Frater Taciturnus) 被指称为“疯狂的南森桑” (gale Nathanson)，此人是经营马匹的商人，在很长一段时间内，他在期刊《护卫舰》(*Corvetten*) 中公开了他的疯狂。“沉默的兄弟”被安置于位于 Bidstrupgård 的精神病院 Skt. Hans Hospital。参《海盗船》1月30日（第280期）和3月6日（第285期）。

（723）1840年2月1日和1845年2月1日，哥本哈根的人口数量分别为120，819和126，787；根据1837年和1861年的统计，哥本哈根有带角的家畜分别是1152头和2906头。

（724）关于“结婚狂”的看法，可能是克尔凯郭尔阅读《贝林时报》1846年8月31日的每周概览后得到的印象。报上说，“从15日到22日这周，全国结婚19对；出生78人……。”

（725）“哥本哈根的小偷”的故事查无出处。

（726）“装腔作势”原文为Affectation；“由撒谎而通达”是对Tillyvelse（动词形式Tillyve）的直译，该词由til（通达）+lyve（撒谎）组成。

（727）①“艺术学院学生”（elev ved Kunstakademiet）指的是皇家美术学院（Det Konglige Academie for de skiønne Kunster）的学生，当时有约六百人。

②在一张没有标明日期的活页纸上，克尔凯郭尔写到，他的雨伞对于他而言“如此亲切，结果他走到哪儿都带着，无论晴雨。”

（728）刻耳柏洛斯（Cerberus）是古希腊神话中的地狱看门犬，凶狠残暴，生有多头（三只，五十或一百只），不让任何人离开阴曹地府。

（729）“人是以一种奇妙的方式得救的”（at man er reddet paa en vidunderlig Maade）语出一度担任过教区牧师的阿道夫·彼得·阿德勒（Adolph Peter Adler，1812—1869）。他在《布道书》（*Nogle Prædikener*，1843）的前言中讲述，有一个晚上，当他思考恶的根源的时候，突然有道闪电袭来，他意识到那是恶灵光临。同一个晚上，有种可怕的声音充满了他的房间，救世主命令他起来，把启示录中关于第一个罪和恶灵的部分抄下来。1844年1月19日，阿德勒被停职；1845年9月13日被解职。解职后他出版了《我的停职与解职》（*Skrivelse min Suspension og Entledigelse vedkommende*，1845）。克尔凯郭尔于1846年8月25日在瑞兹书店购得此书。书中阿德勒部写到：“但是以一种奇妙的方式得救（Men at der reddes paa vidunderlige Maader）——如我在《布道书》前言所述——对我而言是一个无法否认的事实。”（写于1845年5月10日）克尔凯郭尔自1846年6月中旬至9月底写作《阿德勒之书》（*Bog om Adler*）的初稿，书中即引用了上述段落。

（730）《非此即彼》印刷525册，在1845年全部售罄。日记说“至多有一页是事先写好的”并不准确，因为“间奏曲”中包含的90则格言式的文字中，有三分之一的内容出现在之前的日记中，它们肯定超过了一页。

（731）克尔凯郭尔大约于1846年4月在“日记NB”中透露了自己的写作习惯。“所有稿子手抄两遍，很多部分三到四遍，还有人们根本想不到的，我边走路边沉思；在我动笔之前，很多次我已经把要写的所有东西冲自己高声说了出来。”

（732）“好撒玛利亚人”的故事参注（578）①。“同一条道路— ad den samme

Vei”说是《圣经》中的话，但实际上 1819 年版的《新约》中该句写为 den samme Vei ned。

（733）在《飞邮报》（*Flyve - Posten*）1846 年 9 月 26 日（第 224 期）中，有广告称“在西大桥 9 号的全景画展，全天开放”（Panorama paa Vesterbro Nr. 9 Aabent hele Dagen）。这次展览上有两幅新作：1812 年莫斯科大火前的全景画，以及 1846 年莱茵河洪水的全景画。同时还有一个“幸运星”展的广告：“机械的视角或者幸运之星，每个人可获得关于自己气质的报告。/每天展出至晚十点。”

（734）①西塞罗（公元前 106—43 年）是罗马政治家、法律思想家和作家，他于公元前 63 年当选罗马共和国执政官。克尔凯郭尔拥有他的很多著作。

②“皮特”或者指 William Pitt（1708—1778），曾任英国内阁大臣（Minister）（1746—1756），后任英国首相（1756—1757，1758—1761，1766—1768）；或者指与他同名的儿子（1759—1806），他于 1782—1783 年任英国内阁大臣，后于 1783—1801 年、1804—1806 年任英国首相。

（735）1844 年 7 月 6 日（第 180 期）《贝林时报》上登有《斯卡姆林岸的节日》（Festen paa Skamlingsbanken）一文，其中就 7 月 4 日的节日这样报道：“白天，就在格伦德威演讲时，一些菲茵岛的客人到了，约 6、7 百人，伴随着音乐，他们受到了民众的欢迎。”

（736）1830 年 5 月 25、26 日，一支由 100 艘战舰组成的法国舰队（2.7 万名水兵和 600 艘运输船）及 3.7 万名士兵，离开法国土伦前往阿尔及利亚，6 月 14 号舰队上岸，7 月 15 号征服了阿尔及尔。

（737）“四分五裂的肉体”原文为拉丁文 Disjecta Membra，语出塞涅卡《斐德拉》（*Phaedra*）第 1256 行：disiecta（…）membra laceri corporis，意为“四散的被撕裂的肉体”；以及贺拉斯《讽刺诗》：disiecti membra poetae，字面意为“诗人四分五裂的肉体”。

（738）“如果苦难之杯传到了我手上，……把它从我手上拿开”（dersom da Lidelsernes bitter Kalk rækkes mig…da tages den fra mig）是对耶稣被捕前所说的话的戏仿，《路加福音》22：42 中说：“父啊，你若愿意，就把这杯撤去；然而，不要成就我的意思，只要成就你的意思。”（Fader，vilde du tage denne Kalk fra mig！dog skee ikke min Villie，men din！）

（739）“神圣之地”（dette hellige Sted）指教堂。

（740）“内心的迷惑（……）迷惑自己的心”（Hjertes Bedaarelse…bedaare sit Hjerte）是对《申命记》11：16 的戏仿：“你们要谨慎，免得心中受迷惑，就偏离正路，去事奉敬拜别神。”（Tager Eder vare，at Eders Hierte ikke bliver bedaaret；at I vige af，og tiene andre Guder，og tilbede for dem.）

（741）①“比天使因罪人转变而发出的欢喜之声更高”指《路加福音》15：7，

耶稣说："我告诉你们，一个罪人悔改，在天上也要这样为他欢喜，较比为九十九个不用悔改的义人欢喜更大。"

②"我找到了我一直在寻找的"语出《马太福音》7：7，耶稣说："你们祈求，就给你们；寻找，就寻见；叩门，就给你们开门。"

③"一切都从我身边拿走"可参《约伯记》。

（742）参《创世记》第三章"人的堕落"，蛇引诱女人（夏娃）偷食分别善恶树上的禁果。

（743）①冒号后在日记中原为德文，这是对《哈曼文集》（*Hamann's Schriften*，1824）的逐字引用，仅对个别标点和拼写做了轻微改动。原文为：Diese Angst in der Welt ist aber der einzige Beweis unserer Heterogeneität. Denn fehlte uns nichts，so würden wir es nicht besser machen，als die Heiden und Transcendental – Philosophen，die von Gott nichts wissen，und in die liebe Natur sich wie die Narren vergaffen，keine Heimweh würde uns anwandeln. Diese impertinente Unruhe，diese heilige Hypochondrie…

② Hypochondrie（英语为 Hypochondria）在哈曼的时代甚至一直到克尔凯郭尔的时代，除了具有现代的"疑病症"的涵义外，还保留有更古老的"为琐碎细节和忧郁所困扰"的涵义。

（744）"尽心爱上帝"（elske Gud af Dit Ganske Hjerte）语出《马太福音》22：37，耶稣说："你要尽心、尽性、尽意爱主你的神。"（Men Jesus sagde til ham：du skal elske Herren din Gud i dit ganske Hierte，og i din ganske Siel，og i dit ganske Sind.）另见《申命记》5：6。

（745）①"人心中涌现的谜"语出《哥林多前书》2：6—10，其中说到，"神为爱他的人所预备的，/是眼睛未曾看见，/耳朵未曾听见，/人心也未曾想到的。"

②"无准备地"原文为拉丁文 ex tempore。

③"在没有宣告的情况下"是与世俗世界相比而言，国王要在臣民被告知后，才允许其觐见。

（746）"这世界和其上的情欲都要过去"（Verden forgaaer og dens Lyst）语出《约翰一书》2：17，"这世界和其上的情欲都要过去；惟独遵行神旨意的是永远常存。"

（747）"上帝之道是永存的"（Guds Ord varer evindelig）语出《彼得前书》1：24—25，"凡有血气的，尽都如草，/他的美荣，都像草上的花；/草必枯干，花必凋谢，/惟有主的道是永存的（men Herrens Ord bliver evindeligen）。"

日记 NB

日记　NB

1　　　　NB

2

只有在最后那本大厚书《最后的附言》出版之后，我才敢假以时日环顾四周，关心一下我的外在生存状况。(1)

我的经济状况不再允许我当作家了。(2)

对于丹麦文学状况的总体评论。

我要向国家提出申请；因为在上帝的帮助下，我要骄傲而平静地与奇幻如公众一般的东西、与报纸卑躬屈膝式的专横等等保持反讽的关系——在上帝的帮助之下，我还想体面地一如既往地保持谦卑顺从。(3)——或许我可以调整自身，让我为公众所喜爱，但我不愿意：那样我压根不愿当作家。

可推荐的诸因素。

1）我作为作家的努力肯定与国家利益一致。

2）我已经表现出，我能够利用闲暇（4）

3）我年轻并且为了工作过着严苛的与世隔绝的生活。

4）我未婚，没有他事占据心思。

这不似其他情况下国家支持一个人当作家，那人还有许多其他的事，或者有家庭。(5)

我非常希望我会被考虑，因为其他作家多少能靠他们的书赚点稿酬（尽管稿酬从来都很微薄），但我实际上是自己出资的，结果在字面意义上，给我审读校样的人比我挣的还多。(6)

3

► 报告。 ◄（7）

4

在整个无意识世界，外部世界造成的压力与个体对压力的抵制是同一的。自发性的最初迹象表现在，这种压力和对压力的抵制通过第三方调和：普遍情感，情感，自感。

无意识状态。——因此必须形成一种能够承纳印象的实体（神经系统）；其次必须有一个外部世界，——世界意识；——然后是把保存的印象集中起来（内化——或者在更高境界上的回忆）；这种保存必须通达一个确定的目标：自我意识。——关于上帝的意识。

动物：自然本能；技艺本能；迁徙本能。

儿童理智；青春期幻想；理性。如同人的机体通过统一的重复发展自身，原初细胞重复性地繁殖；回忆亦然，回忆当然是一种重复。正如机体同时有一种趋向整体的努力，幻想亦然，幻想就是整体。——幻想使人完满。(8)

5

第一条

舆论。

[a] 第八条

孤独与沉默作为个人生活中的本质组成部分。

第二条

我们从田野的百合和天空的飞鸟学到了什么。(9)

第三条

做一名优秀的听众。

[b] 第九条

论儿童的培养。(11)

第四条

笑的滥用。

[c] 第十条

统计学的普遍运用造成的令人沮丧和误导之处，在精神领域中也存在。(12)

第五条

超凡脱俗者在小国家的困难处境。

第六条

精神事业自身的有效性。

第七条

苏格拉底为何自比牛虻。(10)

6

不同于过去的编辑成功地将自身置于谈话的瞬间——因此而受到欢迎。

我宁可努力将自身置于沉默之中

人们有太多报纸要浏览，如同大学生们有太多书籍要读，因此人们不好好读。

[a] 在严格的意义上，政治绝对应被排除。

内容应该是人们所能称之为的精神意义上的

每日口粮。

阐明和谐，普遍性，对所有人而言的共同事物（宗教的微妙性）。

很快，我将选择一个稍微困难的想法——那就好像是地位低下者受到贵族的宴会邀请——很快则是一个完全单纯的想法：好像贵族应邀参加地位低下者的宴会。

如果可能，读者要高声朗读。

7　　1846年3月

9日

《最后的附言》出版了；假名写作的责任被承担了；那本《文学评论》不日将付梓。（13）一切正常；现在我只想平静地、沉默地依靠《海盗船》完全如我希望的那样以否定的方式支持整个事业。（14）在这一刻，从理念的角度出发，我在文学事业中的位置无比正确，以此方式，当作家已经成为了一个行动。这本身就是最幸运的理念，就在我结束了我的作家生涯之际，并且还通过承担全部假名写作的责任而冒着成为某种权威的风险之际，我与《海盗船》决裂了，为的是阻止一切直接的接近。（15）而且，就在我与时代进行斗争的一刻，我要把阻止与《海盗船》摆放在卑劣的跳舞厅里的反讽性的劣质酒搅和在一起这件事归功于理念和反讽。（16）顺便说一句，这件事于我就像通常的情况一样，在我所有的反思之外，总有更多的东西出现，它们并不归功于我，而要归于天命。因此事情一直如此，对于我在最大可能的反复思量后所做的事，我在事后总能理解得更好，既有关于这件事的理想的意义，又有关于这正是我要做的事这一事实。

［*a*］在此之前什么都不能做，我为我的理念所从事的工作要求我付出所有的时间，每一分钟，如果可能的话尽可能地不受干扰。这真是绝妙，正当有人认为、甚至或许恶意地为我迈出了鲁莽的一步而高兴时——这时的我恰恰是最有筹划、最冷静的。不过对所有行动的最佳支持就是——去祈祷，这的确是真正绝妙的，结果他永远立于不败之地。

不过，这生存是艰难的；我确信，没有一个人理解我。至多会有人承认，尽管是一个崇拜者，我会以某种姿态承受所有的胡说八道，但说我想要这些，真的，当然没有人愿意要这些东西。从另一方面说，假如那种快速的凡人的轻率明白了我为何凭借双重反思的理念必须希望如此，那么就会有人得出结论，因此，他根本没有受苦嘛，对于所有那些粗暴言论和无耻谎言毫不在意。就好像当理念下了命令，人们无法用自由的决断承担所有的麻烦似的。反对 P. L. 穆勒的那篇文章是在极度的恐惧与战兢中写就的，我利用假日完成，既避免去教堂，又避免阅读我的布道词，以便形成一种带约束性的反对意见。(17) 反对《海盗船》的文章也是这样写成的。而从另一方面说，这些文章写得好，因为假如我表达的是激情，那么就会有一些人沿着这条道路找到机会与我建立直接的关系。看到 P. L. 穆勒迅速接受了暗示从《海盗船》中退出是好笑的，在心理学意义上是绝妙的。他走上前来，恭敬地鞠躬，然后从那里退回到他所属的地方。(18)

顺便说一句，令我最感痛苦的不是庸俗，而是那些好人对这庸俗的暗中参与。不过我仍然希望为一个单个的人所理解，为我的读者所理解。但我却不敢这样做，因为那样我就是在欺骗理念。就在我获胜时，在粗野表现得最为无耻时，我却不敢这样说。最终这对我成了一个责任，不然的话，恰恰因为我一贯的不可动摇，我会使很多人步入歧途。事情就是这样。我必须保持沉默。

在过去的两个月中我的观察成果丰硕。我博士论文中这句话的确是真的，即反讽使现象显现。

(19) 首先，我反讽性地卷进《海盗船》，为清楚地揭示出《海盗船》没有任何理念这一点做出了贡献。从理念的角度出发，《海盗船》死了，尽管它多了几千名订阅者。(20) 这报纸想成为反讽性的，但它甚至不理解何谓反讽。总体看这将成为关于我的生存的格言，假如有一天有人会说：在他的时代有份浅尝辄止的、反讽性的报纸，他受到那家报纸的赞扬；不，等等，——他被骂了，那是他自找的。——其次，我之反讽性地卷入《海盗船》使外部世界暴露在自相矛盾之中。现在所有人都出来说：这不算什么，谁关心《海盗船》呢，凡此等等。会发生什么呢？当有人这样做时，他会被评判为轻率，人们说这一切是他自找的（因此现在的事情就成为了“这一切”），因为是他本人挑起的；人们不敢跟我在街上一起走——他们害怕也会出现在《海盗船》上。顺便说一句，这里的自相矛盾是有其深刻根源的；也就是说，他们怀着基督教式的嫉妒有一点点希望报纸继续办下去，而每个人都希望自己不被攻击。如今的人们就这份报纸说，它令人鄙视，它什么都不算；他们给那被攻击的人留下的印象是，他们不敢发怒或者做出回应，因此，报纸不得不繁荣下去。公众先是因嫉妒而感到刺激，然后是那种可耻的享受——看那被攻击者是否受到了影响。这现象在一个如丹麦这样的小国中；这现象作为唯一的统治者——这算不了什么！在与悲惨相关联时，怯懦和卑鄙是多么的合拍啊。如果这一切有朝一日崩盘了，它会反弹到哥尔德施密特身上；而且完全是同一批公众，——然后，这世界就成了一个精彩的世界！(21)

[*b*] 人们在这里有机会说他的谎话了：说他受到了影响；他能够加以掩盖，但仍然受到了影响。后一个方案是最方便的诽谤。

而且，我的观察使我充分确证了一点：当一个人一贯性地表达一个理念的时候，每一个针对他的反对意见都会包含说话人的自我宣告[c]。人们说，是我自己关注《海盗船》的。发生了什么呢？在我写作反对P. L. 穆勒的文章之前，《最后的附言》就已完整地交给印刷厂了。如今人们在书中，尤其是在"前言"中（顺便说一句，它写于5月4或5号）可以找到某种据信暗示着后者的东西。(22)（别的不说，这一点显示出我早就提前开始警觉起来了）。因此假如我现在要理会《海盗船》，那么我在那里稍做改动就可以避免这个现象。我知道我在内心里斗争过是否应该这样做，因为我一想到，比如明斯特主教会说，克尔凯郭尔甚至在一本书中考虑这类事，我就会感到痛苦。不过我本人坚信，我并没有理会《海盗船》——发生了什么呢？是的，正如我所期待的，人们从我写的任何东西当中都看出了对《海盗船》的影射。这是自我宣告，因为正是那些自己满脑子想着《海盗船》的"人"，他们甚至从在此之前完成的作品当中发现了那种影射。(23)

c 因此那不是在说他，而是在说自己。

尤其占据我心思的有两件事：1）在希腊的意义上，我在智识层面上是忠于我的生存理念的，不管它代价几何；2）在宗教的意义上，这事对我而言要尽其可能地崇高。我向上帝祷告的就是后者。我一直是孤独的，现在我又一次真正获得了历练自己的机会。看，我孤独的秘密并不是我的忧伤，而恰恰表明我有强力，我在敌对势力本身毫无察觉的情况下，把它转化为服务于我的理念的东西。是的，这种生活的确令人满意，但它又艰难得可怕。我们所认识的是人类怎样令人悲伤的面向啊，这是何等可悲，从远处看着美好的东西，却总是为同时代人所误解！但是宗教再次成为我们的拯救，宗教同情所有人，不是那种对同道者和追随者的闲谈式的同情，而是无限地同情每个人——在沉默中。

但是，像我这般栖身于一个哥本哈根这样的小城市无疑是一种教育。（24）竭尽所能地工作至近乎绝望，怀着深沉的灵魂痛苦和内心生活的多种苦难，自己出资出书——结果呢，从字面上讲好好从头读到尾的不足十人，而那些大学生和其他作家却很方便地把写本大厚书视为近乎滑稽可笑之事。然后还有一份人人阅读的报纸，它甚至拥有卑劣的特权，什么都敢说，那些虚假的歪曲——这算不了什么，但所有人都读它；还有一大群嫉妒者发挥了作用，他们说着完全相反的东西，以此方式进行贬低。一再成为所有人谈话和观察的对象，还有完全相反的情况，也就是在我遭到攻击时捍卫我，如果有人这样做，那是为了他们自己可以更猛烈地攻击我。所有年轻屠夫认为自己实际上是有权侮辱我的，根据《海盗船》的命令；年轻的大学生们咧嘴笑，咯咯笑，为一个出众人物遭践踏而高兴；教授们是嫉妒的，秘密地对攻击者表示同情，在发声时当然要加上一句“这是可耻的”。我起码能做的只是去拜访一个人，而这件事被虚假地歪曲，被四处谈论；如果《海盗船》知道此事，就会把它印出来，被所有民众阅读。我拜访过的那人因此陷入尴尬境地，他几乎生我气了，但我们无法怪他。最后我不得不退缩，只跟那些我不喜欢的人打交道，因为与其他人交往几乎就是罪。事情就是这样，只有我死了，人们才会睁开双眼，钦佩我所意愿的东西，同时他们又会以同样的方式对待一个他们的同时代人，很可能正是那唯一理解我的人。上帝在上，如果一个人身上最终没有内在的东西，在那里一切都将被遗忘，噢，在与你的关联中完全被遗忘：那么谁人能够忍受这一点呢。

但是我的作家生涯现在结束了，赞美上帝。就在我出版了《非此即彼》之后，感谢上帝所给予我的，我可以自行结束这一切，自己体会何时应该终止。(25) 事实上我能用几个字证明事情是这样的，可人们又一次不认同：对此我知道得很清楚，且认为这是正常的。使我痛苦的是，我本以为自己多少能够希求这种承认：不过就这样吧。

假如我能够使自己成为牧师。(26) 在平静的活动中，业余时间让自己写点作品，我会更轻柔地呼吸，比现在的生活更令我满意。

但不该再写了，一个字都不写了；我不敢写。我将写下的东西会给读者以暗示并且因此干扰他。事情不应该如此，他不应该秘密地有所知。这段时间我抛出了不少作品，它们写得并不糟，但却只会被用在完全不同的语境之下。

我所想到的最后的形式应是这样的：

简明扼要。

在我看来，编辑是要负文字责任的，如果没有作者的话。《海盗船》的编辑是哥尔德施密特先生，大学生，一个聪明人，没有理念，不做研究，没有观点，缺乏自我控制力，但却并非没有一定的才能和审美层面上令人绝望的力量。他在生活中的一个危急关头曾经向我求助；我间接地尝试以否定的方式支持他；我赞扬他在从事自己的事业时的自信。(27) 我认为他成功地实现了自己的意愿。我一直希望他选择一条荣誉之路去获得声名；真诚地讲，作为《海盗船》的编辑，他持续选择了卑劣之路去赚钱，这使我痛苦。我的愿望是，如果可能的话，把一个相当有才华的人从作庸俗的工具当中拽出来；但是说实在的，得到如是无耻回报并不是我的愿望，我因一份本不该存在的卑劣报纸而不朽，我只愿挨这报纸的骂。我作为作家的生存状态与挨骂是相匹配的，因此我愿意如此，我刚写完时就要求这样，因为当“沉默的兄弟”写作时，约翰尼斯·克利马克斯已经在几天前被交到印刷厂了。(28) 我本希望以这一步使他人受益；可他们不愿意，那好吧，我继续要求挨骂，因为它与我的理念相匹配，而且为了使这样一份报纸的存在至少有点好处。看到这么多愚人和没有理智的人发笑是可悲的，在这桩事情上他们压根不知道自己在笑什么。只有上帝才知道，我是否在与我的同时代人的关系方面下了过高的赌注；我的理念要求如此；他们的一贯表现令我无法言说地感到满意——我做不到其他的。对于那些缺乏辩证性或者缺乏足够的资质去理解我为什么必须这样行动的好人，我请求原谅；然后前行——真希望我会挨骂。无论我作为作家的生存是否有意义，有一点是肯定的：我是唯一的辩证状况与理念正相匹配的丹麦作家，所有可能的谎言、歪曲、胡说八道和诽谤的出现都是为了干扰读者，由此帮助他们实现自我行动，并阻止他们建立起直接的关系。所有其他的丹麦作家都不可能有此待遇，他们转向一百名读者，而谎言和歪曲却有一千名读者[d]。相反，每次他为我奉上谩骂之时，他是肯定会这样做的，他都是在服务于我；他不能没有我，他缺乏从善的力量表现为他的不幸爱情所具有的攻击性和他

d 任何其他丹麦人都得不到庸俗不受限制的广泛传播的服务，凡能令一个文学流浪汉满意之

被谩骂言辞淹没这一点之上，这结果的确令我痛苦，因为我本意是让他好。不过，他的谩骂与我无关；我能够很好地抽身。

如果哥尔德施密特先生愿意在一份体面的报纸上做出答复，签上他的名字，我是会读的；《海盗船》我是不会再读了；我甚至不会要求我的仆人读它，因为我认为主人无权要求他的仆人出入不体面的场所。(29)

S. K.

时，此人都身处庸俗的暴力控制之下。

#

#

34

我这样理解整个作家生涯中的自己

我是最深刻意义上的不幸个体，从很早的时候起我就被牢牢钉在了一两种濒临疯狂边缘的痛苦之上，其深层根源当在于我的灵魂和肉体之间的错位关系；因为（这一点既值得关注，又是对我的无限鼓励）这痛苦与我的精神没有任何关系，相反，或许因为灵魂与肉体之间的紧张关系，这痛苦反而获得了一种罕见的张力。

一位老人，他本人极其忧郁（何等的忧郁，我不愿写下来），他老来得子，儿子继承了父亲全部的忧郁——但是，因为儿子还有一种精神张力能够掩盖忧郁，另一方面，正因为他的精神在本质上和更杰出的意义上是健康的，忧郁没有将其控制住，但精神亦没有能力消解忧郁，至多有能力承载它。(30)

一个年轻女孩，（她以女孩式的过度自信暴露出了强大的力量，让我隐约捕捉到了一条从发端于可悲错误的事件中走出去的道路，这出路就是取消婚约，因为她首先让我感觉到的是她的力量，她压根不关心此事）在一个庄严的时刻谋杀了我的良心，一位操心的父亲庄严地重复，他确信这将导致女孩的死亡。她是否在胡说，这与我无关。(31)

从那一刻起，我就把自己的生命奉献给对理念的服务，竭尽我贫乏的能力。

尽管我不是知己密友，尽管我绝对无意向他人倾诉衷肠；但我相信且一直相信，人类有义务不跳过那个向他人咨询的上诉法庭；只是不要使之成为轻浮的倾诉衷肠，而要成为严肃的和正式的沟通。因此我与我的医生交谈，看他是否相信我的身体和灵魂在构造上的那种错位关系，我能否克服它，以便让我能够实现普遍的东西。(32) 对此他是持怀疑态度的；我问他，他是否相信精神有能力借助意志再造或者重塑这样一种根本的错位关系，他表示怀疑；他甚至不建议我动用全部的意志力量，对此他是有种看法的，因为那样我会把一切炸飞的。

从那一刻起我进行了选择。那个令人伤心的错位关系连同其痛苦折磨（这痛苦无疑会令绝大多数拥有充足的精神去把握痛苦的惨状的人自杀），被我视为我的肉中刺，我的界限，我的十字架；我相信，这是一桩昂贵的交易，在天的上帝出售给我一种精神力量，这力量在同时代人当中寻找自己的对手。(33) 我并没有感到自负，因为我真的被压垮了，我的愿望最终成为了我日常的苦痛和屈辱。

我不敢求助于启示或者诸如此类的东西，在一个被扭曲的和令人泄气的时代，我自认自己愿意坚持普遍的东西，并且使之成为对于其他人而言可爱的、可以企及的，那些人有能力实现普遍性，但却因时代之故错误地追求非普遍性的东西，非同寻常的东西。正如一个自身不幸的人，假如他爱人类，他就会希望去帮助那些能够获得幸福的人，我就是这样理解我的任务的。

但是因为我的任务对我而言还是怀着全部的谦卑所进行的一种虔诚的努力，我要做好事以弥补曾经犯下的错误，我格外警觉，不让我的努力服务于虚荣，尤其是不要以这样的方式服务于理念和真理，即我从中获得世俗的和一时的好处。因此我知道我是在真正的弃绝中工作的。

通过我的工作我还一直相信，我越来越清楚上帝对我的意思了：我背负痛苦，那是上帝加诸我身的缰绳，然后或许成就非凡之事。

假如我要详细描写生活中对那些具体事件的内在的理解，那会成为一整本书，只有极少数人有能力和严肃性去理解。不过，我也并无时间去写那样的东西。

我真正可以说的是，我的力量在软弱和迷恋之中。(34) 我永远都无法想象，比如说一位姑娘会不要我，只要我自己确定我敢做任何事去赢得她；我永远都无法想象，我没有能力做最令人惊讶之事，只要我自信我敢于去做。我的悲惨生活是因为后者，而我近乎超自然的力量是因为前者。绝大多数人的情况正好相反，他们害怕来自外部的对抗，不知道内部对抗带来的可怕折磨。但是我对于外部对抗的可怕一无所知，而内部对抗，当上帝想让我感受到那肉中刺的时候——这是我的痛苦。

［*a*］我服务于文学时一直都是把生存领域中所有决定性的范畴表现得辩证性地尖锐，表现得极具原创性，结果至少是我并不知道文学上有任何先例，而且我也没有任何作品可以参考。其次是我的沟通艺术，它的形式和一致性的贯穿；但是有一件事，根本没有人有时间去严肃地阅读和研究；因此时至今日，我的创作是被浪费了，就像对牛弹琴。

#

#

36 1846 年 9 月 7 日

报告。 结果

1

我们身边的文学上的卑劣行径的真正粗鄙之处，不在于它都写了些什么，而在于它为谁而写。假如一份如《海盗船》这样的报纸能够向我们保证，它只为这个国家那几百名智识分子所阅读，那么它不会造成任何损害。当然，为了讽刺杰出之士，它还对要这样做的人提出一个重要要求，即在智识层面上受到培育，以便能够做出评估，还要有足够的情致，以便能够激动起来：只有这样，反讽才会去嘲弄一个人身上的偶然特征，作家的身材，等等。（35）但是，当为底层写这类事情的时候，为学徒、男学生、女仆以及蠢婆娘之类的人而写，正因为如此，这就是粗俗无礼和奴隶反抗。对于这个阶层的人而言，评估或理解的观念根本无从谈起，对于他们而言，一个作家就像所有人一样只是作为动物性的人而生存，他们评估一个人是看他是否强壮、是否能打等等。

是的，甚至为那些自身值得尊敬的、诚实的、但却头脑简单且在本质上未受教育的社会阶层写作这类东西，它仍然是粗鲁无礼。头脑简单的原因恰恰在于（它在某种意义上是美），它无法思考辩证的双重性。头脑简单的人会认为杰出的东西就是杰出的，不会说其坏话。如果一个人是位杰出的哲学家，那么人们不应该揶揄他。如果一个头脑简单的人无法亲自评判一个人是否是杰出的哲学家，而这人被如此这般地描绘过，那么头脑简单的人定会被误导得出结论：因此，此人绝非大哲学家。

文学上的卑劣行径的可鄙之处在于，有作家在一定程度上是体面的，尽管居于次等位置，但为了报复、中伤、制造混乱、抹黑，它们煽动群众。

2

当我写作假名作品的时候，我常在大街小巷上活动，这对我而言是反讽得恰到好处。这反讽性就在于，我作为作家是隶属于一个完全不同的领域的，我待在大街上和广场上。这是对于我们这里所有的或曾经有过的智识层面上被扭曲的黑格尔式的强力的反讽。但在另一方面，一旦人们从另一面出发，从文学上的卑劣行径出发试图制造一种表面现象，即我实际上是隶属于大街的，那么反讽真的就消失了，然后我从此处退出。——的确，假如哥尔德施密特本人洞悉到这一点，并且亲自开我的开玩笑，他仍然还算是个人物。但是那样我就得亲自挑战他——并且肯定只有等我完成之后才这样做。假如 P. L. 穆勒的文章早发表一个月，那么他得不到任何回应。那时的我既不能回避这个情境，只要我在本质上保持多产状态，我也不敢把自己暴露在与那些胡说八道接踵而来的可能的干扰之下。

使我的生活艰难但却丰富的是，哪怕几乎是无意义的表现，无论身在何处，我都必须拥有理念，相反，其他人甚至没有这方面的丝毫需求。不过由此我又有了优势，在所有这些胡说八道中间，我从未真正地成为其中的一分子，那是因为我的观察乐趣持续地使我成为第三方。

3

过去半年时间的全部历史使我进一步确认了这个说法：世界将被欺骗。(36) 假如我们向文学上的卑劣行径的追随者发问：干嘛要去攻击克尔凯郭尔啊；他们会这样回答，就像他们当中的一员（顺便说一句，他无疑是有身份的人）回答我的一样："权威是不该有的啊！"那就让我们来看看吧。一个作家，在本质上受到苏格拉底和古希腊人的滋养，他理解反讽，开启了多产的作家生涯；他恰恰不想成为权威，为了实现这个目标，他相当正确地领悟到，他通过持续地在街上活动必然会减弱他本人的影响力。完全正确，在所有上流圈子里，人们还真是在那里寻找权威，他也是被各种可能的权威加以评判的。接下来发生的是，庸俗针对他挑起事端，逼迫他为了服务于理念而做他无论如何也会做的事，往后退一点。就让他只在这半年时间里活得收敛一些吧，那样他就是权威了。他的声望仍然高，他本人才是唯一真正能够减弱其影响的人。究竟是谁在帮他成为权威呢？恰恰是借助那句"权威是不该有的啊"而开始其言谈和行动的人们。

4

那么，对我来说令人不快的、讨厌的事情在哪里呢？自然不会在已经被说出的东西之上（因为我本人就常常戏谑地这样说我自己），而在于对谁说；人们把我弄成了一个群氓口中的街头贱民，而我跟这些人没有、也不会有任何共同点。与犹太商人、商店店员、公娼、男学生、年轻屠夫这些人为武时，我实在是无法像跟卡尔·维斯在一起时那样开怀大笑。(37) 也就是说，当我跟他一起嘲笑我的一双瘦腿的时候，我假定我们的共同基础是在本质上都受到了智识的滋养。假如我与群氓一起笑它们，那么我就是承认了我与这些人有共同的基础。——恰恰因为事情是这样的，奇怪的事情涌现了，在这个国家唯一能够以真正的反讽劲头风趣幽默地处理如讽刺一个有才能的人这类辩证问题的人，他恰恰无法辩白——而这个唯一的人就是我本人。我的确感到自己有责任去撰写关于我本人和我的双腿的风趣幽默的文章，与哥尔德施密特所能写的完全不同，不过群氓还是无法理解它们。

题解

日记 NB 是一个四开本硬皮笔记本。封面中央，克尔凯郭尔贴有标签“NB”——拉丁语 Nota Bene 的缩写，意为“注意”；字母周围涂黑。这是克尔凯郭尔自 1846 年春开启的 NB 写作的开端，直到 1855 年 9 月，他共有这样的笔记本 36 个（即 NB 至 NB36），总计 7600 页。

根据汉斯·巴福的《克尔凯郭尔遗稿分类目录》（*B-fort*），NB 原由 140 张、280 页构成，最初两张以及第 29 页遗失。根据巴福的描述（*B-fort* 382），笔记本最初两张纸上粘贴有三张散页，即 NB:2 和 NB:4—6。其中，NB:2 粘贴在日记本衬页的背面；NB:4 粘贴在第一张背面；NB:5—6 在第二张的正面。在第 97 页处，有一则丢失的附录，即 NB:215。丢失日记转至汉斯·巴福出版的《索伦·克尔凯郭尔遗稿》（*Af Søren Kierkegaards Efterladte Papirer*，简称 *EP*）。另外，根据巴福的描述（*B-fort* 382），在第 77 页处，夹有散页，编辑者无法判定其性质。在第 56 页和 57 页之间，夹有 20 个散页，它们并未在 *B-fort* 上登记，故编辑者推断这些散页为巴福所夹。在丹麦文《克尔凯郭尔全集》（*SKS*）中，所有散页均另册出版。

日记 NB 共 215 则，仅 8 则标有日期，它们依次为：1846 年 NB:7（3 月 9 日），NB:12（3 月 16 日），NB:36（9 月 7 日），NB:57（11 月 5 日）；以及 1847 年 NB:101（1 月），NB:107（1 月 20 日），NB:114（1 月 24 日），NB:203（5 月 5 日）。据此可以推断，日记 NB 始于 1846 年 3 月 9 日，终止于 1847 年 5 月的上半月，很可能在 NB2 开始使用的 5 月 14 日之前。

遗失页上的日记——NB:2 和 NB:4—6——虽然没有日期，但根据日记内容可做出比较确切的推断。NB:2 开始提及《附言》完成，故可断定为 1846 年 2 月 27 日之后。NB:4 包含了对生理学家 C. G. Carus 的书《心灵：心意发展史》（*Psyche. Zur Entwicklungsgeschichte der Seele*, Pforzheim 1846）的摘抄。根据克尔凯郭尔在瑞兹书店的购书小票，他于 1846 年 11 月 20 日购得此书。NB:5 提到了"我们从田野的百合和空中的飞鸟学到了什么"的主题，该主题在 NB:49 中再次出现，后者写于 1846 年秋。在同则日记中，克尔凯郭尔讨论了"苏格拉底为何自比为牛虻"，该主题在 NB:28 中有所讨论，在 JJ：477 中有详细展开，而 JJ：477 可断定为 1846 年。

遗失的第 97 页上的日记 NB:215 的时间无法准确断定。日记内容日后成为《关于我的作家生涯的两则"笔记"》（作为《关于我的作家生涯的观点》的附录）的草稿，时间标为 1846 年。根据对标题"献给'那个个体'"的一则脚注的内容，可以推断，NB:215 写于 1846 年底或 1847 年初。

本卷选译的是 NB：1—7，NB:34，NB：36，其中 NB：7 和 NB：36 标明是"报告"，这是克尔凯郭尔对《海盗船》事件的反思以及对他是否继续作家生涯的思考，写作时间截止为 1846 年 9 月 7 日。自 1847 年开始，克尔凯郭尔全面转向宗教写作。

NB 封面

注释

（1）《最后的、非科学性的附言》于 1846 年 2 月 20 日在印刷厂完工，2 月 27 日送至瑞兹（C. A. Reitzel）书店销售。该书 496 页，售价 3 元（rigsdaler）。

（2）克尔凯郭尔的父亲 1838 年去世，他留下的遗产在 1839 时约合 125000 元（rigsdaler），由克尔凯郭尔和长兄彼得共同继承。至 1846 年，克尔凯郭尔的经济状况能维持平衡。1847 年 3 月 2 日左右，他出售了所继承股票的剩余部分；12 月 14 日左右，又出售了所余皇家债券，不再享有股息和利息收入，因此必须缩减开支。

（3）“向国家提出申请”指的是向基金会提出申请。见注（5）。

（4）“闲暇”原文为拉丁文 otium。

（5）“国家支持一个人当作家”指两家基金会，一个是“公益基金会”（Fonden ad Usus Publicos），成立于 1765 年，最初以支持优秀公务员为目的，后来转向支持文学、艺术和学术事业。在基金会的辉煌时期即 1814 年至 1842 年被终止这段时间中，基金会对青年艺术家给予旅费支持，例如，安徒生就于 1841 年获得 600 元旅行资助。另一家基金会“财政代表团”（Finansdeputationen）成立于 1816 年。安徒生自 1838 年起，每年获得 400 元资助（后增至 600 元）；诗人、戏剧作家亚当·欧伦施莱格尔（Adam Oehlenschläger）每年获得 600 元资助，因此他得以出版自己的著作。

（6）①克尔凯郭尔 1847 年出版《不同情境下的建设性演讲》（*Opbyggelige Taler i forsjellig Aand*）时，第一次获得了稿费。在其他情况下，克尔凯郭尔是自费出书，然后通过商业出版社售书。

②大约在 1844 至 1850 年间，文学家、语言学家列文（Israel Levin，1810—1883）担任克尔凯郭尔的秘书。列文自陈，他跟《人生道路诸阶段》的完成有极其密切的关系。根据 1849 年夏克尔凯郭尔在 NB12：43 中的记述，克尔凯郭尔为列文审读《附言》校样支付了 100 元，而这本书克尔凯郭尔只赚到 188 元，故克尔凯郭尔的实际所得略低于校样审读者。

（7）根据汉斯·巴福整理的《克尔凯郭尔遗稿目录登记》（*H. P. Barfords fortegnelse*，简称 *B-fort*），NB 第一张丢失。

（8）①NB：4 是克尔凯郭尔研读德国医生、自然研究者、画家和哲学家卡尔·古斯塔夫·卡鲁斯（Carl Gustav Carus）的生理学著作《心灵：心意发展史》（*Psyche. Zur Entwicklungsgeschichte der Seele*，Pforzheim 1846）的读书笔记，克尔凯郭尔于 1846 年 11 月 20 日在瑞兹书店购得此书。受歌德和谢林影响，卡鲁斯在其浪漫主义的自然哲学当中，探寻人的自然本性当中“前意识”和“无意识”的层面。卡鲁斯在书中指出，“无意识”是作为前提被规定的，以便能够接收印象；意识的生理学前提是大脑和神经系统。克尔凯郭尔记录了卡鲁斯对动物发展历程中的三种本能的讨论：自然本能即生存和繁衍本能；技艺本能，如蜘蛛结网，鸟筑巢。卡鲁斯还讨论了人的成长历程：儿童期与理智对应，青春期与幻想对应，成人与理性对应。

②译文中的“自感”原文为 Selvfølelse，对应于德文 Selbstgefühl。

③“内化”原文为德文 Innerung；“回忆”原文为德文 Erinnerung。

④“原初细胞”原文为德文 Urzellen。

（9）“田野的百合和空中的飞鸟”典出《马太福音》6：25—28。

（10）“苏格拉底自比牛虻”在日记 JJ：477 中做过解答。

（11）“论儿童的培养”可能指德国神学家、理性主义教育家巴斯多（J. B. Basedow，1790 年去世）发起的博爱运动。巴斯多深受卢梭影响。他于 1753 年至 1768 年受聘于西兰岛中部一家教育机构索湖学院（Sorø Academi），与当时在哥本哈根上流社会中颇有影响力的德裔人士过从甚密。巴斯多主张废弃一系列核心基督教教义，其博爱主张对人性持乐观看法，开启了学校教育改革和以行为训练为中心的儿童教育理念。

（12）“统计学在精神领域的运用”或许指贝尔苏（S. F. Bergsøe）于 1844 年出版的四卷本《丹麦国家统计》（*Den danske Stats Statistik*）。其中第一卷有一章题为“宗教信仰表白人数”，在列出了信奉作为丹麦国教的新教路德宗的人数后，还列出了表白信仰其他宗教如犹太教、天主教等的人数。

（13）①在《最后的、非科学性的附言》结尾“最初的和最后的说明”中，克尔凯郭尔承认自己是之前出版的假名作品的真实作者。

②《文学评论》写于 1846 年 1 月，书稿于 3 月 4 日送交印刷厂，3 月 30 日面世。

（14）《海盗船》（*Corsaren*）是一份政治讽刺周刊，由哥尔德施密特（M. A. Goldschmidt）创刊，并担任编辑和记者，直到 1846 年 10 月。在 1840 年 10 月 8 日的创刊号上，发表有两篇纲领性的文章，一篇题为《作为纲领的祝酒词》（En Toast，der kan gjølde som Program），宣称《海盗船》持保守派和自由派之间的中间立场。另一篇题为《真正的纲领》（Det egentlige Program），称《海盗船》不是狭隘意义上的政治报刊，而是希望成为“舆论”（Folkemeningen）的器官，满足“所有读者阶层的兴趣”。报纸主要由年轻的大学生主办，他们熟知国内外的科学研究，欲尽己所能“捍卫文学的纯粹性和价值”。文章结尾还提出，《海盗船》就是一艘“强盗船”（et Røverskib），因而就是一张“强盗报”（Røverblad），但它不会抢劫民众，而要发起严厉批评。为缓解民众的担忧，文章保证《海盗船》编辑人员具有高贵之心。《海盗船》的目标计划和具体实施使该报与新闻检查冲突不断。1842 年，哥尔德施密特获刑 24 天，罚款 200 元，并被判终生需接受新闻检查。

（15）“与《海盗船》决裂”指 1845 年 12 月 22 日，丹麦作家、诗人和文学评论家彼得·穆勒（Peder Ludvig Møller，1814—1865）在他出版的 1846 年美学年鉴《盖亚》（*Gæa*）中，撰文《索湖之行》（Et Besøg i Sorø），对《人生道路诸阶段》提出了粗暴批评。克尔凯郭尔假借“《人生道路诸阶段》第三部分作者，Frater Taciturnus”之名，在《祖国报》12 月 27 日撰文《一位云游美学家的行为，以及他如何前来为宴会付账》（En omreisende Æsthetikers Virksomhed，og hvorledes han dog kom til at betale Gjæstebudet）加以回应。文中克尔凯郭尔把穆勒认同为《海盗船》，并且说他无法接受只受报刊好评而不被攻击。在文章结尾，克尔凯郭尔请求“真希望我现在就上《海盗船》”（Gid jeg nu blot maatte komme i ‘Corsaren’）。克尔凯郭尔的博士论文《论反讽风格概念》出版时，曾受到《海盗报》的评论，哥尔德施密特对评论只关注论文的语言表示不满，自己加了编者按。1843 年 3 月 10 日，哥尔德施密特（M. A. Goldschmidt）在报上发表了对《非此即彼》的评论，称书的作者是“一个强大的精神，他是一个精神贵族（Aandsaristocrat），他嘲笑整个人类，揭示其可悲之处，而且作者设立了一种荣誉，他自费出书而不考虑是否有人会买书。”但 1846 年，《海盗船》出版了一系列讽刺文章，影射并且描画克尔凯郭尔，共 18 期，具体时间为：1 月 2 日、9 日、16 日、23 日、30 日；2 月 20 日、27 日；3 月 6 日、13 日；4 月 3 日、17 日；5 月 1 日、29 日；6 月 12 日、19 日；7 月 17 日；10 月 23 日；12 月 24 日。

克尔凯郭尔在日记 JJ: 414 及相关注释中反映了与《海盗船》决裂的事。

（16）①“卑劣的跳舞厅”（Foragtelighedens Dandsebod）指的是《海盗船》，语出《文学评论》中“文学上的卑劣行径”（den literaire Foragtelighed）。

②“劣质酒”是对 Finkel（英译 fusel）的意译。这是一种未经充分蒸馏的、有刺鼻气味的酒。

（17）①“恐惧与战兢”（Frygt og Bæven）语出《腓立比书》2：12，保罗写道：“这样看来，我亲爱的弟兄，你们既是常顺服的，不但我在你们那里，就是我如今不在你们那里，更是顺服的，就当恐惧战兢，作成你们得救的工夫。”另见《哥林多前书》2：3。

②“利用假日完成”中的“假日”指 1845 年的圣诞节。

③“阅读我的布道词”很可能指克尔凯郭尔阅读明斯特布道词的习惯。

（18）“穆勒快速退出《海盗船》”指 1845 年 12 月 29 日穆勒在《海盗船》上发表的对克尔凯郭尔发表在《祖国报》第 2079 期的回应文章的回应。穆勒说，他在《盖亚》上评论了很多文学作品，而非单论一部。还说，所有出版作品的人，都要冒着评论不如己愿的风险。穆勒写道：“您找不到确定无疑地使您的作品免遭批评的其他方式，除非——不让您的作品出版，那样您就可以达到您非常看重的仅有‘一名读者’（een Læser）的目的了。”评论署名为“Deres ærbødigste P. L. Møller”，克尔凯郭尔说“恭敬地鞠躬”（bukkede ærbødigst）即是对此的讽刺。

（19）“反讽使现象显现”（Ironie gjør Phænomenerne aabenbart）是克尔凯郭尔学位论文《论反讽概念》中的一句话。该书出版于 1841 年，克尔凯郭尔以之于 1841 年 9 月 29 日获得博士学位（magistergrad）。

（20）《海盗船》在 19 世纪 40 年代中期拥有三千订阅者；至 1845 年 11 月 21 日，订阅者人数将近五千。

（21）哥尔德施密特（Meïr Aron Goldschmidt，1819—1887）是丹麦犹太记者、编辑和作家，1845 年曾出版小说《一个犹太人》，创办并主编周刊《海盗船》。1846 年 10 月，他将《海盗船》出售，在国外游历一年。自 1847 年 12 月起，出版月刊《北与南》（*Nord og Syd*）。

（22）在《最后的、非科学性的附言》的“前言”中，假名作者克利马克斯回顾他之前的《哲学片断》的接受情况——实际上是没有被接受，但他认为这种不被打扰的状态是理想的。

（23）“满脑子”对应拉丁文 in mente。

（24）1845 年，居住在哥本哈根的人口为 126,787 人。

（25）《非此即彼》于 1843 年 2 月 15 日完成印刷，2 月 20 日问世。

（26）在 JJ：415 中，克尔凯郭尔表示正考虑使自己成为牧师。该日记有明确的写作时间：1846 年 2 月 7 日。

（27）《论反讽概念》的书评发表在《海盗船》后，克尔凯郭尔与哥尔德施密特在街上碰面。克尔凯郭尔对他上报纸没有表示反对，但他抱怨，说书评缺乏了“成分”（Komposition），他要求哥尔德施密特追求一种“滑稽的成分”（komisk Komposition）。哥尔德施密特的直接反应是自己被恭维了，但细思又觉自己受到羞辱，因为克尔凯郭尔的话等于否认他拥有“严肃，尊重，敬畏”（Alvor，Ærbødighed，Ærefrygt）的品格。哥尔德施密特很想在接下来的谈话中质问克尔凯郭尔到底何谓“滑稽的成分”，但他感到气怯。“人们一遇到他，就感到了某种压力，感到自己被审视，而他本人却又有所保留。”哥尔德施密特日后承认，克尔凯郭尔含糊的建议使得“那个日后穿透他的点”变得锋利了。

（28）“沉默的兄弟”指克尔凯郭尔 1845 年 12 月 27 日在《祖国报》上发表的回应 P. L. 穆勒的文章《一位云游美学家的行为，以及他如何前来为宴会付账》的作者；约翰尼斯·克利马克斯指《最后的、非科学性的附言》的作者，《附言》在 1846 年 2 月 20 日已经完成印刷，2 月 27 日问世。

（29）自 1844 年 5 月起，安德斯·维斯特郭尔（Anders Christensen Westergaard，1818—1867）为克尔凯郭尔的男仆。

（30）“一位老人”指克尔凯郭尔的父亲米凯尔（Michael Pedersen Kierkegaard，1756—1838）。克尔凯郭尔是家中最小的孩子，他出生时父亲已经 57 岁，属于老来得子。

（31）“一个年轻女孩”指雷吉娜·奥尔森；“操心的父亲”指雷吉娜的父亲。关于婚约事件，可参日记 JJ：115 及相关注释。

（32）克尔凯郭尔说“我的医生”时，不能确定他指的是奥陆夫·邦（Oluf Lundt Bang，1788—1877），还是狄特里夫·努兹霍恩（Ditlev Andersen Nutzhorn，1800—1865）。在日记 JJ：374 中，克尔凯郭尔提到的“我的医生”是指前者。后者自 30 年代起就一直担任克尔凯郭尔家族的医生。克尔凯郭尔的父母去世时，努兹霍恩医生均在场。

（33）“肉中刺”（min Pæl i Kjødet）语出《哥林多后书》12：7，保罗说：“又恐怕我因所得的启示甚大就过于自高，所以有一根刺加在我肉体上，就是撒但的差役要攻击我，免得我过于自高。”在 1819 年的丹麦语《新约》中，“肉中刺”改为 en Torn i Kjødet，与英文本用法 thorn in flesh 接近。

（34）“我的力量在软弱和迷恋之中”（min Kraft i Skrøbelighed og i Svaghed）很可能是对《哥林多后书》12：9 的戏仿。保罗写道：“他对我说：‘我的恩典够你用的，因为我的能力是在人的软弱上显得完全。’（min Naade er dig nok，thi min Kraft fuldkommes i Skrøbelighed）所以，我更喜欢自己的软弱，好叫基督的能力覆庇我。”

（35）“嘲笑一个人身上的偶然特征，作家的身材”尤指彼得·克莱斯楚普（Peter Klæstrup）在《海盗船》上发表的克尔凯郭尔漫画，着重表现克尔凯郭尔讲究的衣着、长短不一的裤腿以及过于瘦弱的双腿。在 1846 年 1 月 9 日（第 277 期）上，还发表有《新星球》一文，虚构了在海贝尔（Heiberg）、天文学家奥陆夫森（C. F. R. Olufsen）与克尔凯郭尔之间的对话，奥陆夫森实际上是影射克尔凯郭尔的裁缝，他说：“一条该死的裤腿总是跟另一条一样长，除非我直接要求它是另外的样子，以便为了看上去像天才。”1846 年 4 月 3 日，《海盗船》发表“1846 年最丰富和最美的装饰性大丽花目录，计划在《海盗船》花园里逐一展出”，对九朵花中的第三朵这样描写：“克尔凯郭尔的美，饼干色，出色的体格，下有长短不一的两支茎，出众的、给人印象深刻的姿态；在每个方面都无可比拟；在茎上的色彩运用格外精彩。”5 月 29 日，又有文章《＜海盗船＞最新和最好的解梦书，为所有希望能够确切释梦者的取乐和享受而出版》，其中说道“可以看到短裤子……也就是指……沉默的兄弟。”

（36）“世界将被欺骗”原文为拉丁文 mundus vult decipi，语出 decipiatur ergo（就让它被欺骗吧）。

（37）卡尔·维斯（Karl Weise，1809—1872）拥有法学学位，任职于文化部。1841—1842 年克尔凯郭尔在柏林期间与他相识。